JN098654

会社法の制度と機能

今川嘉文◎著
Yoshifumi Imagawa

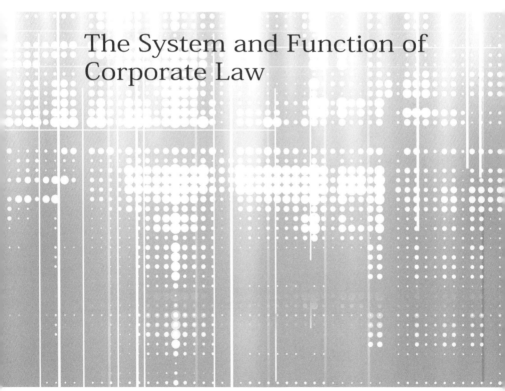

The System and Function of
Corporate Law

中央経済社

はじめに

　本書の目的は，精緻かつ複雑な会社法の内容を簡潔に解説し，その全体像を示すことにあります。会社法は，グローバル企業といわれる巨大な上場会社から，事業規模がとても小さい会社までを1つの法律にまとめているため，条文数が多く，例外規定が少なくありません。会社法の各条文および規定がいかなる会社とその関係者を対象としているのか，絶えず念頭に置き確認する必要があります。

　そのため，本書は次の特徴を有しています。第1に，図表を随所に使うことにより文章だけでは分かりにくい項目を整理して，理解へのアクセスタイムを短くするように心がけました。図表を見ながら本文を読む，または図表だけを見て「点ではなく線」の視点で読み進めるという方法もあるでしょう。あえてビジュアル化することにより，会社法の要点がつかめるようにしました。

　第2に，叙述は基本的に判例・通説に基づき，法学部だけでなく様々な学部で，会社法を学ぶ学生にとり，分かりやすいように会社法の各制度の趣旨について，できるだけ具体例をあげて説明しています。また，会社法は「実務」との関係がとても密接です。実務で課題になっている内容について簡潔に触れるようにしました。会社法は例外規定が多く，それらをすべて書いていると何が「幹」なのか分かりにくくなることがあります。そのため，例外規定を省略した面もあります。

　第3に，本書の構成として，会社法概論，株主と株式に関する基本事項を述べた後，「会社の機関」について第3章から第5章で解説しています。会社組織の運営が本書の中で早い段階で入ることは，会社法がより身近に感じて，理解がしやすくなります。その後に，株式の譲渡と管理，資金調達，計算（情報開示），組織再編・事業譲渡と続きます。また，株式会社の設立と解散・清算を第10章で一体化し，会社の誕生と終焉をつかめるようにしました。

　執筆および校正に際し，岩垣陽一先生（税理士），岡田高嘉先生（県立広島大学教授），京谷周先生（弁護士），杉本大樹先生（弁護士），滝脇由香里先生（司法書士）から貴重なご指摘を賜りました。厚く御礼を申し上げます。出版にあたり，中央経済社の露本敦氏には多大のご尽力を賜りました。心から感謝を申し上げます。

2022年3月

今川　嘉文

目　次

第4章◆会社の業務執行 ——————————————— 49

主要参考文献

神田秀樹『会社法（第23版）』（弘文堂・2021年）

龍田節＝前田雅弘『会社法大要（第2版）』（有斐閣・2017年）

近藤光男『最新株式会社法（第9版）』（中央経済社・2020年）

黒沼悦郎『会社法（第2版）』（商事法務・2020年）

江頭憲治郎『株式会社法（第8版）』（有斐閣・2021年）

田中亘『会社法（第3版）』（東京大学出版会・2021年）

弥永真生『リーガルマインド会社法（第15版）』（有斐閣・2021年）

高橋英治『会社法概説（第4版）』（中央経済社・2020年）

前田雅弘＝北村雅史『会社法　実務問答集Ⅰ（上）（下）』（商事法務・2017年）

河本一郎＝川口恭弘『新・日本の会社法』（商事法務・2015年）

河本一郎『現代会社法（新訂第9版）』（商事法務・2004年）

大隅健一郎＝今井宏＝小林量『新会社法概説（第2版）』（有斐閣・2010年）

鈴木竹雄＝竹内昭夫『会社法（第3版）』（有斐閣・1994年）

大隅健一郎＝今井宏『会社法論（第3版）中巻』（有斐閣・1992年）

相澤哲編著『一問一答　新・会社法（改訂版）』（商事法務・2009年）

相澤哲＝葉玉匡美＝郡谷大輔編著『論点解説　新・会社法～千問の道標』（商事法務・
　2006年）

坂本三郎編著『一問一答　平成26年改正会社法（第2版）』（商事法務・2015年）

竹林俊憲編著『一問一答　令和元年改正会社法』（商事法務・2020年）

江頭憲治郎他編『会社法コンメンタール1～』（商事法務・2008年～）

酒巻俊雄＝龍田節編集代表『逐条解説会社法1～』（中央経済社・2008年～）

大坪和敏監修『図解会社法　令和2年版』（大蔵財務協会・2020年）

松井信憲『商業登記ハンドブック（第4版）』（商事法務・2021年）

松田亨＝山下知樹編『実務ガイド　新・会社非訟（増補改訂版）』（金融財政事情研究
　会・2016年）

山口和男『会社訴訟・非訟の実務（改訂版）』（新日本法規・2004年）

黒沼悦郎『金融商品取引法（第2版）』（有斐閣・2020年）

松尾直彦『金融商品取引法（第6版）』（商事法務・2021年）

東京司法書士協同組合編，金子登志雄他著『事例で学ぶ会社法実務（全訂版）』（中央
　経済社・2018年）

西村あさひ法律事務所編『会社法実務相談』（商事法務・2016年）

略語一覧

〔法令〕

条文のみ	会社法
施規	会社法施行規則
計規	会社計算規則
商	商法
整備法	会社法の施行に伴う関係法律の整備等に関する法律

*

LLP法	有限責任事業組合契約に関する法律
LLP令	有限責任事業組合契約に関する法律施行令
会非訟規	会社非訟事件等手続規則
金商	金融商品取引法
金商令	金融商品取引法施行令
銀行	銀行法
刑	刑法
商登	商業登記法
所税	所得税法
所税令	所得税法施行令
信託業	信託業法
税特	租税特別措置法
独禁	私的独占の禁止及び公正取引の確保に関する法律
破	破産法
振替	社債，株式等の振替に関する法律
法税	法人税法
法税令	法人税法施行令
保険業	保険業法
不正競争	不正競争防止法
民	民法
民訴	民事訴訟法
民訴費	民事訴訟費用等に関する法律
民保	民事保全法
労働承継	会社分割に伴う労働契約の承継等に関する法律

〔判例集〕

民録	大審院民事判決録
民（刑）集	最高裁判所民（刑）事判例集
裁判集民	最高裁判所裁判集民事
高民	高等裁判所民事判例集
下民	下級裁判所民事裁判例集
東高民時報	高等裁判所判決時報民事

*

金判	金融・商事判例
資料版商事	資料版商事法務
全集	大審院判決全集
判時	判例時報
判タ	判例タイムズ

第1章◆会社法　概論

第1節　会社法の意義

1　会社法の概要

　会社法は，企業のうち，会社の運営・活動，会社間の私的利益の調節を規定した法律である。民法は広く私人間の利益調節を規定するが，会社法は対象を会社およびその利害関係者に限定されていることから，民法の特別法といえる。また，会社法の法源（依拠すべき準則の源）として，商事制定法，商事条約，商事慣習法，商事自治法（定款，普通取引約款等）がある。

　会社法の構成は，第1編：総則（1条～24条），第2編：株式会社（25条～574条），第3編：持分会社（575条～675条），第4編：社債（676条～742条），第5編：組織変更・組織再編（743条～816条の10），第6編：外国会社（817条～823条），第7編：雑則（824条～959条），第8編：罰則（960条～979条）からなる。会社法の特色は，小企業法制を非公開的な会社の特質に見合ったものとし，各会社の定款による自治を拡大し，各会社の実情に則した機関設計を可能とする。

2　企業・会社・組合

(1)　企　業

　企業とは，「一定の計画に従い継続的に同種の事業活動を行う独立の経済単位」である。計画的・継続的・大量的に生産，分配，供給の役割を担い，事業活動を行う包括的に組織化された財産により，経済活動を反復して行う組織体である。企業は公企業と私企業に大別できる。公企業とは，国または地方自治体が法律により出資をして，広く社会公共の福祉の維持増進または経済発展を目的に経営する独立の単位である。他方，私企業とは，私人の出資者を主体として，設立・運営は当事者の自治による。出資者とは，企業に資金を提供し，企業の活動により生じる利益の帰属者たる構成員である。

　私企業には，①個人が出資・経営し，企業活動から生じた権利・義務が個人に帰属する経済単位である「個人企業」，②複数の人が共同して出資・経営し，損益を分配

する経済単位である「共同企業」がある。共同企業のうち，非法人企業（民法上の組合・匿名組合）および法人企業として会社（株式会社・持分会社）がある。非法人企業には，当然ながら法人格がない。

(2) 会　社

　共同企業のうち，法人企業として会社がある。会社は企業名で取引ができるように法人格が与えられている。法人格は定款（会社の組織・活動に関する根本規則）を作成し，設立登記をすることにより取得する。会社は，①構成員たる出資者に事業活動から得た利益の配分を目的とし（営利），②複数の出資者が集まった社団であり，③法人格を有している私企業である（営利社団法人）。また，会社は定款に基づき，株式，機関設計，剰余金の配当等，組織および社員（株主）との関係について内部関係を独自に定めることができる（定款自治）。

　会社が事業活動を適切に遂行継続するため，会社は役職員への報酬・賃金の支払い，納税に加え，商品・原材料を仕入れ，金融機関から融資を受ける。これら支払いに係る債務が適切に弁済されるように，会社法は会社債権者を保護する様々な規定を設けている。例えば，会社財産の状況の適切な開示，会社財産の不当な流出の防止，合併・会社分割等の組織再編に係る保護規定である。会社債権者との関係において，会社が債務を返済できない場合における社員の責任の範囲に基づき，会社は持分会社（合名会社・合資会社・合同会社），株式会社に分類できる。

(3) 民法上の組合・匿名組合

　ア）民法上の組合　　2人以上の者が共同で出資をして，事業（営利・非営利）をすることに合意すれば，民法上の組合契約（民667条）が成立する。法人格はない。組合員の出資（組合財産）により共同事業を行う。民法上の組合は組合名義で取引ができず，組合財産も組合員（出資者）の共同名義となる。組合の業務執行は，組合員の多数決で行う。事業規模が大きくなり，組合員の数も増加すると，組合の運営管理が複雑になる。

　イ）匿名組合　　事業を行う者（営業者）と名前を出さないで出資（金銭その他の財産に限られる）をする者（匿名組合員）との間で，出資と利益配分の契約をすれば匿名組合が成立する（商535条）。法人格はない。民法上の組合と異なり，出資者相互間に契約はなく，組合財産も形成されない。業務は営業者が行い，事業の利益は契約に基づき匿名組合員に分配される。

3　営利社団法人

(1)　営利性

　会社法は,「会社がその事業としてする行為及びその事業のためにする行為は, 商行為とする」と規定している (5条)。会社は自己の名をもって商行為をすることから商人である (商4条1項)。会社は商人として, 現実に営利事業という対外的活動を行い, それにより得た利益を出資者たる構成員に分配する。

　株主は会社に対して, 剰余金の配当請求権および残余財産の分配請求権を有している (105条1項1号2号)。株式会社では, 剰余金の配当請求権および残余財産の分配請求権に関し, それらの全部を与えない旨の定款の定めは, 効力を生じない (同条2項)。

　当該請求権を前提として, 営利性とは,「会社がその対外的事業活動により利益を得て, それを出資者たる構成員に分配すること」を目的とする。営利事業ならびに剰余金の配当および残余財産の分配が営利性の本質である。会社が営利法人だからといって, 会社が営利と関係のないことを一切してはならないということではない。慈善事業または政党への寄附等は基本的には同じである。

(2)　社団性

　ア) 意　義　社団とは, 出資者が団体との間において構成員という地位 (社員関係) に基づき間接的に結合する場合において, 当該団体をいう。社員とは出資者である団体の構成員という意味になる。各構成員の権利義務は当該団体に対する権利内容となり, 団体の財産は団体自身に帰属する。

　イ) 一人会社　会社法は, 社員 (株主) が1名だけの会社を認めている (一人会社)。会社の構成員たる社員または株主が1名になる後発的一人会社に加え, 設立当初からの原始的一人会社が認められる。本来, 会社は社団であり, 複数人が共同目的を有する結合体である。そのため, 会社の構成員たる社員または株主が1名になれば (後発的一人会社), 団体または複数人の結合体ではなくなり, 社団ではない。その結果, 会社の実体を欠くことになる。会社は社団であるにもかかわらず, 一人会社が承認される理由として, ①持分・株式の一部を譲渡すれば, 社員 (株主) が複数になり潜在的に社団性がある, ②会社は複数人の結合であるが, 会社の基盤は企業資本の機能的統一体である, ③社団性という形式的理由から, 社員 (株主) が1名であることは法定解散事由にならず, それは企業維持の要請のためである, 等があげられる。

(3) 法人性

ア）意　義　会社は法人であり（3条），法人の名前で権利義務の帰属主体となる（民34条）。会社は自身の名前で財産を有し，社員とは別個の債務を負う。権利義務の帰属の資格が法人格である。法人格は，原則として一般的な法律の要件を満たせば登記により取得できる（準則主義）。一般の事業会社が該当する。

イ）分　類　法人は，公法人および私法人に大別できる。公法人とは，地方公共団体，日本銀行など，国から存立目的（行政目的）を与えられ，国の統治権の作用に関与する法人である。例えば，①地方公共団体，②公共企業体（JR各社，NTT，JT等），③特殊銀行（日本銀行等），④特殊法人（NHK等）がある。他方，私法人とは，私的事業を営むことを目的として，公益法人および営利法人に細分される。公益法人（私立学校・宗教法人等）は営利を目的とせず，設立には主務官庁による許可を要する（許可主義）。営利法人は会社が該当し，企業利益が構成員に分配される。

4　法人格否認の法理

(1) 意　義

　法人格否認の法理とは，独立の法人格を有する会社に対し，特定の事案について法人の形式的独立性を否定して，背後にある社員（または他の法人）とを同一視する法理である。主に米国の判例法理の影響を受けて，日本においても判例上，認められてきた。最高裁は，「法人格が全くの形骸にすぎない場合，またはそれが法律の適用を回避するために濫用されるが如き場合においては法人格を認めることは，法人格なるものの本来の目的に照らして許すべからざるものというべきであ」ると述べる（最判昭44・2・27民集23巻2号511頁）。会社法の明文規定はない。判例法理によれば，法人格が否認されるのは，①法人格が全くの形骸にすぎない場合（形骸化），②法人格が法律の適用を回避するために濫用される場合（濫用），である。当該法理自体は確立されているが，既存法規の合理的解釈により紛争解決を図るべきであるという見解が多い。

　法人格否認の法理は，親子会社間の法人格の分離および独立性を否定することにより，子会社の行為に対する親会社の責任を問う場合に用いられることが多い。

　法人格否認の法理は，会社法人格が実質的支配者（株主または会社）にとり責任回避の「隠れ蓑」として機能することを防止し，第三者を保護することにある。法人格否認の法理は，会社の法人としての存在自体を否定するものではない。事件の解決に関する範囲で，法人格がないのと同じ扱いをするのである。

(2)　法人格の形骸化

　法人格の形骸化とは，会社の意思決定が実質的に存在せず，会社の収支と構成員の収支が区別されていないことである。例えば，①親会社等の支配株主による恣意的な会社経営，②支配株主の財産と会社財産が継続的な混同状態にあることである（東京高判昭53・3・3判時890号112頁）。会社形態としての利用が客観的に社会通念上認容できないものであるといえる。支配株主が取締役であれば，取締役の第三者に対する責任規定（429条）で解決することが考えられる（東京高判昭52・4・28判タ357号278頁）。支配株主が当該地位になければ，会社法429条の適用はできない。会社財産が減少し，債権者が当該会社から弁済を受けられなくなった場合，会社と支配株主を同一視して，会社に対する債権をもって支配株主に対する債権として責任を追及する手段の意味がある。

　法人格が単に形骸化していることだけをもって，法人格否認の法理を適用することは，実質的には個人企業に近い会社が多い実情を考えると，当該法理が適用される場面は著しく増大し，法の安定性を害するともいえる。法人格否認の法理の適用には，慎重さが求められる。

(3)　法人格の濫用

　法人格の濫用とは，法人格が認められることにより，会社の背後にいる者が構成員とは別個独立の権利義務の主体であることを利用して，違法または不当な目的を実現することである。会社が債権者からの債務履行請求手続を誤らせ，時間と費用を浪費させる（最判昭48・10・26民集27巻9号1240頁），また，強制執行を回避する（最判平17・7・15民集59巻6号1742頁）等がある。例えば，A社の営業財産を新たに設立したB社（代表取締役・目的・従業員等がA社と同じ）にそのまま移すなどである。

　法人格の独立性を否認する要素として，会社を不正に利用しようとする者が，当該会社の支配的株主または代表取締役等の支配的地位にあり，その者が会社を不正な目的のために利用しているか，等がある。

第2節　会社の区分

1　株式会社と持分会社の区分

(1)　株式会社

　株式会社は「所有と経営の分離」を原則として（326条1項），株主総会が取締役を選任し，委任関係にある代表取締役・取締役が会社経営を行う。株主は一定額の出資

責任だけを負い，会社債務について対外的な責任を負わない（間接有限責任）。株主の地位は細分化された割合的単位の形式で表され，株式の譲渡性を高めることにより，誰もが出資をできるようにしている。株主は代表取締役・取締役に対する監督是正権を有するが，一般株主は概して情報に疎く，当該権利を現実に行使できないことが多い。株主の監督権限を強化拡大すると，企業秘密の漏洩または迅速な企業経営が阻害される可能性がある。そのため，監査役に取締役の職務執行に関して監督・調査を委任する。株主総会と取締役会は意思決定機関という点で共通するが，株主総会の権限は基本的・根本的事項に限定され，取締役会は業務執行に関する意思決定権限を有し，会社経営の合理化を図っている。

なお，会社法は有限会社を株式会社に吸収し，特例有限会社（整備法2条・3条）としている。特例有限会社は通常の株式会社と比較して，機関設計，役員の任期等の制限が緩やかであり，監査役の権限が異なり，通常の株式会社への移行ができる（整備法45条）。

(2) 持分会社

持分会社は機関設計に会社法による規律がなく，原則として社員が業務執行権を有し，退社による持分の払戻しが緩やかに認められている。各社員は業務執行・代表権の有無を問わず，社員全体の意思を決定する機関の構成員である。意思決定（総社員の同意〔637条〕・社員の過半数〔590条2項〕）を確認する手続は会議の開催を前提にしていない（社員総会の観念は希薄）。

持分会社は，社員が負う会社債務の対外的な責任から，3区分がある。①合名会社は無限責任社員のみ，②合資会社は無限責任社員および有限責任社員の両方，③合同会社は有限責任社員のみからなる（576条2項～4項）。無限責任とは，会社財産をもって債務を完済することができない場合，または会社に対する強制執行が効を奏しない場合，社員が会社債権者に対し連帯して弁済責任を限度額なく負う（580条1項）。有限責任社員とは，出資価額のうち未出資の価額を限度として，前記の状況に際して，会社債務の弁済責任を負う（同条2項）。

2 株式会社の区分

(1) 株式の譲渡制限の有無による区分

ア）意 義　公開・非公開会社の区分がある。会社法上の公開会社とは，その発行する全部または一部の株式について，「定款による譲渡制限の定め」を設けていない株式会社である（2条5号）。譲渡制限されていない株式を一部でも発行（現実の発行の有無を問わない）しうる会社であり，一部の種類株式に譲渡制限を設けている

会社を含む。他方，非公開会社は全部の株式の内容について定款に譲渡制限規定を設けている株式会社である（公開会社でない株式会社）。株式譲渡による取得において会社の承認（取締役会の承認決議等）を要することになる。中小企業は概して株主が経営者であるため（事実上，所有と経営の一致），好ましくない者が大株主として経営に関与しないように株式の譲渡制限を設けていることが一般的である。

　イ）規制の相違　　公開・非公開会社では，①取締役会設置の義務の有無（327条1項1号），②発行可能株式総数規制（37条3項・113条3項），③役員選解任種類株式の発行規制（108条1項），④株主宛の公告・通知規制（426条4項・849条5項），⑤株主権の行使に一定期間の株式保有規制（297条・303条等），などの適用規制が異なる。公開会社は多数の株主から構成され，取締役会で重要な意思決定を行い，組織的かつ効率的な経営が求められる。他方，非公開会社は経営と所有が実質的に一致し，経営者と出資者との意思疎通が比較的容易であり，経営維持コストを抑え，かつ会社信用力の維持向上が課題である。株式会社の大多数は非公開会社であり，より規模が小さいものは株主総会を中心とした運営となっている。

(2)　資産規模による区分～大会社規制

　資産規模による区分として大会社規制がある。大会社とは資本金が5億円以上または負債総額が200億円以上の株式会社である（2条6号）。会社は，資本金等の自己資本と借入金等の他人資本を合わせて事業をするため，資本金だけでなく，負債額の大きい会社の事業規模は大きく，社会的重要性が高い（中小企業は，中小企業基本法による区分がある）。そのため，大会社には，次の原則と特則が適用される。

　ア）原　則　　すべての大会社（公開・非公開会社を問わず）は，①会計監査人の設置義務（328条。特例有限会社を除く），②貸借対照表・損益計算書の公告義務（440条1項），③内部統制システムの構築義務（348条4項・362条5項等），を負う。

　イ）特　則　　①公開会社である大会社（指名委員会等設置会社・監査等委員会設置会社を除く）は監査役会の設置義務（328条1項），②金融商品取引法の有価証券報告書提出会社である大会社は連結計算書類の作成義務（444条3項），③清算開始の時点における大会社は清算会社に監査役の設置義務（477条4項），を負う。

(3)　機関設計による区分

　会社の機関は，その機能から，①意思決定機関，②執行・代表機関，③監査機関に大別できる。株式会社は，「株主総会および取締役」の設置は必須であり，最も単純な機関設計である。会社の業務活動・利害関係者の多様化により，機関設計は株主および債権者の利益を確保する体制が必要となる。その背景には，①取締役会の権限拡

大による経営者の不正行為の防止，②企業の収益性・経営の効率性の向上等というコーポレート・ガバナンスが問題となる。

そのため，①公開会社か否か，②大会社か否か，または，③指名委員会等設置会社・監査等委員会設置会社か否かにより追加の機関設置が強制される。また，会計参与をはじめ，任意の追加設置があり，機関設計は多岐である。例えば，公開会社か非公開会社かにより，取締役会中心か株主総会中心かの運営方法の相違がある。

ア）非公開会社　株主総会および取締役の設置は必須であり，取締役会・会計参与の設置は任意である。取締役会設置会社で会計参与を設置した場合，監査役の設置は任意となる。大会社では会計監査人の設置は義務である。

イ）公開会社　株主総会，取締役および取締役会の設置は必須であり，取締役会設置会社となるため監査役設置は義務である（指名委員会等設置会社・監査等委員会設置会社を除く）。大会社では監査役会および会計監査人の設置は義務である。なお，会計参与の設置は任意である。

（非公開会社の機関設定）

区　分	大会社でない会社	大会社
取締役会非設置型	①取締役＋監査役（会計監査に限定可） ②取締役＋監査役（会計監査限定を除く）＋会計監査人 ③取締役＋会計参与（どの機関設計でも設置可）	取締役＋監査役（会）＋会計監査人，（会計参与の設置は任意）
取締役会設置型	①取締役会＋監査役（会） ②取締役会＋監査役（会）＋会計監査人 ③取締役会＋三委員会＋会計監査人 ④取締役会＋監査等委員会＋会計監査人 ⑤取締役会＋会計参与（監査役を設置しない場合には必須，それ以外は任意）	①取締役会＋監査役（会）＋会計監査人 ②取締役会＋三委員会＋会計監査人 ③取締役会＋監査等委員会＋会計監査人，（会計参与の設置は任意）

（公開会社の機関設定）

大会社でない会社	大会社
①取締役会＋監査役（会） ②取締役会＋監査役（会）＋会計監査人 ③取締役会＋三委員会＋会計監査人 ④取締役会＋監査等委員会＋会計監査人 （会計参与の設置は任意）	①取締役会＋監査役会＋会計監査人 ②取締役会＋三委員会＋会計監査人 ③取締役会＋監査等委員会＋会計監査人 （会計参与の設置は任意）

(4)　上場会社

　上場会社とは，金融商品取引所（金商2条16項。東京証券取引所等）にその株券（みなし有価証券）を上場する株式会社のことであり（金商24条1項1号参照），上場は株式等の有価証券・デリバティブを金融商品取引市場で取引対象とすることである。上場会社は会社法に加え，金融商品取引法の規制を受ける。

　有価証券が金融商品取引所という流通市場に置かれることにより，次の長所がある。①投資者による投下資本の回収が容易になり，より広い範囲の投資者に当該有価証券を保有してもらえる，②発行会社は有価証券の募集により資金調達が容易になる，③一般に優良な企業として取引相手との交渉または人材確保において有利になる，などである。

　有価証券を上場するためには，発行会社が金融商品取引所に上場申請を行い，上場基準を満たすかの審査を受ける。上場基準は金融商品取引市場の区分（プライム市場・スタンダード市場・グロース市場）により異なるが，例えば，プライム市場への株式上場の基準として，株主数，流通株式数，流通株式比率，最近2年の利益合計，純資産等を充足する必要がある。また，有価証券報告書の届出等による継続的な情報開示義務を負い，上場廃止基準に抵触した場合，上場廃止となる。

第2章◆株主と株式

第1節　株主の地位

1　株式の意義

　株式とは，株式会社の出資者である社員（株主）が会社に対して有する法律上の地位であり，株主の会社に対する権利である。同一種類の株式には同じ権利が付与されるため，株主は所有する株式の数に応じて，会社に対する権利（自益権・共益権）が大きくなる。自益権は，株主が会社から経済的利益を受けることを目的とする権利である。共益権は，株主の会社経営への参与を目的とする権利であり，その権利行使の効果が他の株主にも及ぶ（次節1参照）。

　株式は「均一的な細分化された割合的単位」の形をとる。株式の細分化とは，広く多数の者または少ない資金しか有さない者でも，資本参加することを認めるものである。株式会社は個性のない多数の者から出資を受けやすくし，株式の譲渡により投下資本の回収をすることができる。株式は通常の債権と異なり，社員としての地位に基づく個々の権利について別個独立して処分することはできない（例えば，総会議決権または剰余金配当請求権等だけの譲渡は不可）。株式の価値は会社の収益力・市況等により変動するため，株式には一定不変の券面額はない。

2　株式の取得と発行過程

(1)　新株の発行過程～引受人から株主

　株主となるのは，会社設立および新株の発行による株式を取得（原始取得），株式の譲受け・相続・合併により株式を取得（承継取得）した者である。

　このうち，新株発行には，①株主になろうとする者に払込みをさせる新株発行（通常の新株発行），②株式の無償割当て，吸収合併，株式交換等における新株発行（特殊な新株発行）がある。通常の新株発行では，会社は株主になろうとする者を募集し，投資者は「申込み」をする。申込みをした者は株式の「割当て」を受ける。割当ては株式の申込みに対する承諾を意味する（引受契約の成立）。株式引受人は，引き受けた株式（権利株）につき払込みの義務を負う。会社の成立および新株発行の効力発生

により，権利株が株式となり，株式引受人は株主になる。株式の転換，分割・併合・無償交付，新株予約権の行使，株式配当，組織再編は，当該過程を経ない。会社設立時に，発起人は設立時発行株式を引き受ける者（発起人以外の者）の募集をすることができるが（募集設立。57条1項・62条），実務上少ない。

(2) 株主になる瞬間

原始取得（新株発行等）の場合，株式の引受人が出資を履行することにより，株主となる（209条1項）。最初から株主名簿に記載されている。承継取得の場合，譲受け（有償・無償），相続，合併で株式を取得することにより株主となる。株式を取得しながら，株主名簿の名義書換前（名義書換えの未了）は，会社から株主として扱われない（130条1項）。名義書換制度は株主関係の画一的処理のためである。しかし，会社側の危険において，株主名簿上の名義人（名義株主）ではなく，実質的な株式取得者を株主と扱うことは可能である（最判昭30・10・20民集9巻11号1657頁）。

3 株式振替制度

上場会社の株式は，振替機関（株式・社債・新株予約権では，証券保管振替機構）に，顧客（加入者）が口座管理機関（証券会社・銀行等の金融機関）に口座を設けて，コンピューター上のファイル操作により売買が処理される。株券発行会社でなく，譲渡が制限されていない振替機関が扱う株式が「振替株式」であり，株式について振替制度を利用できるのは，上場会社と一部の上場廃止会社である。振替株式は，「社債，株式等の振替に関する法律」に基づき譲渡方法等が規定され，有価証券のペーパーレス化を受けて，有価証券取引の決済の迅速化，リスク軽減のため活用される。

（振替株式の譲渡）

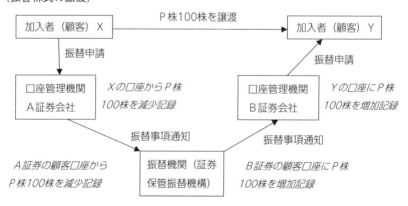

第2節　株主の権利と平等原則

1　株主の権利

(1)　自益権と共益権

ア)　自益権・共益権　　株主は剰余金配当および株価値上がりによる転売利益を期待する。そのため，出資に対する収益を確保し，経営が適正になされるための権利が必要になる。これらが自益権および共益権である。自益権とは，剰余金配当請求権，残余財産分配請求権（105条1項1号2号・453条・504条），株式買取請求権（469条等）など，会社から直接的に経済的利益を受けることを中心とする権利である。自己株式（株式会社が有する自己の株式。113条4項）には自益権が認められていない（453条）。他方，共益権とは，株主総会に係る権利（議決権行使〔105条1項3号〕・質問権〔314条〕等），各種訴訟の提起権（828条等），各種書類の閲覧権（433条等）など，会社経営に一定の範囲で参加し，経営者の行為を監督是正する権利である。共益権は他の株主の利益に影響するため，制約がある。

イ)　固有権　　固有権という言葉が使われることがある。固有権とは株主総会の多数決原理によっても奪うことのできない株主の権利であり，少数派株主を保護する。多数決で決議できる事項は法定され，その濫用は他の理論で対処できるため，近年では固有権の概念はあまり用いられていない。

(2)　単独株主権

　単独株主権とは，株主が1株でも有することにより行使が可能な権利である。すべての自益権は単独株主権であるが，共益権は内容により異なる。濫用を防ぐ趣旨から，

（単独株主権の概要）

権利内容	持株要件	保有期間
すべての自益権	要件なし（最低1株）	要件なし
株主名簿閲覧請求権（125条2項），新株式発行等不存在確認の訴え（829条），総会決議等取消しの訴え（831条）等	要件なし（最低1株）	要件なし
取締役等の違法行為差止請求権（360条等），代表訴訟提起権（847条・847条の2）		行使前6ヵ月（非公開会社では，要件なし）

公開会社では，単独株主権に株式の保有期間を定めることがある。

(3) 少数株主権

ア）意　義　少数株主権とは一定割合以上の議決権数または株式数を保有している場合に行使を可能とする権利である。共益権のうち，例えば，総会議決権は単独株主権（単元制の採用が可能）であるが，帳簿閲覧請求権および取締役等の解任請求権などの監督是正権には，単独株主権と少数株主権がある。濫用を防ぐ趣旨から，共益権の多くは少数株主権である。

イ）自己株式の除外　株式数を基準とする行使要件の算定では，分母となる発行済株式総数には自己株式を含めない。自己株式の割合が大きい場合，少数株主権の行使を不当に制限する可能性が生じるためである。

ウ）要　件　少数株主権は，①会社の財産状況の調査（会計帳簿閲覧権等），②会社が重要な問題に直面し，やむを得ない事由が生じている状況の対処（解散請求権等）のため行使されることがある。そのため，一定の議決権数だけでなく，一定の株式数を有する株主にも権利行使を認めること，または定款規定により行使要件を引き下げることができることもある（例えば，総会招集権の議決権数の緩和。297条1項）。非公開会社は保有期間要件がない。

（少数株主権の概要）

権利内容	持株要件	保有期間
会計帳簿閲覧権（433条），業務執行に係る検査役選任請求権（358条：裁判所の許可）	議決権総数の3％以上または発行済株式総数の3％以上	要件なし
会社解散の訴え（833条）	議決権総数の10％以上または発行済株式総数の10％以上	
株主提案権（303条〜305条）	議決権総数の1％以上または300個以上	行使前6ヵ月（非公開会社は当該要件なし）
総会検査役選任請求権（306条：裁判所の許可）	議決権総数の1％以上	
総会招集権（297条：裁判所の許可），取締役等の責任軽減への異議権（426条7項）	議決権総数の3％以上	
役員解任の訴え（854条・479条等）	議決権総数の3％以上または発行済株式総数の3％以上	

2　株主平等の原則

(1)　意　義

　会社は，株主を，その有する株式の内容および数に応じて，平等に扱わなければならない（109条1項。株主平等の原則）。また，剰余金の配当請求権（454条3項），残余財産の分配請求権（504条3項），総会議決権（308条1項）につき平等的取扱の規定がある。株主平等の原則は，同一種類の株式において，株式の数に応じて平等の取扱いを受けるべきであるというものである。

　多数の株式を有すれば，それだけ大きな権利が付与される。株式が株主の地位を「均一の割合的な単位」としたことを法技術的な要請に基づいて認めたものである。株主平等の原則に反する定款規定，総会決議，取締役会決議等は，一部の例外的な規定を除き，無効になると解される（最判昭45・11・24民集24巻12号1963頁）。

(2)　株主平等原則の例外

　ア）属人的定め　非公開会社では，定款の定めにより，剰余金の配当・残余財産の分配・総会議決権の各権利につき，株主毎に異なる取扱いをすることができる（109条2項。後述第3節1(4)参照）。例えば，株主Aだけに1株3議決権を付与する等である。定款変更により定めを置くときは，総会の特殊決議を要する（309条4項）。

　イ）買収防衛策　敵対的な企業買収の防衛策として，「新株式予約権無償割当ては，敵対的な買収者には行使することができない」旨の差別的な行使条件は是認されることがある（最決平19・8・7民集61巻5号2215頁）。本件は総会の圧倒的多数による可決があり，会社の企業価値が毀損され，株主共同の利益が害されるおそれがあり，衡平の理念に反し相当性を欠くものではないとされた。

(3)　株主優待制度と株式平等の原則

　株主優待制度は，会社がその事業に関連する特別な便益を株主に与えて優遇する制度である（鉄道会社による無料乗車券の交付。高知地判平2・3・28金判849号35頁）。発行株式を魅力のあるものとして，募集株式の発行による資金調達に寄与できる。無料乗車券などの優待サービスを要求する権利は，株主権の内容にはなく，会社のサービスまたは宣伝の一環である。

　一定数以上の株式を有する特定株主だけに優待サービスを付与する場合，株式平等の原則に抵触する可能性がある。一部の大株主に経営不振のため剰余金の配当なし（無配）の損失補てんを目的に，株主優待として中元・歳暮等の名目で多額の商品券を贈与する事案はどうか。金券ショップまたはネットオークションを通じて商品券の

換価は容易であり，優待制度を通じて株主に経済的利益を供与していることになろう。株主優待制度は，株式数に完全比例した優待サービスの付与（厳格な比例基準）までは要しないが，優待制度の内容・程度，利益を受ける株主の数などが総合的に考慮されることになる。

3　株主の権利行使と利益供与

(1)　利益供与規制の意義

　会社は，何人に対しても，株主の権利行使に関し，財産上の利益の供与をしてはならない（120条1項）。会社または子会社の計算（取締役個人の支出は除く。東京地決昭62・2・3資料版商事36号61頁参照）による利益供与が規制対象である。例えば，株主がその権利を悪用して，総会を混乱させると会社に迫り，金品を要求する行為は健全な経営を阻害し，反社会的組織を増大させることになる。

　会社が特定株主に対し，何ら取引がないにもかかわらず，無償で財産上の利益を供与（金銭以外に，サービス提供・債務免除等を含む）したときは，株主の権利行使に関してしたものと推定される。有償でも会社または子会社の受けた利益が著しく少ないときは（陳腐な雑誌の高額購読等），同様の規制に服する（同条2項）。

　利益供与を受ける者は株主か否かを問わない。株主の権利行使の方法が違法・不当である必要はない。権利行使に関連して利益の供与をすることが違法なのであり，権利の行使・不行使，行使の態様・方法等から広く判断される。親会社の取締役が子会社に指示をして利益供与させることも禁止される。取締役・執行役はこれら行為の支出に関し対会社責任に加え，刑事責任を負う（970条1項。刑事責任は従業員も含む）。

(2)　当事者の民事責任

　ア）返還義務　　利益の供与を受けた者（株主等）は，供与された利益の価額相当額を会社またはその子会社に返還しなければならない（120条3項）。会社が返還請求をしない場合，株主は代表訴訟により追及できる。違法な利益供与をすることに関与した取締役・執行役は，会社に連帯して，供与した利益の価額相当額を支払う義務を負う（敵対株主から株式買取工作のための資金供与〔東京地判平7・12・27判時1560号140頁〕，グリーン・メーラーの理不尽な要求の資金供与〔東京高判平20・4・23金判1292号14頁〕等）。

　イ）関与した取締役等　　違法な利益供与に「関与した」取締役等の範囲は，①利益供与に関する職務を行った取締役・執行役，②利益供与が取締役会の決議に基づく場合，取締役会の決議に賛成した取締役または取締役会に利益供与の議案を提出した取締役・執行役（議事録に異議をとどめないものは，賛成と推定。369条5項），③利

益供与が株主総会の決議に基づく場合，株主総会に利益供与の議案を提案した取締役，株主総会で利益供与の事項を説明した取締役・執行役である（施規21条）。利益供与に関与した取締役等の責任は過失責任（120条4項。総株主の同意による免責可），利益供与を企図して実際に行った取締役等は無過失責任である。

(3) 利益の無償供与の開示

あらゆる利益の無償供与が法律上，禁止されるものではない。慈善および学術のための寄附は，会社の社会的活動および責任を果たす意義がある。「どのような目的のため，どれだけの額を，誰に供与すること」が妥当であるかは，諸般の事情を総合して大局的見地から判断する。

「利益の無償供与」の情報開示に関し，計算書類規則は，附属明細書に営業費用のうち「販売費及び一般管理費の明細」の記載を求める（計規88条1項）。附属明細書において「販売費及び一般管理費の明細」は，「利益の無償供与」に関し，監査役が監査をするについて参考となる記載を要する。支出が販売費及び一般管理費に属すべき無償の利益供与でありながら，当該記載がなされていない場合，附属明細書に記載すべき事項を正しく記載していないことになる。それは取締役等に対し，100万円以下の過料制裁を生じさせる（976条7号）。

4　株式買取請求権

(1) 意　義

株主には，持分会社の社員に適用される退社制度（606条）がない。株主は現経営陣に不満がある場合，株式譲渡（転売）により投下資本を回収できるが，非上場株は売却が容易ではない。そのため，会社の基礎的変更に係る総会決議等について，株主は会社に自己の有する株式を，公正価格で買い取ることを請求できる（買取請求事由は次表）。

例えば，会社に不利な条件で合併決議がなされると，概して株価は下落するため，元の価格では売却できなくなる。また，定款変更により株式が譲渡制限になった場合，投下資本の回収が困難になるかもしれない。事業譲渡では譲受会社が譲渡会社の多数派株主である場合，総会で不当な安値による譲渡決議がなされることもあろう。事業譲渡に反対する株主は，株式買取請求権を行使することにより，株主の当該意思表示を通じて，不当な決議の成立を間接的に防止する機能がある。

（株式買取請求の事由）

区　　分	買取請求事由
反対株主の株式買取請求	①全株式を譲渡制限にする定款変更（116条1項1号），②種類株式を譲渡制限株式または全部取得条項付株式にする定款変更（同項2号），③種類株主に損害を及ぼすおそれがあり，種類株主総会の決議が定款で排除の場合（同項3号），④事業譲渡等（469条），⑤親会社による重要な子会社の株式譲渡（467条1項2号の2。親会社株主），⑥合併，会社分割，株式交換，株式移転をする場合の各株主，株式交付の親会社株主（785条・797条・806条・816条の6第1項）
反対株主の端数株式買取請求	株式併合により，1株に満たない端数が生ずる場合（182条の4）
単元未満株主の株式買取請求	単元未満株式（192条）。なお，単元未満株主は会社に単元株式になるに必要な株式の売渡請求が可（194条）

(2) 買取請求の手続

ア）株　主　株式買取請求権は，①総会（種類株主総会を含む）で議決権行使ができる株主のうち，総会開催前に対象議案反対の意思を通知し，総会においても反対の議決権行使をした株主，②総会で議決権行使ができない株主（単元未満株主を含む）のうち法定期間内に反対の意思を通知した株主が行使できる。株式買取請求後，会社の承諾を得た場合に限り撤回ができる（469条7項等）。

イ）通知と効力　株式買取請求権を発生させる行為をしようとする会社は，当該行為の効力発生日の20日前までに株主に通知を要する（116条3項・469条3項等）。例えば，7月1日が効力発生日であれば，前日の6月30日を起算日として，6月11日午前零時までに通知する（実質的期限は6月10日まで）。株主全員の同意により，当該期間の短縮ができる。組織再編等の効力発生日に，株式買取請求をした者（旧株主）は，それ以後の日を基準とする剰余金配当請求権および議決権等を失う（117条6項・470条6項・786条6項等）。

ウ）株　券　株券発行会社では，買取請求をした株主は株券提出義務を負う（株券喪失登録の請求時は株券の提出不要。116条6項等）。権利行使後は株主に株券保有を認める法的利益はなく，株券の善意取得を回避するためである。

(3) 価格決定～仮払制度

ア）公正な価格　株主は会社にその株式を「公正な価格」で買い取ることを請求することができる（469条等）。買取価格は当事者間の協議で決定し，会社は効力発生日から60日以内に支払いを要する（公正な価格の算定は請求日が基準〔最決平23・4・19民集65巻3号1311頁等〕）。協議が調わない場合，裁判所に対し株主だけでなく，

会社側も買取価格の決定の請求ができる（470条等）。

イ）仮払制度　裁判所に価格決定の申立てがなされた場合，会社は株主に対し価格決定前に「公正な価格と認める額」を支払うことができる（仮払制度。470条5項等）。会社には利息負担の軽減が可能となり，株式買取請求の濫用を防止する。仮払いの額は会社が公正な価格として想定し得る金額の最低額であり，株主との合意は不要である。株主が受領しない場合，会社は弁済の供託（民494条・495条）ができる。仮払いの額が裁判所の決定価格を下回る場合，その差額および遅延利息を支払う（117条4項。超える場合には，株主は差額を返還）。

5　株式の準共有と株主権行使

(1)　株式共有者の対応～権利行使者の選定

ア）準共有者の地位　例えば，株式が複数の相続人に相続されると，相続財産である株式は，遺産分割協議（または調停）の成立まで準共有になると解される（最判平26・2・25民集68巻2号173頁）。株式の準共有は，①株式の相続，②株式の共同引受，③組合による株式所有等で生じる。株式の準共有者全員で株主1人となる（30株の相続に相続人3人の場合，各1株が3人の準共有）。

イ）権利行使者の選定等　株式共有者は共有株式についての権利を行使する者（権利行使者）1人を定め，会社にその氏名または名称を通知しなければ，共有株式についての権利行使ができない（106条本文）。選定方法は共同相続人が持分の価格に従い，その過半数で決める（最判平9・1・28裁判集民181号83頁。過半数説）。権利行使者の選定は，会社の事務処理上の便宜のためである。

ウ）選定なし　権利行使者の選定等を欠く共同相続人は，議決権行使することができない。しかし，当該選定等がなくても，会社側の判断により権利の共同行使・不統一行使を認めることができる（同条但書。後述）。

エ）会社からの通知等　会社から株主に対する通知・催告については，株式共有者は会社から通知・催告を受ける者1人を定めて，会社にその者の氏名または名称を通知する（126条3項）。会社はその者に通知・催告する。当該代表者を定めない場合，会社は共有者の1人に対してすれば足りる（同条4項）。

(2)　権利の単独行使の可否～会社法106条但書

ア）最高裁の判断　会社法106条但書に基づき，会社は権利の「単独行使」を認めることができるのか。判例によれば，権利行使者の選定等を欠き（106条本文），権利行使方法について民法の共有に関する規定（民264条）に従ったものでないときは，会社が準共有者の一部の者による議決権行使を認めたとしても，当該権利行使は適法

ではないとする（最判平27・2・19民集69巻1号25頁）。

イ）事案検討　Y社（発行済株式総数1,000株）の株主X1（取締役）は700株，X2は300株を保有する。X1が死亡し，配偶者X3，子X4・X5はX1のY社株700株を相続するが遺産分割協議で争い，権利行使者を定めることなくX3〜X5が総会に出席した。Y社はX3らに議決権行使を認め，X4を取締役に選任する議案にX2〜X4が賛成し，X5は反対した。本事案では，X3・X4が賛成しても，Y社は単純にX3の350株，X4の175株の計525株が賛成票になるものとして扱うことはできない。その前に，X3〜X5の各準共有者は持分の価格に従い，多数決により取締役選任に係る議決権行使の内容を決めたうえで，初めてY社は前記の計525株を賛成票として扱うことができる。当該手続がなければ，総会の決議取消事由となろう。

(3) 準共有株式の議決権行使〜権利行使者の選定を欠く事案

ア）株式数保有　権利行使者の選定等を欠いても，判例上，①全発行済株式を保有する場合（最判平2・12・4民集44巻9号1165頁），②合併当事会社の準共有株式の共同相続人が発行済株式総数の過半数を保有している場合（最判平3・2・19判時1389号143頁）等，特段の事情が存在すれば，各共同相続人が株主としての原告適格を有する。

イ）株式処分等の議案　株式の処分（組織再編・解散等）または株式内容の変更を伴う総会議案については，準共有株式の議決権は準共有者の持分の過半数で決し得ないと考えられる（最判平27・2・19民集69巻1号25頁）。当該議案に対する議決権行使は管理行為ではなく変更行為（民251条）に該当するため，持分の過半数で決することはできず，準共有者全員の同意を得て行う必要があろう。内部的合意に違反した権利行使者の議決権行使は，総会決議の取消原因になることがある。

（準共有株式の対応）

区　分	具体的内容
権利行使者の選定等あり	①株式共有者は権利行使者1人を定め，会社に通知 ②選定方法は共同相続人の持分価格に従い，その過半数 ③権利行使者が議決権行使
権利行使者の選定等なし	①原則，議決権行使が不可 ②会社の判断により，議決権の共同行使・不統一行使が可 ③権利行使方法が民法の共有規定に従っていないときは，会社が準共有者の一部に議決権行使を認めても，適法ではない
会社からの通知等	①株式共有者は会社から通知等を受ける者（代表者）を定める ②代表者を定めない場合，会社は共有者の1人に対して通知等

6　相互保有株式の議決権の制限

(1)　規制の趣旨～25%基準

　双方の会社が互いに議決権総数の25%（4分の1）を超えて保有する場合，各議決権を行使することはできない（相互保有株式の議決権の制限。308条1項）。株式の相互保有割合が増加すれば資本の空洞化が進み，総会決議が歪曲化されるからである。

　相互保有株式の議決権制限の事例として，第1に，A社がB社の議決権総数の25%を超えて保有する場合，B社はA社の総会で議決権行使ができない。第2に，親会社A社および子会社B社が併せて，C社の議決権総数の25%を超えて保有する場合，C社はA社の総会で議決権行使ができない。第3に，親会社A社の子会社B社が，C社の議決権総数の25%を超えて保有する場合，C社はA社の議決権およびB社の議決権を両方とも行使できない。

(2)　保有割合が過半数

　株式の相互保有規制は，一方の議決権の保有割合が過半数となった場合でもその適用が除外されることはない。例えば，B社にその発行済普通株式の25%以上を適法に保有されていたA社が，B社の発行済普通株式の過半数を保有することとなっても，両社がそれぞれ自己の計算において相手方に対して有する議決権数は，親子会社関係の有無を判定する場面ではいずれも「0個扱い」となる。そのため，形式基準でA社がB社の親会社だと判定されることはない。

第3節　株式の内容と種類

1　内容と種類とは

(1)　内容と種類

　各株式の権利の内容は，同一であることを要する。例外として，第1に，会社は，発行する「全部の株式」の内容として，定款に「特別の定め」を設けることができる（107条）。第2に，定款の定めにより，「内容の異なる種類」の株式を発行することができる（108条。種類株式制度）。

　2種類以上の種類株式を発行する会社を，種類株式発行会社という。これらは，資金調達に便宜を図り，支配関係の多様化の機会を会社に与えるためである。

(2) 全部の株式の内容に関する特別の定め

全部の株式の内容に関する特別の定めは，①譲渡制限（107条1項1号。譲渡制限株式），②株主から会社に対する取得請求権（同項2号。取得請求権付株式），③会社から株主に対する強制取得権（同項3号。取得条項付株式），に限定される。

これらは全部の株式の内容であり，異種がなく種類株式とはならない。会社が株主から取得する場合，対価として現金，社債，新株予約権等を定款で定める。

（全株式の内容の特別の定め）

区　分	内　容	特別の定めの方法
譲渡制限	譲渡による当該株式の取得について，会社の承認を要する定め	総会の特殊決議（309条3項1号）
取得請求権（株主→会社）	株主が，保有する株式の取得を会社に請求することができる定め	総会の特別決議（同条2項11号）
取得条項＝強制取得権（会社→株主）	会社が，一定の事由の発生を条件として，株主が保有する株式を強制取得できる定め	株主全員の同意（110条）

(3) 株式の種類

内容の異なる種類株式を発行する場合，各種類株式の発行可能種類株式総数および内容に係る法定事項を定款で定める（普通株式を除く）。複数の事項を組み合わせた種類株式とすることもできる。

内容の異なる種類の株式には，①剰余金配当異種株式，②残余財産分配異種株式，③議決権制限株式，④譲渡制限株式，⑤取得請求権付株式，⑥取得条項付株式，⑦全部取得条項付種類株式，⑧拒否権付種類株式，⑨役員選解任付種類株式，がある（108条1項1号〜9号）。

定款規定を要するのは，既存株主にとり，自分たちより有利かもしれない株主が現れる可能性があることを覚悟させておくためである。

（種類株式の区分）

区　分	内　容	方　法
剰余金の配当 残余財産の分配	剰余金の配当または残余財産の分配について，優先・普通・劣後の異なる定めをするもの	種類追加・既存の一部種類株式の内容変更は，総会の特別決議（309条2項11号）＋損害を及ぼすおそれがある場合，種類株主総会の特別決議（322条1項1号等）
議決権制限	議決権を行使できる事項を制限するもの。総会の全決議事項について議決権がない株式発行可（無議決権株式）	
譲渡制限	譲渡による株式取得について，会社の承認を要するもの	
取得請求権	株主が保有する当該種類の株式の取得を会社に請求できるとするもの	
取得条項	会社が一定事由の発生を条件として，株主から当該種類の株式を強制取得できるとするもの	
全部取得条項	会社が総会の特別決議により，当該種類の株式の全部を取得できるとするもの。反対株主は買取請求権の行使可	
拒否権	株主総会・取締役会の決議事項のうち，当該決議に加え，当該種類の株主総会決議を必要とするもの（黄金株）	
役員選解任	非公開会社（指名委員会等設置会社を除く）で，当該種類の総会で取締役・監査役を選解任できるとするもの	

(4) 属人的種類株式〜非公開会社の定款の属人的定め

これら種類株式以外に，非公開会社では，剰余金配当・残余財産の分配・議決権について，株主毎に異なる取扱いを行う旨を定款で定めることができる（109条2項。属人的種類株式）。当該定款変更は，特殊決議による（309条4項。決議要件は加重可）。株主平等原則の例外であり，人的属性に基づき株主権内容に差を設けるものである。定款には，「代表取締役である株主には，1株につき30個の議決権を有する」，「株主X1が認知症の確定診断を受けた場合，株主X2は1株当たり他の株主の20倍の議決権行使が可能となる」等を定める。

定款の定めによる当該株式は，「内容の異なる種類」の株式とみなされる（109条3項）。付与された人の保有を離れると，その権利は消滅する。定款の属人的定めは定款自治の限界を超えて多数決の濫用となる場合，無効となる（東京地立川支判平25・9・25金判1518号54頁）。目的の正当性と手段の相当性が問われる。

(5) 株式に関する登記事項

特別な内容の株式および数種の株式を発行する場合，一定事項を株主名簿（121条2号）に記載し（株券発行会社は株券にも記載。216条3号4号），各種類株式の内容等を登記する。各種類株式の内容等に係る登記事項は発行可能株式総数，発行する株式の内容，定款規定があるときの単元株式数，発行済株式総数・その種類・種類毎の

数，株券発行会社である旨である（911条3項6号～10号）。

2　種類株式の区分

(1)　普通株式・優先株式・劣後株式

ア）普通株式　他の種類株式よりも優先的な地位を与えられた株式を優先株式，劣後的な地位を与えられた株式を劣後株式（後配株式）という。標準となる株式が「普通株式」である。定款の定めにより，普通株式のほかに，優先株式・劣後株式を発行できる。また，ある面で優先的取扱いを受けるが（剰余金の配当は優先等），ある面で劣後的取扱いを受ける（残余財産の分配劣後等）という混合株式を発行できる（108条2項）。定款に株式の種類に関する定めがない会社は，普通株式だけしか発行できない。株式の内容について定款で定めなければ，当該株式は普通株式となる。普通株式の内容は定款ではなく，会社法が定める。

イ）優先株式　剰余金配当優先株式，残余財産分配優先株式がある（108条1項1号2号）。定款に，当該種類株主に交付する配当額の決定方法・配当条件・配当財産の種類等を定める。例えば，「優先株式は，普通株式に先立ち，1株につき年400円を限度として，取締役会の決議で定める額の剰余金の配当を受ける」「他の種類株式の配当額のX倍の額」等と記載する。

業績の不振な会社は優先株式を発行することにより，資金調達を容易なものとする。優先株式が普通株式より剰余金配当額が必ずしも多いとはいえない。前記例では1株400円という確定金額が優先的に配当されるにすぎない。

優先株式の分類として，①累積的優先株式（剰余金配当が一定額等に達しない場合，不足額を次期以降の利益から優先てん補する，または各期に打ち切る〔非累積的優先株式〕），②参加的優先株式（優先的内容による剰余金配当後は普通株式と並んで剰余金配当を受ける，または一定額止まりの配当に限る〔非参加的優先株式〕）がある。累積的かつ非参加的優先株式は社債に近く，非累積的かつ参加的優先株式は普通株式に近い。

ウ）劣後株式　普通株式に配当した残りの利益しか配当を受けられないものを劣後株式（後配株式）という。劣後株式の利用として，①既存株主を害しないように新株を後配株式とするため，②対象会社に資金援助する政府または親会社が，投資者からの普通株式の募集を容易にするため，等がある。劣後株式には，剰余金配当劣後株式および残余財産分配劣後株式がある。

エ）トラッキング・ストック　特定事業連動株式（トラッキング・ストック）とは特定の子会社・事業部門の業績等の一定指標に連動して配当額を算定するものである。支配権を維持しながら，当該子会社等の価値を株式市場で顕在化するために発行

する。

(2)　譲渡制限株式

　大規模会社では資金調達の便宜および支配関係の調整のため，複数の種類株式を発行することがある。当該会社は，一部の種類株式を，譲渡制限（108条１項４号）にするニーズがある（普通株式は市場で流通させ，優先株式は譲渡制限を設けるなど）。

　または，普通株式だけに譲渡制限を設けたいこともあろう。定款の記載は，①当該種類株式を譲渡により取得することについて会社の承認を要する旨，②一定の場合に会社が当該取得の承認をしたとみなすときは，その旨および条件である。

　なお，譲渡の制限されていない株式を一部でも発行しうる会社は，会社法上，公開会社である。

(3)　取得請求権付株式

　取得請求権付株式（108条１項５号）の利用として，例えば，配当優先株式から普通株式に転換できる権利（取得の対価）を付与すれば，株主は会社の収益が少ない間は配当優先株式により安定した配当を受ける。収益が向上すれば普通株式を対価として会社に取得を請求する。会社は収益が少ない間でも，取得請求権付株式の発行により資金調達ができる。株主は請求権の行使により対価を取得し，対象株式は会社の自己株式となる。定款には，当該種類の株主が保有株式の取得を会社に請求できる旨，取得対価，請求期間等を定める。

(4)　取得条項付株式

　取得条項付株式（108条１項６号）の利用として，株主である役職員の「退職・死亡」等を一定の事由とすることが考えられ，当該株式が非従業員等に譲渡されると取得条項付の意義が損なわれるため譲渡制限付とする。定款変更をして取得条項付株式を発行する場合，株主全員の同意（110条。内容の変更）または種類株主全員の同意（111条１項）を要する。既存株主の了解を得るため，対象株式の取得条件を株主に有利なものにすること等の方策に加え，現実には株主数が少ないこと等の条件を勘案する必要がある。

　定款には，①一定の事由が生じた日に会社が当該種類株式を取得する旨，②取得事由，③取得の対価（優先株式に対して普通株式を対価とする等），等を定める。取得手続は，取得日（168条）および取得株式（169条１項）は取締役会決議（取締役会非設置会社は総会決議）で決めることができる。それ以外の事項は総会決議によるが，定款で別段の定めをすることができる（同条２項３項）。一定の取得事由が生じた日

に，当然に取得の効力が生じる（170条1項）。

(5)　議決権制限種類株式

　議決権制限種類株式（108条1項3号）は，一部の議決権だけを行使できる株式または一切の議決権がない株式（完全無議決権株式）などを総括していう。例えば，P社の発行済株式2,000株のうち，代表者Qが1,800株，子X1が200株を各保有している。Qの推定相続人は子X1〜X3であり，後継者X1にQが有するP社普通株式600株を承継させ，X2・X3に同普通株式を無議決権株式にして各600株を承継させる。その結果，X2・X3が結託して，X1の意向に反する議案（取締役の選解任議案を含む）を総会決議で可決するリスクを回避できる。

　議決権制限種類株式では，会社は完全無議決権株式の株主に総会の招集通知を送付する必要はなく，管理コストを節約できる。また，既存株主の持分比率を変えることなく新株発行による資金調達が可能である。

　公開会社では，議決権制限種類株式の数が，発行済株式総数の2分の1を超えるに至った場合，直ちに，2分の1以下にする措置を要する（115条。非公開会社では発行限度規制なし）。措置として，①会社が議決権制限種類株式を自己株式として取得後に消却，②他の種類株式を募集株式として発行，等がある。

　議決権制限種類株式の株主は種類株主総会の議決権を有するが，議決権が制限される事項について，その議決権の存在を前提とする権利（株主提案権，総会招集権等）を有しない。定款には，①発行可能種類株式総数，議決権行使事項および条件等を定める（108条2項3号，施規20条1項3号）。

(6)　全部取得条項付種類株式

　全部取得条項付株式（108条2項7号）の利用として，少数株主の締出し（スクイーズ・アウト）がある。例えば，P社の株主Aは120株，Bは60株，Cは12株，Dは8株の普通株式を各保有する。普通株式の内容を全部取得条項付種類株式に変更し，全部取得条項付種類株式20株の対価として他のP種類株式1株（配当優先株式等）と交換する。前提として，①種類株式発行会社となる定款変更（総会の特別決議），および，②普通株式の内容を全部取得条項付種類株式に変更する定款変更を行う（普通株主を構成員とする種類株主総会の特別決議。111条2項・324条2項1号）。P社は全部取得条項付種類株式のすべてを総会決議により取得して，1株未満となった株主C・Dを締め出すことができる。

　1株に満たない端数は端数処理をする。①端数の合計数に相当する数の株式を競売し，かつ端数に応じて競売により得られた代金を株主に交付（234条1項2号），②市

場価格のない株式は裁判所の許可を得て競売以外の方法で売却（同条2項），③これ
ら以外に会社は競売・売却予定の株式の全部または一部を買い取る（同条4項）。

　締め出される少数株主保護のため，開示手続（171条の2），価格決定の申立手続
（172条2項3項），差止請求制度（171条の3）がある。全部取得条項付種類株式の取
得対価の著しい不当性は総会決議の取消事由になる（東京地判平22・9・6金判1352
号43頁）。定款には，取得対価の決定方法，全部取得の条件等を記載する。

（少数株主の締出し具体例）

株　　主	普通株式	全部取得条項付種類株式 に変更	全部取得条項付種類株式 20株をX種類株式1株に	議決権数
A	120株	120株	6株	6個
B	60株	60株	3株	3個
C	12株	12株	0.6株	0個
D	8株	8株	0.4株	0個
計	200株	200株	10株	9個

(7)　拒否権付種類株式

　拒否権付種類株式（108条1項8号）を利用した拒否権の対象事項として，①新株
発行，②事業の全部または重要な一部の譲渡，③当会社が消滅会社となる合併，完全
子会社となる株式交換・株式移転，会社分割，④役員の解任等が考えられる。例えば，
拒否権付種類株式の株主は，株主総会または取締役会の特定の決議に対し拒否権を有
するため，1株でも有する株主には絶大な武器となるが，機動的な会社経営の妨げに
もなる。

　濫用防止策として，定款に拒否権行使期間，行使者の条件（満70歳まで行使可等），
対象決議（5分の4以上の賛成がある議案・取締役の選解任議案は対象外等）の制限
を設けて，拒否権の消滅事由を規定する。定款には，①当該種類株主総会の決議を要
する事項，②当該種類株主総会の決議を要する条件を定めるときは，その条件等を定
める。

(8)　取締役・監査役の選解任についての種類株式

　非公開会社（指名委員会等設置会社を除く）では，取締役・監査役の選解任につい
ての種類株式（108条1項9号・2項9号。クラス・ボーディング）を利用できる。
定款規定により，特定の種類株式の株主は，複数名の取締役・監査役を選任できる，
または全く選任ができない等が認められる。

　少数の株主による会社支配が可能となる。例えば，Ｐ社の株主Ｘ１は取締役４名および監査役１名の選任（Ａ種類株式），Ｘ２は取締役２名の選任（Ｂ種類株式），Ｘ３は取締役１名の選任（Ｃ種類株式）を可能とする権利を付け，Ｘ４は取締役０名の選任（Ｄ種類株式），として役員選解任権付種類株式を発行する。

　種類株主毎に選任できる取締役の任期を違えることもできる。役員選解任権付種類株式は，役員の選解任に関する株主間契約を制度的に保証したものといえる。定款には，①その種類の株主が取締役・監査役を選任する旨，選任する取締役・監査役の数，②選任対象の取締役・監査役の全部または一部を他の種類株主と共同して選任することとするときは，当該他の種類株主の有する株式の種類，共同して選任する取締役・監査役の数等を定める（施規19条参照）。

第3章◆株主総会

第1節　株主総会の権限と招集

1　株主総会の権限

(1)　取締役会非設置会社の総会

　株主総会（以下，総会）は，株主が会社の機関として経営に関与する組織体である。総会の権限は，取締役会設置会社と取締役会非設置会社では異なる。取締役会非設置会社の総会は，「株式会社に関する一切の事項」について決議することが可能である（295条1項。万能の機関）。

(2)　取締役会設置会社の総会

　取締役会設置会社の総会は，「会社法に規定する事項及び定款で定めた事項」に限り，決議をすることができる（295条2項。所有と経営の分離）。総会で取締役会の決議事項を決議する場合，定款でその旨を定めることを要するが（譲渡制限株式の譲渡承認等），取締役会の法定決議事項（会社法で当該機関の決議を要する事項）については，定款の定めをもっても奪うことはできない。経営の効率化・合理化のため，取締役会・代表取締役に業務執行に係る権限が委譲され，株主は取締役の行為に対する監視を通じて経営に関与する。

　他方，役員の選解任，組織再編，解散，定款変更その他の重要事項は，総会の権限事項である（法定決議事項）。総会の法定決議事項を他の機関（取締役会等）が決定する旨を定款で定めても無効である（同条3項）。会社の存立・株主の基本的な利益に関わる事項のためである。取締役は総会決議を遵守しなければならず（355条），そのため，取締役会設置会社においても，総会は会社の最高機関といえる。

30

（株主総会の法定決議事項）

区　分	具体的な決議事項
取締役会設置会社	①会社の基礎的変更（定款変更・組織再編等），②役員等の選解任，③決算承認，④株主の重要な利益の事項（剰余金の処分，公開会社での募集株式の発行等），⑤取締役等の専横リスクの事項（取締役の報酬決定，事後設立等）
取締役会非設置会社	上記①～⑤に加え，⑥譲渡制限株式の譲渡承認，⑦取締役の競業・利益相反取引の承認，⑧自己株式の取得価格等の決定，⑨株式単位変更（株式分割等）

2　株主総会の招集

　株主総会の招集手続は，株主に総会への出席，議事・議決に参加する準備の機会を与えるため，多岐に定められている。

(1)　開催の関連事項

　ア）時　期　定時総会は毎事業年度の終了日（決算期）から3ヵ月以内（124条2項）に開催を要する（3月末決算会社は，6月下旬に総会開催が多い）。臨時総会は必要がある場合，いつでも開催が可能である（296条1項2項）。

　イ）場　所　開催場所は，株主の利便性・出席予想人数を考慮して自由に設定ができる。余りにも不便な施設での開催または予想外に出席者が増えたために会場に入りきれない事態での開催は，総会決議の取消事由（831条）または総会の延期・続行事由（317条）となる可能性がある。

　ウ）招集事項　取締役会は，①総会日時・場所，②議題（討議の目的である事項。例えば，「取締役選任の件」），③議案（決議に付す事項。例えば，「Xを取締役に選任する」。なお，監査役の選任・会計監査人の選解任の議案は監査役の同意が必要）等を決定する（298条1項，施規63条）。取締役会非設置会社と異なり，取締役会決議で決定した議題以外の事項は，総会決議ができない（309条5項・298条1項2号）。

(2)　招集権者

　ア）原　則　取締役会が総会招集を決議し（298条4項），代表取締役（指名委員会等設置会社は代表執行役）が招集する（同条1項。取締役会非設置会社について，第4章第9節参照）。

　イ）株　主　議決権総数の3％以上（定款で引下げ可）を6ヵ月以上前（非公開会社は保有期間要件なし）から保有する株主は，次の事由において裁判所の許可（868条）を得て総会を招集できる。①代表取締役に総会招集を請求したが，遅滞なく当該

手続がとられない場合（297条4項1号），または，②請求日から8週間以内の日を総会の日（会日）とする総会招集の通知が発せられない場合（同項2号），である。

　ウ）裁判所の命令　裁判所は，総会検査役（306条1項）または業務の執行に関する検査役（358条）の報告があった場合に，必要があると認めるときは，取締役に対し，総会を招集させることができる（307条1項・359条1項。招集手続は代表取締役）。

（招集通知の関連事項）

区　分		具体的内容
通知の発送期限	公開会社	総会の日の2週間前までに通知を発送（299条1項）。発送日と会日との間に14日以上が必要
	非公開会社	①取締役会設置会社は1週間前までに発送，②取締役会非設置会社は原則，1週間前までに発送（定款で短縮可。実質制限なし），③書面，電子投票を認めるときは2週間前
通知の対象株主		株主名簿に記載の株主（名義株主）に送付（議決権のない株主を除く）。基準日時点の名義株主を権利行使できる株主と定めることが可能（124条1項）
通知の方法		①取締役会設置会社は書面（承諾株主に電子メールが可）が必要，②取締役会非設置会社は口頭・電話での通知でも良いが，総会決議における書面投票・電子投票を採用する場合，書面（電子メールが可）が必要
添付書類		招集通知に加え，①計算書類，事業報告，各附属明細書，会計監査報告・監査報告等を添付（定款によりウェブ開示が可），②議決権のある株主が1,000人以上の会社では議決権行使書面の提供義務（書面投票制度）

3　招集手続の省略・効率化

(1)　招集自体の省略

　ア）全員出席総会　株主全員（代理人を含む）が集まり，会議を開催することに同意すれば，招集手続がなくても適法な総会と認められる（最判昭60・12・12民集39巻8号1869頁）。全員出席総会では，総会事項について取締役会決議を欠くなどの手続の瑕疵があっても治癒される。

　イ）株主全員の事前同意　議決権を行使できる株主の全員が事前に同意した場合，招集手続を経ないで総会を開催できる（300条本文）。総会に欠席する株主があっても，定足数の充足により総会は成立する。ただし，書面投票または電磁的方法による議決権行使ができる旨を定めた場合，招集手続の省略はできない（同条但書）。

(2)　招集通知の簡略化

ア）ウェブ開示　定款の定めにより，招集通知等に記載すべき事項の一部について，会社のホームページ等のウェブサイト上で開示ができる（施規94条・133条，計規133条・134条）。招集通知のコスト削減に加え，開示内容を充実できる。

イ）省略事項　ウェブ開示により，招集通知で省略できる事項は，①事業報告記載事項のうち一定事項，②総会参考書類記載事項のうち一定事項，③計算書類のうち個別注記表の全部，④連結計算書類の全部である。当該内容についてインターネットで開示して，書面を株主に提供したものとみなす（書面提供の省略）。

(3)　株主総会資料の電子提供制度

ア）意　義　総会の招集通知と一緒に送付される総会資料（株主総会参考書類，議決権行使書面。定時総会は計算書類および事業報告，連結計算書類が追加）を，書面ではなく電子提供（会社のホームページ等のウェブサイト上で提供）することができる（325条の2）。総会資料の電子提供はコスト負担軽減（印刷費・郵送費等），迅速な情報開示に資する。非公開・公開会社を問わず採用できるが，振替株式発行会社（上場会社）では電子提供は義務である。

イ）手　続　電子提供制度の採用は，次の手続を要する。第1に，定款に「電子提供措置をとる」旨を定める（同条柱書）。上場会社は電子提供が義務であり，定款変更決議がなされたものとみなされる（整備法10条2項）。第2に，電子提供制度に係る登記を要する（911条3項12号の2）。株主となる者への配慮である。第3に，電子提供制度の採用には株主の個別承認は不要であるが，株主は総会資料の書面請求権がある（325条の5。電子提供を個別承諾している株主は除外）。インターネットを利用できない株主の保護である。

ウ）時　期　電子提供の措置開始日（ウェブサイトの掲載開始日）は総会の3週間前の日または総会の招集通知を発した日のいずれか早い日（325条の3第1項）である。従来の招集通知発送日より早期である。資料措置期間は提供開始日から総会日後3ヵ月である（総会決議の取消し訴えの出訴期限に平仄）。非公開会社が当該制度を採用する場合，招集通知の発送期限は総会の2週間前（325条の4）になる。

4　株主提案権

少数株主権として，総会招集権の行使により議題の提案・議案提出ができるが（297条。議決権総数の3％以上等），大規模会社の株主は招集権の行使は困難である。様々な株主の意向を総会により反映させるため，招集権要件を満たしていない株主においても，議題または議案の提案が認められている。株主提案権は，①議題提案権，

②議案提案権，③議案の要領通知請求権，に区分される。

(1)　議題提案権

ア）意　義　議題提案権とは，一定事項（例えば，取締役選任の件）を総会の目的（議題）とすることを取締役に請求する権利である（303条1項）。取締役会設置会社では招集通知に記載した議題だけを決議できるため（309条5項），議題提案権は会社が予定していない議題を，株主が議案とともに提出することに意義がある。

イ）要　件　招集通知に議題の記載を要するため，議題提案権は総会会日の8週間前（定款で短縮可）までに行使する（303条2項）。要件は，①公開会社では議決権総数の1％以上または300個（単元株制度の会社は300単元）以上の議決権を6ヵ月前から保有（定款で各要件の引下げ可），②非公開会社かつ取締役会設置会社では保有期間要件なし，③取締役会非設置会社では単独株主権であり，保有期間要件もない。

(2)　議案提案権

ア）動　議　株主は総会の席上で，議題の範囲内で，議案を提出できる（動議。304条本文）。単独株主権であり，保有期間要件はない。しかし，①議案が法令・定款に違反する場合，②議案が実質的に同一の議案（提案内容等から判断）について総会で議決権総数の10%以上（定款で引下げ可）の賛成を得られなかった日から3年を経過していない場合，取締役は議案を拒絶できる（同条但書）。

イ）議案要領通知請求権　株主は招集通知に提案する議案の要領（例えば，Xを取締役に選任する件）を記載するよう，取締役に請求することができる（305条1項）。各株主が提案できる議案数は「10」を上限とする（同条4項。取締役会非設置会社では制限なし）。濫用的な行使に対処するためである（東京高判平27・5・19金判1473号26頁参照）。10を超える当該議案を決議しても瑕疵にならない。

役員等の選解任議案は議案数にかかわらず，「1」の議案とみなす（同項1号〜4号）。例えば，取締役の候補者12人分の提案は1議案とみなす。定款変更議案では，原則，内容に着目して議案数を算定する。行使要件は，総会会日の8週間前（定款で

（動議の概要）

区　分	実質的動議	手続的動議
内　容	議案の修正を求める動議。役員候補者，役員報酬等が対象	総会の議事運営に関する手続を求める動議。議長不信任，総会の延期等
審議対象	適法になされたものである限り，議長は当該議案を議場に諮る必要あり	権利濫用に当たることが明白の場合，動議を議場に諮らないことは可

短縮可）までに請求を要し，取締役会設置会社では議題提案権と同じ少数株主権であり，取締役会非設置会社では単独株主権である。

第2節　株主総会の議事

1　株主総会の議長

(1)　秩序維持権

総会は議長の指揮に基づき進行する。議長は総会秩序を維持し，議事を整理する（315条1項。秩序維持権）。議事の整理とは，①審議を進め，株主の質問時間を管理制限する，②総会秩序を乱す者を退場させる，③決議結果を宣言する等である。審議を尽くさないまま，議長が議案を強行に採決すれば，決議取消原因となる。

(2)　選　任

議長の選任は定款の規定，会社の慣行等に委ねられている。概して，定款で，①代表取締役社長が議長になる，②社長に事故があるときは一定の順序に従い他の取締役が代わる旨を定めている。定款に定められた者すべての都合が悪いときは，総会決議で議長を選任する。少数株主が招集した総会は，定款が定めた議長が出席しても，改めて議長を選任する（広島高岡山支判昭35・10・31下民11巻10号2329頁）。

2　役員の説明義務

(1)　議案の説明

ア）総会参与権　株主は議案の判断に必要な情報を得るために，総会で質問ができる（質問権）。役員は株主の質問に説明義務を負う（314条）。そのため，役員は総会に出席する義務を負い，株主の求めがなくても，議案の提案理由を説明する必要がある。説明義務の範囲・程度は，①報告事項（計算書類・事業報告・附属明細書の記載事項）では，一般的な株主が合理的に理解できること，②決議事項では，一般的な株主が議案の賛否を合理的に判断できることである。代表取締役（議長）が説明者を決定することになる。従業員（担当者）が説明しても取締役が説明したことになる。株主は特定役員に名指しで説明を求める権利はない。

イ）意　義　株主の質問権は議決権数に関係なく，総会出席の株主は行使が可能であり，説明義務の履行は，経営・財産状況・取締役等の職務執行に関する開示機能を有する。総会前に株主に送付される参考書類および総会で必要な情報が提供されていれば，説明を尽くしたことになる。一部株主が執拗に説明を求めている場合，議長

が審議を打ち切り，採決に入っても，決議の取消原因とはならない。

(2) 説明の拒否事由

　次のいずれかの場合，役員は説明の拒否ができる（314条但書，施規71条）。①質問事項が議題と関係がない場合（役員個人の私的な話題等），②株主共同の利益が著しく害される場合（企業秘密事項等），③説明のために調査を要する場合（ただし，株主が事前通知した質問事項は対象外），④会社その他の者の権利を侵害することになる場合（名誉毀損・刑事訴追を受けるおそれ等），⑤同一事項に繰り返し説明を求める場合，⑥説明できないことに正当事由がある場合（不相当に多額の調査費用が必要等），である。

　説明の拒否事由がないにもかかわらず説明をしない場合，その議案に関する決議は取消原因となる。説明義務を負う者は拒否事由のあることを立証する。

第3節　株主総会の決議

1　総会決議の要件

　各株主は，原則として保有する株式1株につき1個の議決権を有する（308条1項本文）。ただし，次の株式は議決権が制限（議決権なし）される。①単元未満株式（1単元の株式ごとに1個の議決権。同項但書），②自己株（同条2項）・子会社保有の親会社株（同条1項），③相互保有株式（同条1項括弧書），④議決権制限株式（108条1項），⑤非公開会社の定款規定による議決権につき株主毎の異なる扱い（109条2項），⑥基準日後に発行の新株（124条4項），等である。

　決議方法は，普通決議（特則普通決議を含む），特別決議，特殊決議（加重型特殊決議を含む）に大別できる。決議要件は，定足数（議案の決議に必要な最小限の議決権数または株主数）および表決数（議案の効力発生に必要な議決権数）からなる。議決権を有しない株式の数は，定足数に算入されない（309条1項等）。

(1) 普通決議〜特則普通決議を含む

　ア）事　項　特別の要件が法律・定款で規定されていない場合の決議方法であり，定期的に株主の意思を反映させる。役員報酬，剰余金配当，準備金額の減少，決算承認（会計監査人非設置会社），自己株式の取得（株主との合意取得），等がある。

　イ）要　件　①定足数は，議決権行使可能な株主の議決権の過半数を有する株主が出席（定款で別段の定めが可。定足数を排除する会社が多い），②表決数は，出席

した当該株主の議決権の過半数（定款で加重可）である（309条1項）。表決数要件を加重して，敵対株主の議決権行使（取締役選解任等）を阻止することが可能である。

ウ）（特則）普通決議　①取締役・監査役・会計参与の選任決議，②取締役・会計参与の解任決議の定足数は，定款による排除ができない。また，定款の定めによっても議決権行使ができる株主の議決権総数の3分の1未満にすることはできない(341条)。厳格な定足数要件が課されている。表決数要件の加重は可能である。

(2)　特別決議

ア）事　項　決議事項のうち，特に重要な事項として，株主の総意により近いものを示す場合の決議方法である。例えば，監査役・累積投票で選任の取締役の解任，定款変更，組織再編，自己株式の買受け（特定株主から），株式併合，取締役・監査役等の対会社責任の軽減，会社の解散，等がある。

イ）要　件　①定足数は，議決権行使可能な株主の議決権の過半数を有する株主が出席（定款で3分の1に軽減可），②表決数は，出席した当該株主の議決権の3分の2以上（定款で加重可）である（309条2項）。

(3)　特殊決議～加重型特殊決議を含む

ア）決議事項　株主利益により直接的かつ影響が大きい事項の決議方法である。例えば，株式全部の譲渡を制限する定款変更，消滅会社（公開会社）の株主に対価として譲渡制限株式を交付する吸収合併契約等の承認，等がある。

イ）決議要件　①定足数は無い，②表決数は，議決権行使可能な株主の半数以上（定款で加重可），かつ議決権行使可能な株主の議決権の3分の2以上（定款で加重可）である（309条3項）。

ウ）（加重型）特殊決議　非公開会社において株主毎に異なる取扱い（属人的な定め）を設けるための定款変更（109条2項）では，①定足数は無い，②表決数は，総株主の半数以上（定款で加重可），かつ総株主（議決権行使可能）の議決権の4分の3以上（定款で加重可）である（309条4項）。

(4)　総株主の同意

総株主の同意（総会決議の形式は不要）による意思表示が必要な事項（同意事項）として，①役員等の責任免除（424条），②全部の株式に取得条項を付ける定款変更（110条），③総会の招集手続・決議・報告省略（300条・319条・320条），④組織変更（776条），等がある。

2　総会外からの議決権行使

(1)　委任状制度～代理行使制度

ア）概　要　　株主が代理人に議決権を行使させる場合，株主または代理人は委任状（代理権を証明する書面）を会社に提出する，またはその内容を電磁的方法により提供する（310条１項３項）。議決権の証明方法等は会社が定めることができる（施規63条５号）。委任状の提出は総会毎に行い（取締役による会社支配の濫用防止），総会の日から３ヵ月間，会社は委任状を本店に備え置く。上場会社では委任状を勧誘する際に，情報提供のため参考書類を添付し，議案毎に賛否記入欄付の委任状用紙を同封しなければならない（金商194条，金商令36条の２等。株主意思の反映が目的）。

イ）利　用　　委任状制度は，株主が誰かに代理行使を依頼することを目的としたものである。現実には，経営者が総会の定足数を確保し，議案を円滑に通すために必要な表決数を集めるため，委任状用紙を株主に送付し，議決権の代理行使を勧誘することが少なくない（総務部長等が代理人）。また，株主間の対立から自己に有利な議案を通すために利用されることがある。特徴として，①委任状を勧誘するかしないかは任意，②会社費用で一部株主だけに勧誘することは可能である。

ウ）代理人資格・課題　　定款で代理人資格を株主に限定することが多い（総会決議取消しにはならない）。当該制限がありながら，弁護士に代理人資格を認める事案がある（神戸地尼崎支判平12・３・28判タ1028号288頁）。他方，受付事務の混乱，濫用懸念等から前記判例に否定的な事案がある（東京高判平22・11・24資料版商事322号180頁）。委任状制度の課題として，①参考書類で提供すべき情報が不十分，②代理人が委任状に基づく議決権の不行使，株主指示に反する議決権行使等の懸念がある。委任状勧誘ではなく，書面投票制度に基づく議決権行使書の利用が増加している。

(2)　書面投票制度～書面投票用紙の郵送

ア）概　要　　株主の数が1,000人以上（議決権行使可能な株主）の会社では，書面投票制度（議決権行使書面による議決権行使）を採用しなければならない（298条２項３項）。当該義務は大会社に限定しない。株主の数が1,000人未満の会社でも任意に採用はできる。書面投票制度は，総会に出席ができない株主の便宜を図るためである。電磁的方法による招集通知に承諾した株主には，議決権行使書面に記載すべき事項を電磁的方法により提供すれば足りる（302条・299条３項）。

イ）議決権行使書面　　議決権行使書面（書面投票用紙）には，株主氏名，所有株式数等に加え，議案毎の賛否記入欄がある（第１号議案の賛否を○印で記入等）。株主が当該賛否の記入をしていない場合，賛成・反対のどちらに数えるかはあらかじめ

書面に記載しておく（施規66条1項2号）。総会に出席しない株主は議決権行使書面を総会会日の前日の営業時間終了時までに会社に提出（通常は郵送）することにより，議決権行使をする（311条1項）。委任状（議決権代理行使）と異なり，代理人が介在しない。

(3) 電子投票制度～電磁的方法の議決権行使

ア）概　要　電磁的方法で議決権の行使をすることである。具体的には，電子メール等の通信手段により，会社は株主に議決権行使書面の記載事項に相当するものを提供し，株主は賛否の情報を電磁的方法で記録したものを会社に提出（総会会日の前日の営業時間終了まで）する。会社の規模・株主数に関係なく，取締役会決議により電子投票制度の採用ができる（298条1項4号・312条1項）。電子投票制度を採用した会社は，総会の招集通知でその旨を知らせる（299条3項）。

イ）電磁的方法による提供　株主が電磁的方法により総会の招集通知を受け取ることを承諾している場合には，議決権行使書面（総会参考書類を含む）の交付は電磁的方法により提供できる（302条1項～3項）。株主が電磁的方法による招集通知の受取りを承諾していない場合でも，総会会日の1週間前までに，議決権行使書面の内容を「電磁的方法で提供してほしい」旨を意思表示して請求することができる（同条4項）。

3　総会決議の省略・総会報告の省略

(1) 総会決議の省略～書面決議

取締役（または株主）が総会の目的事項（議題）について提案をした場合において，株主全員（全員の一致）が，当該提案につき書面または電磁的記録により同意の意思表示をすれば総会決議があったものとみなされる（319条1項。総会決議の省略または書面決議という）。株主がきわめて少ない会社または完全子会社等では，頻繁に実行されている。株主全員は，提案事項に議決権を行使することができる者に限る。

具体的手続は，①取締役（または株主）による提案書の交付（書面・電磁的方法），②株主全員（議決権行使が可能な株主）の同意，③総会議事録の作成（施規72条4項1号），④株主全員の同意を確認できる資料の備置きを要する。総会開催自体を省略するため，招集手続は不要である。株主の提案に際し，裁判所の許可（297条4項）は不要である。決議事項は総会の全事項が対象である。

(2) 総会報告の省略

事業報告の内容は定時総会で代表取締役が報告をする（438条3項）。しかし，取締役が株主全員に総会報告事項（事業報告。会計監査人設置会社は取締役会承認済みの

計算書類）を通知することにより，「当該事項の総会報告が不要」の旨について，株主全員が同意の意思表示（書面・電磁的記録による）をすれば，事業報告の総会報告があったものとみなされる（320条）。総会議事録には，報告があったとみなされた内容等を記載する（施規72条4項2号）。会計監査人が計算書類中の会計監査報告書に，無限定適正意見以外の意見等（計算関係書類が不適正である旨と理由）を含む場合（計規126条），取締役は計算書類の総会承認を要する（438条2項・439条・441条4項）。

4　総会検査役

(1)　選任の申立て

　総会検査役は，「総会の招集手続又は決議の方法に違法な点がないか」について基礎事実の調査を行う（適法か否かの法的根拠調査までは不要）。会社または株主が裁判所に選任を申し立てることができる（306条1項）。

　申立てができる株主要件は，①公開会社では，議題につき議決権行使ができる株主の議決権の1％以上を6ヵ月前（定款で短縮可）から保有，②非公開会社のうち，取締役会設置会社では前記①のうち保有期間要件なし，取締役会非設置会社では完全無議決権株主を除外し，議決権総数の1％以上の保有である（同条2項）。

　総会検査役は臨時の機関であり，解任権および報酬決定権は裁判所が有する。選任された総会検査役は，調査結果を裁判所に報告する（同条5項）。裁判所は必要があると認めるときは，取締役に対し，総会の招集および株主に調査結果の通知を命じる（同条5項〜7項・307条）。

(2)　目　的

　総会が適切に開催・運営されていない場合，または総会の紛糾が予想される場合，証拠を保全するのに有用である。例えば，経営権の争奪をめぐり議決権行使の委任状合戦がなされ，取締役選任の決議の成否が微妙な事案などである。

　総会検査役制度の目的は，①総会前に裁判所が選任し，報告書を裁判所に提出する検査役が事実調査を行い，違法または不公正な手続を防止すること（違法抑止目的），②事後的に総会の招集手続または決議方法の違法性・著しい不公正が裁判で問われる場合，検査役の報告により証拠資料となること（証拠保全目的），である。

5　総会議事録の作成と備置き

　総会の議事録は，書面または電磁的記録により作成する（318条1項）。みなし決議においても同様である（施規72条4項）。議事録には，①議事の経過の要領と結果，

②総会出席の役員氏名等を記載する（同条3項）。総会議事録は，総会の日から本店に10年間備え置き（318条2項。謄本を支店に5年間），株主および債権者は，営業時間内に議事録の閲覧謄写ができる（同条3項）。親会社社員は，権利行使のため必要のあるときは，裁判所の許可を得て閲覧謄写ができる（過去10年分。同条5項）。

（3月決算会社の総会スケジュール）

日程	具体的対応
3月	（下旬）議決権・利益配当の基準日（基準日株主）
4月	（上旬）株主名簿に基づく実質株主の確認 （中旬）取締役は，計算書類・同附属明細書等を監査役・会計監査人に提出等
5月	（上旬）株主提案権の行使期限（総会会日の8週間前） （中旬）取締役会で株主総会の招集事項を決定 （下旬）会計監査人設置会社では，取締役会で計算書類・事業報告・各附属明細書等の承認
6月	（上旬）定時総会の招集通知等を発送 （中旬）①計算書類・事業報告等の備置き，②株主の書面決議では，議決権行使書面を総会の会日直前の営業時間終了時までに提出 （下旬）①定時株主総会の開催，②株主総会議事録の作成と備置き
7月	（上旬）商業登記申請（総会会日から2週間以内）
9月	（下旬）総会決議の取消しの訴えの提訴期限

6　種類株主総会の開催

(1)　種類株主総会の権限

　種類株式発行会社では，特定の種類株式の株主からのみ構成される種類株主総会がある（2条14号）。通常の株主総会のように定期的に開催されるのではない。種類株主に損害を及ぼすおそれのあるときなど（322条1項），法令または定款で定めた事項に限り，種類株式の株主間の権利調整および特定の種類株主の保護が必要な事案について種類株主総会の決議がなされる（321条）。

　ア）損害を及ぼすおそれ　会社が次の措置をとる場合，「特定の種類株主に損害を及ぼすおそれ」があり，その種類株主総会の決議を要する。①定款変更のうち，株式種類の追加，株式内容の変更，発行可能株式総数・発行可能種類株式総数の増加（322条1項1号），②株主に対する行為のうち，特別支配株主による株式売渡請求の会社承認，株式の併合・分割・無償割当て，株式・新株予約権を引き受ける者の募集，新株予約権無償割当て（同条1項1号の2〜6号），③組織再編（合併・吸収分割等）である（同項7号〜14号）。

　イ）別途開催を要する事由　損害を及ぼすおそれがないが，種類株主総会の開催

を要する事由として，①種類株式に譲渡制限を新設・全部取得条項付種類株式とする各定款変更（111条2項），②譲渡制限種類株式を新株予約権の目的とする新株予約権の発行・委任（238条4項・239条4項），③取締役・監査役の選解任種類株式（347条），④存続会社等における吸収合併等の承認（795条4項），⑤消滅会社等における吸収合併等・新設合併等の各承認（750条3項・753条3項），等がある。

ウ）追加規定　会社は追加的に，定款により「種類株主総会の決議を要する」定めを設けることができる。例えば，拒否権付種類株式の発行に際し，定款の一定事項に関し，株主総会決議に加え，種類株主総会の決議を要することとする（108条1項8号2項8号・84条・323条）。譲歩したくない事項に拒否権を有するのである。

(2)　種類株主総会の決議

種類株主総会の招集その他の手続は，株主総会の規定が準用され（325条・321条・295条1項2項），決議は普通決議，特別決議，特殊決議からなる（324条1項〜3項）。

（種類株主総会の決議区分）

区　分	具体的な事由
普通決議	特別決議・特殊決議以外の法定種類株主総会の決議要件（324条1項）
特別決議	①全部取得条項付種類株式とする定款変更（111条2項） ②譲渡制限種類株式の追加発行等（199条4項・200条4項） ③譲渡制限種類株式を新株予約権の目的とする新株予約権発行等（238条4項・239条4項） ④種類株主に損害を及ぼすおそれがある行為（322条1項） ⑤選解任種類株式による役員等の解任（347条2項・339条1項） ⑥存続会社等における吸収合併等の承認（795条4項） ⑦株式交付計画の承認（816条の3第3項）
特殊決議	①種類株式に譲渡制限を新設する定款変更（111条2項） ②消滅会社等における吸収合併・新設合併等の承認（783条3項・804条3項）

(3)　定款による種類株主総会の決議不要の定め

種類株主総会決議の必要なことが法定されている事項について，定款で「決議を要しない」旨を定めることができる（322条2項）。定款自治の1つであり，機動的な組織再編等に資する。種類株主総会決議を不要とする定款の定めがある場合でも，①株式種類の追加，②株式内容の変更，③発行可能株式総数・発行可能種類株式総数の増加の定款変更（同条1項1号）には，当該決議が不可欠である（同条3項）。

決議不要とする手続は，①ある種類株式の発行後に定款の定めを設ける場合，当該種類株主全員の同意が必要（同条4項。不利益の甘受のため），②ある種類の株主に

損害を及ぼすおそれがあるとき,当該種類株主に買取請求権の行使が付与される（116条1項3号）。

7 電子（バーチャル）株主総会

新型コロナウイルス感染症の拡大を契機として,電子（バーチャル）株主総会の開催が上場会社を中心に増加した。従来の対面型株主総会（リアル株主総会）と異なり,バーチャル株主総会は,①インターネット等の手段を用いて,株主が現実の株主総会に参加または出席する方法（ハイブリッド型バーチャル株主総会），または,②インターネット等の手段を用いてのみ株主総会を開催する方法（バーチャルオンリー型株主総会）がある。その長所として,①出席の容易化,②開催日集中の対応,③コスト削減等が考えられる。留意点として,①経営者と株主の隔離,②通信障害,③株主のなりすまし決議,④総会決議の取消事由の経験則の不足等がある。

バーチャル株主総会の開催において,事前の議決権行使があれば,①インターネット等のログインにより,原則として事前の議決権行使（書面投票・電子投票）は失効するが,②ログインをしたが採決に参加しない（決議時までにログアウト）場合,事前の議決権行使は維持される。株主側に起因する通信障害は総会決議の瑕疵にならないが,会社側の問題に起因する通信障害の瑕疵がある場合,決議方法の法令違反（831条1項1号）の可能性がある。

（株主総会の各種形態）

区 分	リアル株主総会	ハイブリッド型バーチャル株主総会		バーチャルオンリー型株主総会
		（参加型）	（出席型）	
形 態	物理的な場所において開催	リアル総会あり＋株主がリアル総会に出席せず、ネット等で審議を確認・傍聴	リアル総会あり＋株主がネット等で会社法上の出席が可能	リアル総会なし＋取締役・株主等がネット等で会社法上の出席が可能
議決権	○	事前行使・委任状	○	○
質 問	○	×（コメント可）	○	○
動 議	○	×	○	○

第4節 株主総会決議の瑕疵

1 決議の瑕疵と対応

総会の招集手続,決議の方法および内容において,総会決議に違法な点（瑕疵）が

あれば，決議の効力が問われる。例えば，総会の招集手続等に瑕疵がある場合，当該手続に基づく決議は違法となる。しかし，当該決議が有効かどうかは，会社，株主など多数の者の利害に影響を与え，一般原則による処理に委ねることは法的安定性を害することになる。総会決議を基礎に法律関係が積み重ねられ，その安定性の維持は考慮すべきといえる。瑕疵が重大な場合には，法的安定性を犠牲にしても総会決議の効力を否認する一方，それほど重大でなければ効力を維持する。

　総会決議の瑕疵を問題とする場合，決議の取消し，無効，不存在という主張方法がある。取消しの主張は必ず訴えによるが，無効および不存在は必ずしも訴えによることとはない（実務は訴訟提起が前提）。取消しの訴えは提訴期間・提訴権者が限定されるが，裁判所の裁量により，瑕疵がありながら取り消されないことがある。

（決議の瑕疵と対応）

瑕疵の区分		訴えの方法
招集手続 決議方法	法令違反，定款違反，著しい不公正	決議取消し（831条1項1号）。瑕疵の重大性から，法的に決議と評価できない場合，決議不存在（830条1項）
決議内容	法令違反	決議無効（830条2項）
	定款違反	決議取消し（831条1項2号）
	著しく不当な決議	決議取消し（同項3号）：特別利害関係人の議決権行使
	決議の不存在	決議不存在（830条1項）

2　総会決議の取消しの訴え

(1)　概　要

　①総会の招集手続・決議方法の法令・定款違反または著しい不公正，②決議内容の定款違反，③特別利害関係人が加わった著しく不当な決議がなされたとき，株主，取締役・執行役，監査役，清算人は決議の日から3ヵ月以内に，訴えをもってのみ決議取消しを主張できる（831条1項）。自己の利益が侵害されたかの有無は問わない。

　決議取消しの主張を訴えに限定しているのは，決議の瑕疵が比較的軽微であり，時間経過により違法性の判定が困難であり，法的安定性を保つためである。対象となる総会決議は，取消判決が確定したときに遡って効力がなくなる。それまでは有効な決議として扱われる。決議に瑕疵がありながら出訴期限が経過すると，決議は有効なものとして確定する。

44

(2) 取消事由

ア）招集手続・決議方法　総会決議は一応存在していながら，決議方法に法令・定款違反がある場合，決議の取消事由となる。著しい不公正とは総会の招集手続に法令・定款の違反はないが，全体的に決議の成立過程が著しく不公正なときである（831条1項1号）。株主提案権に対する総会議長の議事整理が決議取消しで争われることがある（札幌高判平9・1・28資料版商事155号109頁）。

イ）決議内容の定款違反　決議内容の法令違反は無効原因となるが，定款違反は総会決議の取消事由である（同項2号）。定款は会社の自治規則のためである。

ウ）著しく不当な決議　特別の利害関係を有する株主が決議に参加することにより，例えば，組織再編等の議案において，議決権行使により著しく不当な決議がされることがある（同項3号）。多数決の濫用に対し，株主による追及を認める。

（取消事由の内容）

区　分	具体的内容
招集手続の法令・定款違反	①取締役会決議を経ない，または瑕疵ある取締役会決議に基づく総会の招集 ②一部株主への招集通知の欠如 ③招集通知の記載内容の不備（未記載の議題に基づく議案を動議で可決等） ④招集通知期間の不足等
決議方法の法令・定款違反	①株主・代理人でない者が決議参加 ②総会定足数の欠如 ③出席資格のある株主・代理人の総会入場の不当拒絶 ④総会の会場が狭く，入場できない株主を無視して決議 ⑤総会を定刻前に開会 ⑥総会権限外の事項を決議等
招集手続・決議方法の著しい不公正	①株主が総会に出席困難な時間・場所で開催 ②株主発言・議決権行使を威圧的に妨害 ③株主意思を不当に無視（株主に質疑・発言機会を与えない等） ④株主提案議案を正当な理由なく取り上げない等
決議内容の定款違反	定款所定の定員を超える数の取締役の選任等。決議取消しの訴えが提起されない限り，決議は維持
特別利害関係人参加の著しく不当な決議	①取締役兼株主の議決権行使により，著しく不当な多額報酬の可決 ②事業譲渡・合併の相手方等の議決権行使により，著しく不当な対価・条件が可決 ③大株主が不当に有利な発行価額で第三者割当等

(3) 裁判

ア）原告　原告適格を有する者は，株主，取締役・執行役，監査役，清算人で

ある。株主の議決権数は問わない。①決議当時，株主でなかった者，②決議により株主の地位を奪われた者，③全部取得条項付種類株式の取得日に全部取得条項付種類株式の株主であった者は，提訴できる。他方，①議決権のない株主，②口頭弁論終結時までに全株式を譲渡した者は除かれる（大判昭８・10・26民集12巻2626頁）。株式を有しない取締役でも解任決議取消しの訴えでは原告適格を有する（東京地判昭31・12・28下民７巻12号3905頁）。退任取締役が取締役としての権利義務を有する場合，原告適格が認められる（東京高判昭33・７・30高民11巻６号400頁）。監査役は業務監査権限に基づき提訴ができる（会計限定監査役は除く。389条７項）。

　イ）被　告　　被告は会社である（834条）。会社以外の者は，被告の共同訴訟人として訴訟参加はできないが（最判昭36・11・24民集15巻10号2583頁），補助参加は可能である。取締役が原告となる場合，監査役設置会社では監査役が会社を代表する（386条１項・353条）。会社は決議取消しの訴えが提起された旨を公告し，裁判所は別の株主からの同じ訴えを一括（併合）して扱う。

　ウ）出訴期限　　決議取消しの訴えは，総会決議の日から３ヵ月以内に提起を要する（831条１項）。出訴期限後は，新たな取消事由の追加主張もできない（最判昭51・12・24民集30巻11号1076頁）。決議の執行が不安定になるからである。

　エ）担保提供　　原告が株主（取締役・監査役等以外）である場合，会社の申立てにより，裁判所は株主に担保提供を命じることができる（836条１項）。この場合，会社は原告の提訴が悪意（正当な利益の擁護ではなく，会社を困らせようとする意図）による旨の疎明を要する（同条３項。東京高判昭51・８・２判時833号108頁等）。

　オ）訴えの利益　　決議取消しの訴えには「訴えの利益」を要する。利益がなくなれば却下となる。例えば，取締役Ｘ１の選任決議取消しの訴えの係属中に，Ｘ１が退任し，その後の総会決議でＸ２が取締役に選任された場合である（最判昭45・４・２民集24巻４号223頁）。ある議案が否決された総会決議の取消しを請求する訴えの適否に関し，決議取消請求の訴えは不適法である（最判平28・３・４金判1490号10頁）。

(4)　判決の効力

　訴えの結果，決議が取り消され，その判決が確定すれば，①訴えた者と会社との間だけでなく，他のすべての第三者に対しても効力を有し（対世的効力。831条・838条），②決議は初めに遡り効力を失う（遡及効。それまでは決議有効），③取り消された決議に基づきなされていた登記がある場合，裁判所の嘱託により決議取消しの旨の登記がなされる（937条１項１号ト(2)）。

(5) 裁量棄却

　総会決議に取消事由がありながら，瑕疵が軽微であり取消しの影響が大きすぎる場合，裁判所は原告の請求を棄却することができる（831条2項）。要件は，①瑕疵が手続の法令・定款違反に限定，②違反事実が重大でなく，決議に影響を及ぼさないことである。総会の招集通知漏れに関し，通知を受けなかった株主の持株がわずかである場合であっても，株主が総会を通じて経営に参与する基礎的制度に反することになり，重大な瑕疵となろう（最判昭55・6・16判時978号112頁参照）。

3　総会決議の無効確認の訴え

(1) 無効事由

　総会の決議内容が法令に違反する場合，利害関係人は，いつでも，いかなる方法によっても無効を主張することができる（830条2項）。実際には，決議無効確認の訴えを要する。決議無効判決の確定は対世効を有する。決議の無効事由として，①違法な決議，②総会の専属決議事項を取締役（会）等に一任する旨の決議等がある。

（決議内容の法令違反事由）

無効事由	具体的内容
違法な決議	①分配可能額を超える違法な剰余金配当等の決議 ②株主平等原則違反の決議 ③違法な計算書類の承認決議 ④公序良俗に違反する決議等
総会の専属決議事項を取締役会決議	①資本金額の減少手続を取締役（会）に一任 ②役員選任を総会議長に一任 ③取締役報酬等の総額・算定方法を取締役会に一任等

(2) 裁　判

　ア）当事者　　原告適格を有する利害関係人は，①株主（議決権の有無は問わない），②取締役，③監査役（業務監査権限から），が考えられる。悪意の株主には担保提供の義務（836条）がある。総会決議は内部意思決定であり，会社内部への支配干渉の懸念等から，会社債権者は原告適格を有しないであろう。他方，被告は会社である。代表取締役の職務執行停止の仮処分がなされた場合，決議無効の確認訴訟で被告会社の代表者は，職務代行者となる（東京地判昭57・3・11判タ474号225頁）。

　イ）出訴期限　　出訴期限の規定はない。しかし，原告が長年にわたり問題を認識しながら，相当期間後，総会決議の不存在確認を求める訴えは「権利濫用」により認められないことがある（東京地判平23・5・26判タ1368号238頁）。

ウ）取消しの訴えへの変更　　総会決議の無効確認の訴えは，その主張された瑕疵が取消原因に該当する場合，取消しの訴えへの変更が認められる。無効確認の提訴時に決議取消訴訟の原告適格・出訴期間等の要件を満たしているのであれば，決議取消しの主張が決議取消しの出訴期間経過後になされたとしても，決議無効確認訴訟提起時から提起されていたものと扱われる（最判昭54・11・16民集33巻7号709頁）。

4　総会決議の不存在確認の訴え

(1)　概　要

　決議の不存在とは，①決議が物理的に存在しない事案，または，②決議の手続的瑕疵が著しく，決議が法律上存在するとは認められない事案を指す（横浜地判平元・1・19判時1319号147頁参照）。いつでも，誰でも，どのような方法によっても，決議の不存在を主張できる。手続の瑕疵は決議に取消原因があるといえるが，手続の瑕疵が甚だしい場合，出訴期限等の制約を排除して，総会決議の不存在確認の訴えが可能である（830条1項）。裁判において，①原告適格，②被告，③出訴期限なし，④判決の効力等は，決議の無効確認と同じである。

(2)　決議不存在事由

ア）不存在事由　　決議の不存在事由として，①決議が物理的に存在しない，②決議の手続的瑕疵が著しいこと，などがあげられる。前記②では，例えば，招集通知漏れが発行株式総数および株主数の両方からみて，株主のほぼ全員に通知があったといえない事案である。客観的基準だけでは総会の決議不存在が判断できない場合，主観的基準として，故意に招集通知を欠き，かつ口頭通知等もないなどの瑕疵の有無が勘

（決議不存在事由）

不存在事由	具体的内容
決議の物理的な不存在	総会決議の開催なく取締役を選任し，当該取締役が選定した代表取締役が招集した総会決議（最判平2・4・17民集44巻3号526頁）等
手続の著しい瑕疵	①招集権限のない者が取締役会決議を経ずに招集 ②少数株主が裁判所の許可を得ないで招集 ③対立株主の大半を他の場所に誘導して総会決議（東京地判昭30・7・8下民6巻7号1361頁） ④大量の招集通知漏れ等
（招集通知漏れの著しい瑕疵）	①発行株式総数20,000株のうち，2,000株を有する株主だけに通知した事案（東京高判昭30・7・19下民6巻7号1488頁） ②総株主10名のうち，2名だけに通知した事案（高松高判昭40・10・2高民18巻6号476頁）等

案される。

　イ）先行の総会決議の瑕疵　　総会決議の瑕疵は，後行の総会決議に「連鎖」する。判例によれば，第1総会（先行）の取締役選任決議が不存在である場合，当該取締役を構成員とする取締役会で選任された代表取締役が招集した第2総会（後行）の取締役選任決議は不存在となる（最判平2・4・17民集44巻3号526頁）。

5　総会に関する仮処分

　瑕疵ある決議でも，一度なされると訴えにより元に戻すなどの手段を要し，回復は容易ではない。利害関係者は総会に関する仮処分を裁判所に申し立てることができる。

　ア）総会開催・決議禁止の仮処分　　開催予定の総会決議に瑕疵（招集手続・決議事項等の法令違反）が予想される場合，総会開催禁止・決議禁止の仮処分を申し立てる（民保6条・7条）。当該仮処分が認められるためには，開催予定の総会が不適法であり，開催により会社に回復しがたい損害が発生するおそれのあることの疎明を要する（東京高決平17・6・28判時1911号163頁）。

　イ）議決権行使禁止の仮処分　　株主の議決権が争われる場合，本案訴訟の判決までに議決権行使がなされ，回復しがたい損害が生じることに対処するため，議決権行使禁止の仮処分を申し立てる（民保6条・7条・23条2項）。①株式の帰属が疑われる場合，②募集株式発行等の無効・不存在が争われる場合，③募集株式の引受人から払込みがなされたか否かが争われる場合がある。

　ウ）総会決議の効力停止の仮処分　　総会決議に瑕疵がある場合，または決議不存在とされる場合，仮処分により総会決議の効力停止を求める。

第4章◆会社の業務執行

第1節　取締役

1　取締役の地位

　取締役会設置会社では，各取締役が会社の機関となるのではなく（348条1項・349条1項），取締役会の構成員として業務執行を決定し，取締役会を通じて他の取締役を監督する（362条2項2号）。代表権は代表取締役が有し，業務執行を代表取締役および業務執行取締役が行う。取締役会非設置会社では，原則として各取締役が代表権・業務執行権を有するが，定款または総会決議等により，各取締役の代表権等を喪失させ，別途，代表取締役を定めることができる（348条・349条）。

（取締役の資格・任期等）

区分		具体的内容
資格		①法人・欠格事由を除き，法定の資格制限なし ②定款により，一定制限は可 ③成年被後見人の取締役就任は，成年後見人の同意が必要
	欠格事由	会社法・金融商品取引法等の違反は，罰金刑でも欠格事由
	兼任制限	①監査役，②親会社監査役と子会社取締役，③指名委員会等設置会社の使用人兼務取締役，④独禁法上，競合会社の役員との各兼任禁止
任期		①原則，2年 ②非公開会社は定款により10年まで伸長可
	特則	①委員会設置会社は1年，②監査等委員会設置会社の監査等委員は2年，③会計監査人設置会社は定款で剰余金配当権限を取締役会に与えた場合，1年，④定款変更では効力発生時に任期満了
選解任		①原則，総会の普通決議 ②定款による定足数の緩和制限
	特則	①取締役選解任付種類株式による選解任（非公開会社），②拒否権付種類株式による選解任拒否，③解任の訴え，④累積投票制度

2 取締役の員数・資格等

(1) 取締役の員数

　株式会社には取締役を最低1名は置く必要があるが（326条1項），取締役会設置会社では，取締役は3人以上でなければならない（331条5項）。取締役会という合議体を構成するためである。会社に何名の取締役を置くかは，定款で定める。実務上，「X名以内」として上限の員数を定めることが多い。

(2) 取締役の資格

　ア）原　則　　取締役は法人および欠格事由に該当する場合を除き，法定の資格制限はない（331条1項）。法人が取締役になることができない理由は，①取締役の職務は身体的行為を伴う，②取締役と会社は個人的信頼関係で成り立っている，③取締役個人に対する民事責任が法定されている，ことからである。

　イ）定款の定め　　定款の定めにより，非公開会社では，取締役を株主に限定できる（331条2項但書）。非公開会社は同族会社が多く，部外者を排除して円滑な会社経営を行うための配慮である。公開会社では取締役を株主に限定することは禁止される。広く経営の専門家を集め，英知を結集させるためである。また，非公開会社か否かの区別なく，取締役資格について定款で範囲（日本国籍等）を定めることは公序良俗に反しない限り可能である（名古屋地判昭46・4・30下民22巻3・4号549頁）。

(3) 欠格事由

　ア）欠格事由　　会社法および金融商品取引法等の関連法規に違反した場合，罰金刑だけでも欠格事由となる。刑に処せられ，その執行を終わった日または執行を受けることがなくなった日から2年を経過しない者が該当する（331条1項3号）。その他法規の違反では禁錮以上の罪に処せられ，その執行を終わるまでまたはその執行を受けることがなくなるまでの者（執行猶予中の者は除く）は欠格事由となる（同項4号）。

　イ）成年被後見人　　成年被後見人が取締役に就任するには，その成年後見人が，①当該成年被後見人の同意（後見監督人がいる場合，後見監督人の同意必要）を得たうえで，②（成年後見人が）成年被後見人に代わって就任の承諾をする必要がある（331条の2）。成年被後見人が総会で取締役に選任されることは有効である。しかし，取締役在任中に成年被後見人となった者（後見開始の審判）は委任契約終了事由（民653条3号）となり退任して，改めて当該者を総会で選任することができる。取締役在任中に，被保佐人となった者は委任契約終了事由に該当しないため，いったん退任

する必要はない。

⑷　取締役の兼任制限

ア）監査役等との兼任　　取締役は，同じ会社の監査役または親会社の監査役を兼任することはできない（335条2項。同じく会社参与との兼任も不可〔333条3項1号〕）。業務を執行する者，意思決定をする者とこれら行為者を監査する者が同一であることは，不適切だからである。なお，親会社の取締役と子会社の監査役との兼任は認められる。子会社の監査役は，親会社の取締役の業務執行を監査しないからである。

イ）使用人兼務取締役　　部長等の使用人（従業員）の地位に就いている者が，同じ会社の取締役を兼務することはできる。ただし，指名委員会等設置会社では使用人兼務取締役は禁止される（331条4項）。当該会社の取締役会は執行役の業務執行を監督するため，執行役の指揮命令を受ける使用人と取締役を兼務することは適当ではないからである。

ウ）競争会社の役員　　取締役が競合会社の役員（取締役，執行役，監査役，業務を執行する無限責任社員等。独禁2条）を兼任することはできない（独禁13条・17条）。会社法とは別個の競争政策上の配慮である。

⑸　取締役の任期

ア）原　則　　取締役の任期は，原則2年（最終の定時株主総会の終結時まで）である。ただし，定款または総会決議により任期の短縮ができる（332条1項。再選制限なし）。任期の始期は，就任時ではなく「選任時」である。所定時期までに定時総会が開催されないときは，所定時期に任期が満了するが（岡山地決昭34・8・22下民10巻8号1740頁），最低員数を欠くことになる場合，退任予定者は権利義務取締役となる。

イ）例　外　　第1に，非公開会社（指名委員会等設置会社・監査等委員会設置会社〔以下，委員会設置会社〕を除く）は，定款規定により任期を最大10年まで伸長できる（332条2項）。第2に，委員会設置会社の取締役の任期は原則1年である（同条3項6項）。ただし，監査等委員会設置会社の監査等委員の任期は選任後2年以内の最終決算期に関する定時総会の終結時までである（同条1項3項）。監査等委員は取締役であるが，監査役設置会社の監査役に近い地位の強化がなされ，任期の短縮が認められない。第3に，会計監査人設置会社で定款により剰余金配当等の権限を取締役会に与えた場合も1年である（459条1項括弧書）。

ウ）定款変更　　取締役の任期は，一定の定款変更の効力発生時にも満了する。例えば，①非公開会社が株式譲渡制限（107条2項1号）を廃止する場合（上場会社に

52

移行等），②任期途中で定款変更に伴い任期が短縮（10年から1年等）された場合（東京地判平27・6・29判時2274号113頁），③指名委員会等設置会社・監査等委員会設置会社を置く場合，または当該設置を廃止する場合，等である。

3　取締役の報酬

(1)　報酬契約

　取締役の報酬，賞与その他の職務執行の対価として会社から受ける財産上の利益については，定款または総会決議により定める（361条1項。指名委員会等設置会社は報酬委員会の決定）。取締役の報酬を取締役会の決議に委ねると，著しく不相当な金額・内容となる可能性があるためである（お手盛りの弊害）。株主への情報開示も求められるからである。報酬の変動による定款変更は煩雑であり，通常は総会決議で定める。総会決議により取締役報酬を無報酬としてもよい。

　総会決議により金額が具体的に定められた場合には，その後，総会で当該者を無報酬と決議しても，当該取締役は報酬請求権を失わない（最判平4・12・18民集46巻9号3006頁）。取締役の報酬を定款または総会決議で定めていない場合，株主全員の同意があれば，総会決議があったものと擬制または同視される（最判平15・2・21金判1180号29頁）。事後的な報酬金額に関する総会決議は有効とされる（最判平17・2・15判時1890号143頁）。

(2)　決議事項と報酬の種類

　ア）決議事項　　定款・総会決議で定める事項は，①報酬額が確定している場合，その額（取締役全員の報酬総額），②報酬額が確定していない場合，その具体的な算定方法，③当該会社の株式を交付する場合，その種類・数の上限等，④当該会社の新株予約権を交付する場合，その数の上限等，⑤当該会社の株式または新株予約権と「引き換えにする払込みに充てる」ための金銭を支給する場合，その株式・新株予約権に係る前記③④の各事項，⑥非金銭報酬（株式・新株予約権を除く）の場合，その具体的内容である（361条1項1号〜6号）。

　イ）報酬の種類　　報酬には金銭または金銭以外の種類がある。金銭では，①確定額報酬として月給・年俸・各種手当等，②非確定額報酬として業績連動型報酬（純利益の一定割合の給付）等がある。他方，金銭以外では，①株式または新株予約権の交付（エクイティ報酬），②社宅の無料利用等の現物給付，③社外取締役への配慮として，職務執行に関し責任追及請求を受けたことにより要する事前・事後の費用（防御費用，第三者への賠償金等）に関する補償契約（430条の2。契約内容は総会決議事項），役員等賠償責任保険（D&O保険）の契約（430条の3）がある。これら内容は

総会の決議事項である。使用人兼務取締役の報酬は，使用人の給与体系が確立していること，かつ使用人分の給与は別に支払う旨を総会で明示する。

（報酬に係る決定事項）

区　分	具体的内容
金銭	①確定額報酬では，その額 ②非確定額報酬では，その算定方法
金銭以外	①株式の交付では，その種類・数の上限等，②新株予約権の交付では，その数の上限等，③株式・新株予約権と引き換えにする払込みの金銭支給では，前記の各事項，④株式・新株予約権以外の非金銭報酬では，その具体的内容

(3) エクイティ報酬〜株式・新株予約権の交付

ア）インセンティブ　　エクイティ（持分等）報酬は業績向上のインセンティブ（動機づけ）を付与する意味がある。株式等の交付では株式等の内容の定款・総会決議での明確化を要する。既存株主の持株比率の維持，株価の下落対応のためである。有利発行規制の適用はない。上場会社（金商2条16項。有価証券報告書の提出会社）は株式交付の場合にも，払込みを要しないものとすることができる（202条の2。特定譲渡制限付株式〔法税54条1項2号〕を含む）。形式的に引受人である取締役に報酬債権を現物出資財産として給付させる必要はない。上場会社は取締役にインセンティブ報酬として新株予約権を交付する場合，行使価額をゼロ円とすることができる（236条3項4項）。

イ）税制適格ストック・オプション　　税制適格ストック・オプションとして一定の要件を満たす場合，権利行使時において課税が繰り延べられ，取得した株式の売却時に課税される（税特29条の2）。株式の売却価額と権利行使額の差額に対し譲渡所得として課税される（**第7章第3節6参照**）。

(4) 個別報酬の配分

ア）委員会設置会社以外　　指名委員会等設置会社・監査等委員会設置会社以外の会社では，取締役全員分の報酬総額（限度額）に関し，各取締役の配分は取締役会で決める。当該決議では，各取締役は特別利害関係人に該当しない。取締役会決議で代表取締役に，各取締役への配分を一任することは可能であり（役職毎の支給基準によることが多い），代表取締役は内容を取締役会に報告する。任期途中における取締役報酬の増額は，総会決議が定める報酬総額を超えない場合，取締役会決議等で可能である。

イ）委員会設置会社　　指名委員会等設置会社では報酬委員会が取締役・執行役の個別報酬の内容を決定する（404条3項・409条）。他方，監査等委員会設置会社では定款または総会決議で取締役全員分の報酬総額を定める際に，監査等委員である取締役とそれ以外の取締役とを区別する（361条2項）。監査等委員である取締役への配分は当該取締役らの協議により，それ以外の取締役への配分は取締役会で決める。監査等委員である取締役の独立性を確保する。

(5) 退職慰労金

ア）法的性格　　退任取締役に支払われる退職慰労金（死亡による退任では弔慰金等の名称）は実質上職務執行の対価としての性格を有し，報酬規制の対象となる（361条。職務執行対価の後払い）。現役取締役は退職するときに自身の有利に作用するような多額の給付をする危険性を有するからである。総会決議がありながら取締役会で具体的な退職慰労金額等を決定せず，支給しないことは取締役の悪意・重過失による任務懈怠に当たる（東京地判平6・12・20判タ893号260頁）。

イ）具体的金額　　退職慰労金の具体的金額の決定は，慣行上，取締役会に一任される。退任取締役が1人であれば，総会で退職慰労金の金額を決定することは受給額を公表する結果となるからである。株主が退職慰労金に係る内規の存在・内容を容易に認識しうる状況で，その内容がお手盛り防止の趣旨に合致するものであれば，総会は退職慰労金の決定を取締役会に一任が許される（最判昭58・2・22判時1076号140頁）。一任を受けた取締役会は，退職慰労金の減給理由・減給額を決定する裁量はない（東京高判平9・12・4判時1657号141頁）。

ウ）支給基準　　退職慰労金の支給基準は，取締役の役職，在職年数，最終報酬月額から算出した金額に，一定割合の功労加算金を加えることが多い。具体的には，①退職慰労金の限度額を定款・総会決議で定める，②支給額を参考書類に記載，③支給基準を本店に備え置いて株主の閲覧に供するかの選択ができる（施規82条1項）。責任軽減措置のとられた取締役に退職慰労金を支給するには，総会承認，支給額の参考書類への記載を要する（425条4項，施規115条）。

(6) 報酬の開示

総会の招集通知に添付する参考書類に，報酬額算定となった基準，報酬総額，支給対象の員数等を記載する（施規82条1項）。①監査役会設置会社（公開会社かつ大会社）であり，有価証券報告書の提出会社（上場会社），または，②監査等委員会設置会社では，取締役個別の報酬内容について決定方針を取締役会で定め（策定義務），かつ決定方針を開示する義務がある（361条7項）。決定手続の透明性の確保等のため

である（個別報酬に係る定款・総会決議がある場合，対象外）。

4　取締役の選任

(1)　取締役の選任

ア）定足数制限　　取締役は総会の普通決議で選任される（329条1項）。選任決議は，取締役の候補者を個別にではなく，候補者全員を一括して選任する。取締役の選任権は総会の専決事項である（総会以外の機関に委任不可）。取締役選任の普通決議の定足数は，定款の定めによっても，議決権総数の3分の1未満に下げることはできない（341条・309条1項。特則普通決議）。取締役をごく一部の株主の投票により選ぶことに危惧があるからである。

イ）種類株式　　非公開会社（指名委員会等設置会社を除く）では，取締役選解任付種類株式の発行により，通常の総会ではなく種類株主総会で選任ができる（108条1項9号・329条1項・347条1項）。また，定款規定により，取締役の選任を種類株主の拒否権の対象とすることができる（108条1項8号・2項8号）。

(2)　累積投票制度

累積投票制度とは，各株主は1株（単元制度では1単元株式）につき，選任する取締役の数と同数の議決権を付与する制度である（342条1項。定款で採用排除が可）。例えば，3人の取締役を選任する場合，1株につき3票を与える。100株を有する株主は300票となり，300票全部を1人の取締役候補者に投票，または3人の候補者のうち何人かに分散投票してもよい。最多得票数を得たものから順次その員数までを取締役に選任する（解任は特別決議。309条2項7号）。

複数の取締役を同時に選任する場合，過半数の議決権を有する株主または多数派株主がその意向に沿った全取締役を選任できる。累積投票制度は当該状況に対処できる。定款で累積投票の方法を採用しないことを定めると，株主は累積投票を請求できない。累積投票制度は少数派株主の意見を反映できるが，取締役会内に対立が生じやすい。多数の会社は，定款で累積投票制度を排除している。

5　取締役の終任・解任

(1)　取締役の終任

取締役は，任期満了，死亡，辞任，解任，欠格事由，一定の定款変更等により退任する。取締役は，会社とは委任関係にあり（330条，民651条1項），いつでも会社に対する意思表示により辞任することができる（東京地判昭55・7・29判時990号239頁）。なお，取締役は破産手続開始の決定を受けたときは，委任契約の終了により退

任する（民653条2号）。辞任の意思表示は，①代表取締役に，②代表取締役が辞任する場合，他の代表取締役に，③他に代表取締役がいない場合，取締役会に対し行う（東京高判昭56・11・13判時1138号147頁）。なお，会社が破産手続開始決定を受けた場合，取締役は会社組織に係る行為（役員の選解任等）について，その権限を行使しうるとされる（最判平21・4・17判時2044号74頁）。

(2) 取締役の解任決議

ア）手 続 取締役の解任手続は選任手続と類似する（339条1項）。①総会の普通決議，②定款による定足数緩和の制限，③取締役選解任付種類株式による解任（非公開会社），④拒否権付種類株式による解任拒否等がある。累積投票制度に基づき選任された取締役の解任は，総会の特別決議を要する（309条2項7号）。

イ）正当な理由 取締役が任期中に正当な理由なく解任された場合，会社に対し解任によって生じた損害の賠償請求ができる（339条2項）。当該損害とは，残余期間中および任期満了時に得たであろう利益（報酬）等である。正当な解任理由として，不正・違法行為，任務懈怠等がある（広島地判平6・11・29判タ884号230頁等）。取締役の病状が悪化し，任務に耐えられない客観的状況が存在する場合，解任の正当理由があるといえる（最判昭57・1・21判時1037号129頁）。

(3) 取締役の解任の訴え

株主が取締役の解任を求めるには，解任議案の株主提案権を行使して総会に諮り，否決（解任議案が総会に上程されないことを含む）された場合，解任の訴えを提起することが考えられる。取締役の職務遂行に不正行為または法令・定款に違反する重大な事実があったにもかかわらず，通常の株主総会または種類株主総会で解任決議が否決されたときは，株主は裁判所に取締役（監査役・会計参与を含む）の解任の訴えを提起できる（854条1項。少数株主権）。

行使要件は，①議決権総数または発行済株式総数の各3％以上（定款で各要件の引下げ可）の株式を，②6ヵ月前（定款で短縮可。非公開会社は保有期間要件なし）から継続保有する株主が，③総会決議の日から30日以内に提訴することである。提訴を受けて，当事者は裁判所に取締役の職務執行停止の仮処分，職務代行者の選任を請求できる。

6 取締役の欠員対処

(1) 退任取締役の継続

取締役の死亡，解任等により法律または定款に定める員数の最低限を下回る状態で

ある場合，退任した取締役が権利義務取締役（346条1項）となる。また，代表取締役が欠けた場合，任期満了・辞任により退任した代表取締役が，新任の代表取締役が就任するまでの間，代表取締役としての権利義務を有する（351条1項）。権利義務取締役に対し解任の訴えをもって解任請求をすることはできない（最判平20・2・26民集62巻2号638頁）。

(2) 仮取締役の選任申請

　①解任・病気等の不適格理由により，退任取締役が権利義務取締役に就くことが不適切な場合，②株主間の利益対立・株主の所在不明等による総会開催の困難さから，③利害関係人の申立てにより，裁判所が必要と認めた場合，仮取締役・仮監査役等（一時役員）の選任申請ができる（346条2項）。仮取締役は，新たな取締役が就任するときはその地位を失う。

(3) 補欠取締役

　法令・定款で定めた取締役の員数を欠くことに備えて，会社は補欠の取締役を選任しておくことができる（329条3項。予選の取締役）。株主総会において，本来の役員を選出するときに併せて選任決議をする。取締役の員数を欠いた場合，欠員者の後任として臨時株主総会で選任することもある（332条5項・347条1項。本選の取締役）。補欠役員の選任決議の有効期間は，定款に別段の定めがない限り，決議後最初に開催する定時株主総会の開始の時までである（施規96条）。後任が必要であれば，次の定時株主総会で選任すればよいからである。

(4) 職務執行停止と代行者選任の仮処分

　選任決議無効確認の訴え，同取消しの訴え等が提起された場合でも，被告取締役の職務執行停止の効力は直ちに生じない。理由のない訴えもあるからである。しかし，当該取締役が職務を行うことは会社に取り返しのつかない既成事実が生じるおそれがあり，取締役の職務執行停止・職務代行者を選任することができる。訴えの当事者は提起後，その管轄裁判所に対し，対象取締役の職務執行停止の仮処分を申請することができ，かつ，職務代行者の選任を求めることができる（民保23条2項・24条・56条）。

　職務代行者は常務が原則であり，定時総会の招集および計算書類の承認に加え，会社更生手続への参加等の権利保存的性格を有する行為は常務とみられる。他方，臨時総会の招集，新株・社債の発行等，和解・請求の放棄・訴えの取下げは常務外の行為である。なお，取締役に職務執行停止の仮処分がなされ，職務代行者が選任された場

合，総会が後任取締役を選任しても職務代行者の権限が消滅しない（最判昭45・11・6民集24巻12号1744頁）。

7 社外取締役

(1) 社外取締役の機能〜設置義務

ア）機　能　社外取締役とは，現在および過去10年間，対象会社または子会社で業務執行取締役等ではない一定の要件を満たす取締役である（2条15号）。社外取締役は代表取締役とその派閥取締役らの暴走を防ぎ，コーポレート・ガバナンスを実効的に機能させることが期待される。その機能として，専門的知見からの助言，業務執行取締役から独立した経営のモニタリング，経営者・支配株主と少数株主との利益相反の監督等が考えられる。

イ）設置義務　社外取締役の設置義務がある会社は，①公開会社かつ大会社である監査役会設置会社のうち，有価証券報告書の提出会社（金商24条1項。上場会社等），②特別取締役設置会社（1名以上の社外取締役の設置），③監査等委員会設置会社（監査等委員である取締役の過半数），④指名委員会等設置会社（各委員会の委員の過半数）である（327条の2・331条6項・400条1項3項）。前記②から④の会社では「社外取締役である旨」が登記事項である（911条3項21号〜23号）。

前記①の上場会社等では，取締役が遅滞なく社外取締役の選任に関する議案を総会に提出せず，かつ，一時取締役の選任申立て（346条2項）をしないときは，取締役の善管注意義務違反が問題となろう。上場会社等が社外取締役の設置義務（327条の2）に反し，遅滞なく選任しないときは過料制裁に処せられる（100万円以下。976条19号の2）。

(2) 資格要件

社外取締役の要件は，取締役としての兼任制限（同じ会社の監査役，親会社の監査役の兼任制限等。335条2項・331条4項等）に加え，次のように厳格である。

ア）就任前10年間の地位　①対象会社または子会社の代表取締役・取締役会選定のその他の業務執行取締役（業務執行取締役），執行役・使用人（これらを「業務執行取締役等」という）でなく，かつ，②その就任前10年間に対象会社・子会社の業務執行取締役等であったことがない者である（2条15号イ）。過去の地位により，業務執行者からの影響が希薄化されていないからである。

イ）就任前10年間＋さらに過去の地位　就任前10年内のいずれかの時において対象会社または子会社の取締役，会計参与・監査役であった者にあっては，その（当該取締役等の）就任前10年間に対象会社または子会社の業務執行取締役等であったこ

とがない者である（同号ロ）。例えば，Aは今から7年前に，X社の監査役である場合，監査役の就任前10年間，X社の業務執行取締役等でないことを要する。

　ウ）自然人・法人親会社等　①親会社の支配者（自然人親会社等），または，②親会社（法人親会社等）の取締役・執行役・使用人でないことである（同号ハ）。親会社とその支配者は子会社の利益より自社の利益を優先する傾向があり，子会社の社外取締役として経営等に対する監督機能を期待することが困難である。

　エ）兄弟会社の業務執行取締役等　親会社等の子会社等（兄弟会社）の業務執行取締役等は，他の兄弟会社の社外取締役となることはできない（同号ニ）。兄弟会社の業務執行取締役等は親会社から指揮命令を受ける。子会社と親会社等間で利益が相反する場合，兄弟会社の業務執行取締役等は，他の兄弟会社の社外取締役に就任したとしても，監督機能を期待することが困難である。

　オ）関係者の近親者　当該株式会社の取締役・執行役，重要な使用人，親会社の支配者の各配偶者または2親等以内の親族でない者である（同号ホ）。重要な使用人とは，取締役・執行役にきわめて近い者（執行役員等）をさす。

(3)　特定受託業務の執行

　社外取締役が会社から委託された「特定受託業務」を執行したことは，会社法2条15号イの「当該株式会社の業務を執行した」に該当しない（348条の2第3項）。例えば，会社と業務執行者等（かつ支配株主）の利益相反が問題となる場合，社外取締役が独立して交渉等の対外的行為を担当することである。

第2節　取締役会

1　取締役会の役割と権限

　取締役会は，取締役より構成され，会社をどのように運営するかを決定し，代表取締役および業務執行取締役の業務執行ならびに各取締役が忠実に職務を果たしているかを監督する合議制の機関である。取締役会は，公開会社，監査役会設置会社，委員会設置会社では必要的常置機関であるが（327条1項），非公開会社では，大会社でも，取締役会の設置は選択的に採用することができる。

　取締役会は，監査役設置会社，指名委員会等設置会社，監査等委員会設置会社のいずれかによって機能が異なる。監査役設置会社を念頭に概観すれば，その権限は，①業務執行の決定，②取締役の職務執行の監督，③代表取締役の選定および解職である（362条2項・363条1項2号）。取締役会は業務状況を的確に把握して監督を行うため

に，代表取締役および業務執行取締役（業務担当取締役・その他の業務執行取締役。363条1項1号2号・2条15号）は3ヵ月に1回以上，業務の執行状況を取締役会に報告する義務がある（363条2項）。そのため，少なくとも3ヵ月に1回は，取締役会を開催する必要がある。

（取締役会の機能）

区　分	具体的内容
取締役会の職務	①業務執行の決定，②取締役の職務執行の監督，③代表取締役の選定および解職，④業務執行取締役の選定
取締役会の運営等	①3ヵ月に1回以上開催，②監査役（監査役設置会社）の出席義務，③取締役および監査役の全員出席により招集手続の省略可，④取締役会議事録の作成

2　取締役会の決議事項

(1)　決議事項の概要

取締役会が決議すべき事項は，①一般的な法定決議事項，②取締役等，③株式・新株予約権，④株主総会，⑤会社の計算等に関する各事項に区分できる。

（取締役会の決議事項）

区　分	決議事項
一般的な法定決議事項	①重要な財産の処分・譲受け，②多額の借財，③重要な使用人の選解任，④重要な組織の設置等，⑤社債の発行，⑥内部統制システムの構築，⑦役員の責任軽減，⑧その他の業務執行の決定
取締役等	①代表取締役の選定・解職，②取締役の競業取引・利益相反取引の承認，③取締役と会社間の訴えの会社代表者の決定，④特別取締役の選定等
株式・新株予約権	①株式・新株予約権の募集事項の決定，②株式譲渡の承認，承認拒否に伴う買取人の指定，③株式の分割，株式無償割当て等
株主総会	株主総会の招集事項の決定
会社の計算等	①一定の要件を満たす計算書類・事業報告等の承認，②中間配当等

(2)　一般的な法定決議事項の具体的内容

取締役会の決議を要する重要事項（一般的な法定決議事項）は，次のとおりである（362条4項）。一般的な法定決議事項は監査等委員会設置会社・指名委員会等設置会社以外の株式会社に妥当し，原則として公開・非公開会社かでは差異が生じない。

　ア）重要な財産の処分・譲受け（同項1号）　　処分として譲渡・出資・貸与・債

権放棄等を含む。重要か否かは，①対象財産価額・総資産に占める割合（数値基準），②保有目的，③処分行為の態様，④従来の取扱い等の事情を総合的に考慮して判断される（最判平6・1・20民集48巻1号1頁）。実務上，1億円基準・5,000万円基準が多いが（画一的基準なし），会社内規等で定めている。

イ）多額の借財（同項2号）　　借財には銀行等からの借入，債務保証（代表取締役個人・その配偶者等の債務），リース契約等が含まれる。多額か否かは，前記ア）と同様，会社の規模，事業の性質，財産・財務状況，特定目的に係る借入回数等により異なる（金銭借入では総資産額の1％，債務保証では同0.3～0.5％等）。

ウ）重要な使用人の選解任（同項3号）　　重要な使用人とは，役員を除いた各部門の最高位の使用人（執行役員・支配人・本社部長等）である。重要かは肩書だけではなく，経営に重大な影響を与える権限の有無から判断される。

エ）重要な組織の設置・変更・廃止（同項4号）　　重要な組織には，支店・最高経営会議（常務会等）の設置，海外進出・海外事業の撤退などを含む。変更とは移転・統合・規模の拡充・縮小等がある。

オ）社債の発行（同項5号）　　取締役会は社債の発行に際し重要事項（発行総額・利率，償還方法・期限等。676条1号，施規99条）を定める（362条4項5号）。

カ）内部統制システムの構築（同項6号）　　業務の適正（適法性・経営効率性の確保等）を確保するために必要な体制の構築は，各取締役に委任できない。大会社（非公開会社を含む）では構築が義務である（348条3項4号・362条6項）。

キ）役員等の責任軽減（同項7号）　　役員等の対会社責任に関し，定款規定がある場合，取締役会決議により責任軽減（最低責任限度額超の部分）ができる。

ク）その他の業務執行の決定（同項柱書）　　以上に列挙した事項（362条4項）でなくても，その他の重要な業務執行として，①経営方針の策定，②簡易の事業譲渡等，③株主提案権による当該事項を総会目的にする検討等がある。

(3)　非公開会社・公開会社での職務権限の差異

　非公開会社または公開会社では，募集株式等の募集事項および株式譲渡の承認決定に関し，取締役会の職務権限に差異がある。

（非公開会社・公開会社における差異）

区　分	募集株式等の募集事項	株式譲渡の承認決定
非公開会社	株主総会決議の委任がない場合，取締役会に決定権限なし	譲渡制限株式の譲渡承認は，定款で別段の定めがない限り，取締役会に決定権限あり
公開会社	株式の有利発行を除き，取締役会に決定権限あり	「種類株式」として譲渡制限株式を発行している場合，取締役会に決定権限あり

3 取締役会の招集

(1) 招集権者

取締役会の招集権は，原則として各取締役が有する（366条1項本文）。定款または取締役会規則で，取締役会を招集する取締役（招集権者）を定めることができる（同項但書。代表取締役社長が多い）。招集権者を定めていても，各取締役は招集権者に招集請求（議題明記の書面提出）をして，一定期間内に招集通知が発せられない場合，自ら取締役会の招集ができる（同条2項3項）。監査役（会計限定監査役を除く）または会計限定監査役設置会社の株主は，一定事由（取締役の定款・法令違反等）・条件の下で，自ら取締役会の招集ができる（383条3項・367条1項）。

（取締役会の招集者）

招集権者	取締役会の招集者		
定めなし	各取締役が招集（366条1項本文）		
定めあり	招集権者である取締役（代表取締役社長等）が招集（同項但書）		
	①各取締役が，招集権者に招集請求（同条2項）	②請求日から5日以内に通知なし，または，2週間以内の日を取締役会の日としない	③各取締役が自ら取締役会を招集（同条3項）

(2) 招集通知

ア）方法・発送等 招集通知の方法は制限がない（書面，Eメール，電話等）が，トラブル回避のため記録に残るものが好ましい。招集通知に議題および議案を示す必要はない（役員の出席義務が理由）。招集通知に記載がない議題・議案について審議・決議することができるが，（招集権者以外の）取締役が招集権者に取締役会の招集請求をする場合，議題明記の書面提出が必要である（366条2項）。招集通知は会日の1週間前（定款により短縮〔3日等〕・伸長〔10日等〕可）に，各取締役（特別利害関係取締役を含む）・監査役（会計限定監査役への発送は任意）に発送を要する（368条1項。初日不算入の原則）。

イ）省略 手続省略として，①取締役および監査役全員の事前同意（368条2項），②当該全員が取締役会出席による事後同意（最判昭31・6・29民集10巻6号774頁），③取締役会規則等による定例取締役会の日時・場所の規定がある。

4　取締役会の運営

(1)　取締役会の議長

　取締役会の議長は議事整理を行うが，設置は任意である（施規101条3項8号参照）。議長（取締役）には，取締役会規則等で代表取締役会長または社長が就任し，これらの者に事故（特別利害関係取締役を含む）がある場合に備え，代行順位を定めておくことが多い。招集権者以外の者が，取締役会の招集請求または招集をした場合でも，原則として，定款または取締役会規則で定めた者が議長となる（特定の取締役会だけの議長選任は可。福岡地判平5・9・30判時1503号142頁）。

(2)　定足数・表決数

　各取締役は1個の議決権を有する（代理行使は不可）。決議は議決に加わることができる取締役の過半数が出席し（定足数），その過半数をもって行う（表決数）。定足数・表決数は，各過半数要件を定款で加重（3分の2等）できるが，軽減はできない。出席取締役の可否が同数の場合，否決となる。定足数は開催時から議決の全過程で維持が必要である（最判昭41・8・26民集20巻6号1289頁）。

(3)　特別利害関係取締役の対処

　ア）制　約　　決議に特別利害関係を有する取締役（特別利害関係取締役）は，その権限が制約される。例えば，①取締役会における対象議題および議案の審議（議事の過程・決議）に係る参加制限（審議中は退席），②議長資格の喪失，③議題に係る意見陳述の原則不可（取締役会の判断による釈明機会の付与は可），がある。そのため，特別利害関係取締役は，対象議案の審議・決議に際し，定足数の算定から排除される（369条2項）。取締役4名のうち1名が特別利害関係を有する場合，定足数充足のため，最低2名の取締役出席を要する。取締役3人のうち2人（特別利害関係あり）の場合，残余の取締役1人で取締役会を決議する。

　イ）特別利害関係　　特別利害関係となる対象事由（各当事者）として，①代表取締役の解職決議，②競業取引・利益相反取引の承認決議，③譲渡制限株式の譲渡承認決議，④有利発行に該当する株式割当て，⑤株主総会に提出する退職慰労金贈呈議案等がある。

5　取締役会の効率化

(1)　書面決議

　ア）要　件　　①定款の定めを前提として，②取締役が取締役会の決議の目的であ

る事項について提案をした場合，②取締役全員（議決権が行使可能な者）から書面・電磁的記録により同意の意思表示があり，③監査役（会計限定監査役を除く）の異議がなければ，取締役会の決議があったものとみなす（370条・369条）。書面決議のため，会議体の取締役会を開催しない。緊急案件または比較的重要性の低い議案（人事異動等）に効率的に対処できる。

　イ）制　限　　第1に，監査役（会計限定監査役を除く）が異議を述べた場合，書面決議はできない。第2に，代表取締役（業務執行取締役）は，業務執行に関する報告（3ヵ月に最低1回）は会議体の取締役会を要する（372条2項・363条2項）。第3に，定款に書面決議の規定がなく，会議体の取締役会を開催しないで，担当者が各取締役のもとを回り，議案の賛否を尋ねて決議をする「持ち回り決議」は無効である（最判昭44・11・27民集23巻11号2301頁）。

(2)　テレビ会議方式・電話会議方式

　テレビ会議方式または電話会議方式により，複数の場所で同時に取締役会を開催することは可能である。具体的方法は招集権者が決定する。許容される内容は，①議題について出席者全員が自由に意見の交換ができ，出席者の音声が即時に他の出席者に伝わり（情報伝達の即時性），②相手の状態を相互に認識しながら同時に通話できること（双方向性），である（平14・12・18民商3044号・民事局商事課長回答〔登記研究662号171頁〕。テレビ会議方式・電話会議方式を採用する場合，議事録にその旨を記載する（施規101条3項1号参照）。

(3)　取締役会報告の省略

　役員等が全取締役（監査役設置会社では取締役および監査役）に対し，取締役会報告事項を通知したときは，当該事項の取締役会報告は不要である（372条1項3項。取締役会議事録の要記載〔施規101条4項2号〕）。代表取締役（業務執行取締役）が，3ヵ月に1回以上，自己の職務執行状況を報告（363条2項・417条4項）する場合，会議体の取締役会の開催が必要である（372条2項3項）。

6　取締役会の議事録

(1)　議事録の作成

　取締役会は議事録を作成し，出席取締役および監査役の全員が署名・記名押印を要する（369条3項，施規101条）。議事録の記載事項は，①取締役会の開催日時・場所，②議事の経過要領（報告・提案・説明，討議の概略等），③表決の方法と結果等である（施規101条3項参照）。なお，取締役会の議事に参加した取締役であって議事録に

異議をとどめない者は，決議に賛成したものと推定される。決議に反対であれば，議事録にその旨を記載しなければならない（369条5項）。

(2) 閲覧謄写請求

ア）当事者　　次の当事者は，「裁判所の許可を得て」，取締役会の議事録を閲覧・謄写請求ができる（過去10年間。371条1項）。①監査役設置会社，監査等委員会設置会社，指名委員会等設置会社では，株主が権利を行使する必要があるとき（会計限定監査役設置会社では，裁判所の許可不要），②債権者が役員または執行役の責任を追及する必要があるとき，③親会社社員が権利を行使する必要があるとき，である（同条2項～5項）。前記①の「権利を行使するため必要があるとき」とは，共益権・自益権の両方を含む（議決権行使，代表訴訟提起のための情報収集，株式買取請求権の行使等）。

イ）閲覧許可申立て　　取締役会の議事録閲覧請求が拒絶された場合，当事者は裁判所に対し議事録閲覧等許可申立てができる（868条2項，非訟事件手続法43条1項）。申立人は閲覧対象となる議事録を特定する必要がある。特定の程度は当該申立てに係る議事録閲覧等の範囲とそれ以外の部分を識別することが可能な程度で足りると解される（東京地決平18・2・10判時1923号130頁）。

7　特別取締役による取締役会

(1) 特別取締役が決議できる事項

　大規模会社では取締役数が多くなると，頻繁・迅速な取締役会の開催が困難となる。役付取締役（社長，副社長，専務，常務等）からなる非公式の経営会議（常務会等）で重要事項を決定し，取締役会は事実上の承認機関として形骸化していることがある。そのため，①重要な財産の処分・譲受け，②多額の借財（362条4項1号2号・399条の13第4項1号2号）について，取締役会設置会社では，あらかじめ選定した3人以上の取締役（特別取締役）を構成員とする取締役会で決議できるものと定めることができる（373条1項）。特別取締役による議決ができる旨は登記を要する（911条3項21号）。委任されていない事項（委任できない事項を含む）を，特別取締役による取締役会が決定をしても効力はない。

(2) 設置および決議要件

ア）設置要件　　特別取締役だけによる議決の定めを設けるためには，①大会社に限定しないが，取締役会設置会社であり，②取締役数が6名以上であり，このうち1人以上が社外取締役でなければならない（373条1項1号2号）。

　イ）決議要件　　特別取締役による取締役会は，特別取締役（3人以上）のうち，議決に加わるものの過半数が出席し，出席取締役のうち過半数をもって決議することである（取締役会の定めで定足数・表決数の各要件の加重可）。

　ウ）監査役の出席　　監査役が2人以上ある場合，特別取締役（373条1項）による議決の定めがあるときは，監査役の互選により，監査役の中から，対象となる取締役会に出席する監査役を定めることができる（383条1項）。

8　取締役会決議の瑕疵

(1)　決議の無効

　取締役会の決議内容または手続に瑕疵がある場合，当該決議は無効である。株主総会決議と異なり，取締役会決議の無効と取消しの区別はない。取締役会の決議に瑕疵がある場合，利害関係人はいつでも無効を主張できる。会社法上，無効確認の訴えに関する規定はないが，民事訴訟法上の無効確認の提訴（民訴134条）が可能である（最大判昭47・11・8民集26巻9号1489頁）。

(2)　無効原因と瑕疵の治癒

　ア）無効原因　　決議内容の瑕疵として，①法令・定款違反，②決議内容の著しい不公正，③株主総会の決議に反する決議等がある。総会決議の内容を変更またはそれに違反する取締役会決議がなされた場合（最判平24・4・24民集66巻6号2908頁等），取締役の全員が賛成しても無効と解される。他方，手続上の瑕疵として，①一部の役員に招集通知を出さなかった，②代表取締役が業務の執行状況を報告する取締役会を持ち回りで決議した，③定足数を満たさないまま決議した（最判昭44・11・27民集23巻11号2301頁），④特別利害関係を有する取締役が決議に参加した，⑤特別利害関係人が議長であった（東京高判平8・2・8資料版商事151号143頁等），⑥十分な審議を尽くすことなく決議がなされた（東京地判昭56・11・24判タ462号161頁）等の事案がある。

　イ）瑕疵の治癒　　手続上の瑕疵では，役員の誰かに招集通知を出さなかったが，通知を受けていない当該役員が出席して取締役会の開催に同意し，異議を述べなかった（東京地判昭30・6・13下民6巻6号1105頁），②一部の取締役に対する通知漏れについて，通知を受けなかった取締役が取締役会に出席しても決議の結果に何も影響しなかったことの証明がなされた（最判昭39・8・28民集18巻7号1366頁等），等の事案がある。

(3)　瑕疵ある取締役会決議の対内的効力

ア）会社内部の事由　瑕疵ある取締役会決議が会社内部の事由（株式分割等）の場合，当該決議は無効である。

イ）総会招集の瑕疵　瑕疵ある取締役会決議に基づき（決議なしを含む），代表取締役が株主総会を招集した場合，招集手続の法令違反として総会決議取消原因となるのか。判例によれば，総会開催の決定権は取締役会にあり，代表取締役はこの決定に従い招集手続を履践するにすぎないから，総会決議の取消原因になるとする（最判昭41・8・26民集20巻6号1289頁等）。株主総会の招集手続は会社内部の問題であり，取引の安全を害することにはならない（有力説）。

ウ）総会決議の不存在事由　無権限者が招集した総会決議は，不存在事由となる。例えば，代表取締役として招集した者Yは，その取締役選任に関し，総会決議の瑕疵により取締役の地位を取得していなかった場合，Yが招集した総会決議も不存在事由となる（東京地判昭31・6・13下民7巻6号1550頁）。

(4)　瑕疵ある取締役会決議の対外的効力

ア）取引安全の保護　瑕疵ある取締役会決議が会社外に及ぶ場合，取引安全の保護が要請される。取締役会決議に瑕疵があっても，当該決議による社債・募集株式の発行等は有効と解する（最判昭36・3・31民集15巻3号645頁）。

イ）心裡留保規定の類推適用　代表取締役が必要な取締役会の決議を経ないで対外的な取引行為を行った場合，判例上，心裡留保（民93条）の規定が類推適用される。すなわち，「（取締役会）決議を経ないでした場合でも，右取引行為は，内部的意思決定を欠くに止まるから，原則として有効であって，ただ，相手方が決議を経ていないことを知りまたは知りうべかりしときに限って，無効であると解するのが相当である」とする（最判昭40・9・22民集19巻6号1656頁等）。当該事案において取締役会決議がなされなかったことに関し，取引相手方が悪意でありながら取引有効の主張を行うことは，権利濫用（民1条3項）となろう。

ウ）表見代表取締役法理の類推適用　取締役会の招集手続を経ることなく，当該取締役会で選定された代表取締役がなした会社財産の処分につき，判例によれば，表見代表取締役の法理（354条）の類推適用により善意の相手方に対する責任を負う（最判昭56・4・24判時1001号110頁）。

第3節　代表取締役

1　意　義

　代表取締役は業務執行権限を有し，会社を代表する執行機関である（349条4項・363条1項）。その行為は会社の行為となり，法律行為の効果は会社に帰属するため，代表取締役が職務を行うにつき，第三者に損害を与えた場合，会社自身が不法行為責任等を負う（350条）。代表取締役は，自己の判断で行動し，会社から支配を受ける関係にないため，代表取締役と会社との関係は，その具体的契約内容にかかわらず，委任規定に従う（330条）。

2　業務執行

(1)　業務執行の内容

　業務執行には，①対外的業務執行，②対内的業務執行がある。前記①は実行段階のもの（販売契約・資金借入等）であり，前記②は意思決定段階のもの（予算編成，生産計画の策定等）である。代表取締役は，会社の営業について一切の行為をする権限があり，対外的業務執行および対内的業務執行の両方の権限を有する（348条・363条1項1号・349条1項）。

　業務執行の内容に関する法規定として，①一般的法定決議事項として会社法362条4項が列挙する事項（同項1号～7号），②その他の重要な業務執行（同項柱書）である。前記②として，経営方針の策定（他社との業務提携，新規事業への進出，年間事業計画・新規採用人員等），簡易・略式の事業譲渡・組織再編，株主提案権の行使に係る対応等がある。

(2)　執行機関の類型

　業務執行者は会社の機関設置区分により異なる。第1に，従来型の取締役会設置会社および監査等委員会設置会社では，①代表取締役（363条1項1号。対外的・対内的業務執行の両方），②代表権がなく，取締役会決議で対内的な業務執行権限を有する取締役として選定された者（同項2号。業務担当取締役），③再委任を受けて特定の業務を執行する社外取締役（348条の2第3項・2条15号参照。その他の業務執行取締役）である。これら①～③の取締役を「業務執行取締役」という。

　第2に，指名委員会等設置会社では，代表執行役（420条3項。対外的・対内的業務執行の両方）および執行役（対内的業務執行）が執行機関である。執行役が1人だ

けの場合，すべての業務を執行する。取締役は業務執行権限がない。

　第3に，取締役会非設置会社（**第9節1**参照）では，原則として各取締役が代表権を有するが（各自代表制），特定の者を代表取締役に定めることができる（特定代表制。その区分として定款代表・互選代表・総会代表）。

（執行機関の類型）

機関設置の区分	業務執行の機関
従来型の取締役会設置会社・監査等委員会設置会社	業務執行取締役として，①代表取締役，②業務担当取締役（対内的業務執行），③その他の業務執行取締役
指名委員会等設置会社	①代表執行役，②執行役（対内的業務執行）
取締役会非設置会社	①原則，各自代表制，②特定代表制の採用可

3　代表取締役の選定・解職

(1)　選　定

　代表取締役の選定（特定多数の者の中から選ぶこと）は，取締役会設置会社（指名委員会等設置会社を除く）または取締役会非設置会社かにより異なる（**第9節1**参照）。取締役会設置会社では，取締役各自の業務執行および代表権を喪失させ，取締役会が取締役の中から代表取締役を1名以上，選定しなければならない（362条2項3号）。代表取締役の選定には，候補者は特別利害関係人に該当しないとされる。

(2)　任期・報酬

　代表取締役の任期に関し，特別の制限は設けられていない。取締役の任期が代表取締役の任期に重複するため，総会決議により再度選任されなければ，代表取締役の地位を継続できない（332条1項）。また，代表取締役の報酬に関し，代表取締役も取締役であり，その報酬等は，定款に別段の定めがある場合を除き，取締役の報酬等として総会決議により定められる（361条）。

(3)　代表取締役の終任・解職

　ア）終任事由　　代表取締役の終任事由は，①代表取締役としての任期満了・辞任，②取締役としての任期満了・辞任，③取締役の欠格事項に該当，④取締役会による解職決議がある。取締役の地位を失うものではない。代表取締役が取締役資格を失えば，代表取締役の地位も失う。

　イ）解　職　　取締役会は，いつでも代表取締役を解職することができる（362条

２項３号）。代表取締役の解職では，判例上，対象者は特別利害関係人に該当する（最判昭44・３・28民集23巻３号645頁）。取締役会では意見陳述もできず，退席等の指示に従う（東京地判平23・１・７資料版商事328号67頁）。取締役会で代表取締役を解職されても，取締役の地位を失うものではない。

4　代表取締役の欠員対処

(1)　代表取締役の権利義務者

代表取締役の終任（任期満了・辞任等）により，代表取締役の欠員または定款の定員未満となる場合，後任の代表取締役が就任するまで，退任者が代表取締役の権利義務を持ち続ける（349条４項・351条１項。代表取締役の権利義務者）。個人破産した代表取締役は対象外である。取締役員数に欠員があれば，総会を開催して取締役を選任し，取締役会決議により代表取締役の選定を要する。

(2)　仮代表取締役

裁判所は，必要があるときは，利害関係人の申立てにより，代表取締役の職務を行うべき仮代表取締役（一時代表取締役）を選任することができる（351条２項）。他に取締役がいるのであれば，新たな代表取締役を選定すればよい。

(3)　代表取締役の職務代行者

株主総会における取締役選任決議の瑕疵，または取締役の解任が裁判で争われている場合，裁判所は当事者（株主）の申立てを受けて，代表取締役の職務執行を停止させ，代表取締役の職務代行者を選任することができる（民保23条２項・24条・56条）。職務代行者は，裁判所の許可を要することなく，会社が日常行うべき業務（常務）以外のことはできない。臨時株主総会の招集は，常務に該当しない（最判昭50・６・27民集29巻６号879頁）。

(4)　代表取締役の予選

代表取締役の予選を行うことができる。予選決議は取締役の地位にある者により行う。例えば，X１が３月31日で代表取締役・取締役を辞任予定の場合，同月15日の取締役会（取締役X１〜X３）で取締役X２が４月１日付で代表取締役に就任する旨を予選する。取締役X１の後任取締役として３月28日の臨時株主総会でX４を取締役に選任する。なお，現取締役の全員が次期株主総会で重任される見込みの場合，改選される前に代表取締役を予選しておくことができる。

5　代表取締役の権限と濫用

(1)　代表権

ア）内　容　代表取締役の代表権とは，会社の名において，第三者とした行為の効果を会社に帰属させる権限をいう。代表取締役は会社の業務に関する一切の裁判上または裁判外の行為を行う権限があり，株主総会または取締役会が決定した会社の業務を執行する。取締役会によって委任された事項については自ら意思決定を行う。代表取締役は，数人ある場合においても，原則として各自が単独で会社を代表する。なお，会社と取締役（執行役）との間の訴訟では，代表取締役（代表執行役）は会社を代表しない（監査役・監査委員等による代表）。

イ）制　限　代表取締役の代表権に制限を加えても，この制限を善意の第三者に対抗できない（349条4項5項。不可制限的）。例えば，社内的に代表取締役が単独で契約できる権限を一定の金額まで（3,000万円までの契約等）に限定することは可能であるが，それを知らない取引相手方（悪意・重過失の相手方を除く）との関係では，制限がないのと同じ扱いになる。

(2)　代表権の濫用

代表取締役が自己または第三者のためにその権限を行使して（代表権の濫用），会社に損害を与えた場合，当該損害を賠償する義務がある。当該行為について，判例上，心裡留保説を採用するが（最判昭38・9・5民集17巻8号909頁），過失の有無を問題とすること，表示行為と真意との不一致が存在しないのに心裡留保という構成をとることに批判が多い。第三者との取引の効力は，会社に帰属するため，善意の第三者（悪意・重過失の第三者を除く）に対し，会社は代表取締役の権限濫用の主張はできないと解される。

6　表見代表取締役

(1)　外観法理

代表取締役は，社長・副社長（役付取締役）と称されることが多い。会社法はこれら名称の代表取締役を法定しておらず，副社長等の名称をつけながら代表取締役でない事案もある。代表取締役は登記により公示されるが（911条3項14号），取引の相手方が常に登記を閲覧することは煩雑である。代表権を有すると認められるべき肩書のついた取締役が代表取締役でなかった場合，無権限であることを知らず，その肩書を信頼して取引をした相手方を保護する必要がある。

そのため，会社は，代表取締役以外の取締役に社長，副社長その他株式会社を代表

する権限を有するものと認められる名称を付した場合，当該取締役の行為について善意の第三者に責任を負う（354条。表見代理〔民109条〕より広い保護）。会社法354条が適用ないし類推適用される限り，会社法908条1項は適用されない。

(2) 認定の要件

表見代表取締役の法理に基づき，会社の帰責性が認められるためには，外観の存在，外観の与因（会社の帰責事由），外観の信頼が要件となる。

ア）外観の存在　社長，副社長その他株式会社を代表する権限を有するものと認められる名称（他に頭取・会長・副会長等。専務・常務取締役は見解が分かれる）の付与が要件である。外観は対象取引前に存在することを要する。制度趣旨に照らし，取締役でない使用人に代表取締役らしい名称を与えた場合でも，会社法354条の類推適用が考えられる（最判昭35・10・14民集14巻12号2499頁）。

イ）外観の与因　「名称を付した」場合（会社の帰責事由）とは，会社が代表取締役らしい名称の使用を明示または黙示的（名称使用の放任等）に認めた事案である。代表取締役の名刺を使わせていたこと，社内で代表取締役と呼んでいたことを含む。名称の不当使用について，各取締役は代表取締役および取締役会に知らせるなどして違法状態を是正する職責があるため，取締役が1人でも知って放置すれば会社は責任を負うことになろう（取締役会非設置会社における代表権のない取締役が，表見代表取締役の認定〔東京地判平5・1・28判タ839号246頁〕）。

ウ）外観への信頼　会社は「善意の第三者に対し」責任を負う。善意とは代表権限のないことを知らないことである。取引の相手方が無過失であることを要しないが，重過失がないことを要する（最判昭52・10・14民集31巻6号825頁）。取引の迅速性から登記簿を確認しなかったことは重過失とはならない。

第4節　監査役

1　監査役の意義と設置

(1) 設置区分

監査役は，取締役（会計参与設置会社では会計参与を含む）の職務執行を監督・検査（業務監査。381条1項）し，計算書類等について監査を行う（会計監査。436条1項）機関である。業務監査および会計監査について監査報告を作成する（施規105条，計規122条・127条）。複数の監査役または監査役会が置かれる場合でも，個々の監査役は独立して監査権限を行使できる（独任制）。

　監査役の設置は，公開会社か否か，取締役会設置会社か否か，会計監査人設置会社か否か，大会社か否かにより異なる（次表参照。327条2項〜4項・328条1項）。例えば，取締役会設置会社は原則，監査役設置が義務であるが，非公開会社では取締役会設置会社のうち会計参与を設置した場合，監査役設置が任意である。会計監査人設置会社では監査役設置は義務（会計監査人の独立性確保のため）である。設置義務がなくても，監査等委員会設置会社・指名委員会等設置会社以外の会社は，定款に定めれば監査役を設置できる。

（監査役・監査役会の設置区分）

区　分		監査役の設置	監査役会の設置
原則，設置義務	公開会社	①取締役会設置会社，②会計監査人設置会社	①大会社では義務，②大会社以外では，会計監査人設置会社
	非公開会社	①取締役会設置会社，②大会社，③会計監査人設置会社	会計監査人設置会社では監査役または監査役会の設置義務
設置任意		非公開会社では，①取締役会非設置会社，②取締役会設置会社でも会計参与を設置した場合，それぞれ監査役設置は任意	
設置不可		監査等委員会設置会社・指名委員会等設置会社	

(2) 員数・資格・任期

　ア）員　数　監査役設置会社では監査役は1人でもよいが（定款で最低定員を規定可），監査役会設置会社では監査役は3人以上，かつ半数以上が社外監査役でなければならない（335条3項。監査役会の全員が社外監査役でもよい）。

　イ）資　格　監査役の資格は，法定欠格者を除き（331条1項。取締役の欠格事由の準用），自然人であること以外に制限はない（335条1項）。非公開会社では，定款の定めにより，監査役を株主に限定することができる（331条2項但書）。

　ウ）任　期　監査役の任期は，選任後4年以内に終了する事業年度のうち最終の定時株主総会の終結時までである（336条1項。法定任期）。定款等で任期短縮はできない。独立性を保障し，監査の実をあげるためである。非公開会社（監査等委員会設置会社・指名委員会等設置会社を除く）は，定款の定めにより，その任期を最大10年まで伸長できる（同条2項）。一定の定款変更により，監査役の任期は定款変更の効力発生時に満了する。例えば，①監査役設置の廃止，②監査等委員会・指名委員会等の新設，③非公開会社における株式譲渡制限の廃止，等である（同条4項）。株式会社の性格が変更になるからである。

(3) 監査役の兼任制限

ア）兼任禁止　監査役は，被監査会社となる株式会社または子会社の取締役・支配人・使用人，および子会社の会計参与（法人会計参与では職務執行者）・執行役を兼任できない（335条2項・333条3項1号）。監査する者と監査される者とが同一人（自己監査）では監査の意味がない。親会社監査役と子会社取締役の兼任も同様である。指名委員会等設置会社は監査役を置かないため，親会社監査役が子会社である指名委員会等設置会社の執行役となることは禁止される。

イ）横滑り　取締役を事業年度の途中（監査対象期間の途中）に，監査役に選任（横滑り）することは違法ではない。その者が取締役であった期間について監査適格がないとはいえない（東京高判昭61・6・26判時1200号154頁）。

ウ）可能な兼任　①親会社取締役と子会社監査役の兼任，②監査役である弁護士が株主会社間の訴訟で会社の訴訟代理人に就任（最判昭61・2・18民集40巻1号32頁）は可能である。監査される者と監査する者が同一ではないからである。

(4) 報酬等と監査費用

ア）報酬等　監査役の報酬は，定款または総会決議により（報酬総額または最高限度額等），取締役の報酬とは別に定める（387条1項）。監査役の独立性を報酬面でも維持するためである。監査役が2人以上ある場合で，各報酬等に定款・総会決議の定めがない場合，報酬総額内で監査役の協議による（同条2項）。退職慰労金は算定根拠（具体的金額ではなく）を株主に示す。取締役会は監査役の報酬議案を作成して株主総会に提案する。取締役・取締役会が監査役の職務に影響を与えるため，監査役は株主総会で報酬等の意見陳述ができる（同条3項）。

イ）監査費用　監査役は，職務執行に必要な監査費用（補助者の給与等を含む）を会社に請求できる（330条，民649条・650条）。当該費用が監査のために必要かについて監査役の証明を要するのであれば，適正な監査活動ができなくなる。会社は監査役からの請求費用等が当該監査役の職務執行に必要でないことを証明した場合を除き，支払いを拒絶できない（388条）。

2　監査役の選任・解任

(1) 監査役の選任

ア）選任方法　監査役の選任は，株主総会の普通決議で行う（329条1項。累積投票制度なし）。当該選任決議において，定足数は定款の定めによっても，議決権を行使することができる株主の総議決権の3分の1未満に下げることはできない（341条）。一定数以上の議決権を有する株主の意思を選任に反映させるためである。非公

開会社では，役員選解任付種類株式（108条１項９号）を発行することで，種類株主総会で監査役を選任できる（347条１項）。また，定款規定により，監査役選任を種類株主の拒否権の対象とできる（108条１項８号）。

　イ）監査役の権利　　監査役選任に関し，①選任議案の総会提出に際し，監査役（監査役会設置会社では監査役会）の同意が必要（同意権。343条１項３項），②監査役（監査役会設置会社では監査役会）は取締役に対し，監査役選任を総会の目的とすること，候補者を特定して選任議案を総会に提出する旨の請求が可能（請求権。同条２項３項），③現監査役は株主総会で選任に係る意見を述べることができる（意見陳述権。345条１項４項）。監査役の独立性を担保するためである。

(2)　監査役の解任・退任

　ア）解任決議　　監査役は任期満了，死亡，辞任，解任，欠格事由，一定の定款変更等（終任事由）により退任する。監査役の解任は総会の特別決議による（339条１項・309条２項７号）。取締役・会計監査人の解任が普通決議であることに比べ厳格である（監査役の地位安定・監査実効性のため）。監査役は総会で辞任・解任について意見陳述ができる（345条１項４項。取締役には当該規定なし）。解任理由として，判例では，税理士でもある監査役が明らかな税務処理上の過誤を犯した場合，会社に与えた実害の有無・程度等にかかわらず，監査役として著しく不適任であるとされた（東京高判昭58・４・28東高民時報34巻４〜６号62頁）。

　イ）解任の訴え　　監査役の職務執行に関し，不正の行為（会社財産の私物化等）または法令・定款に違反する重大な事実がありながら，当該監査役の解任議案が総会で否決された場合，株主は総会決議の日から30日以内に解任の訴えを提起できる（少数株主権。854条）。被告は会社および監査役の双方である（855条。最判平10・３・27民集52巻２号661頁）。原告株主の要件は６ヵ月前（定款で緩和可。非公開会社では保有期間要件なし）から引き続き総株主の議決権総数の３％以上（または発行済株式総数の３％以上の保有）を有する者である（854条１項１号２号）。

　ウ）欠員対処　　監査役の死亡・解任等により法律または定款に定める員数を下回る場合，①退任監査役が権利義務取締役（346条１項）となる，②仮監査役の選任申請（一時監査役。同条２項），③補欠監査役を（事前に）予選・選任する（予選または本選の監査役。329条２項・332条５項）。補欠役員の就任承諾はその選任時または対象監査役を欠くときのいずれでもよい。

3 監査役の権限と義務

(1) 業務監査と会計監査

　監査役の監査内容は，業務監査および会計監査に大別される。ガバナンスの強化から，監査役は業務監査および会計監査の両権限を有する（非公開会社では会計監査限定監査役の設置可。389条1項）。

　業務監査として，監査役は取締役の職務執行（会計参与設置会社では，会計参与の職務執行を含む）の監督・検査をして，事業報告とその附属明細書に関する監査報告を作成する（381条1項）。

　会計監査として，計算書類等（計算書類・附属明細書等）の適正性を監査して監査報告を作成する（437条・442条。決算監査・期中監査を含む）。会計監査人設置会社では監査役の会計監査は補助的なものにとどまる。会社はほぼすべての内容が金額で示され，業務監査および会計監査の厳格な区分は困難である。

(2) 業務監査の内容と範囲〜適法性監査と妥当性監査の違い

　ア）内　容　　業務監査とは，取締役（会計参与）による職務執行が法令・定款に違反していないかを監視し，必要なときには是正措置をとることである（適法性監査）。監査役は，取締役等に事業の報告を求め（381条2項），事業報告に内部統制システムに関する事項があり，「取締役会の決定の内容が相当でない」と認めるときは，その旨および理由を監査報告に記載する（施規129条）。

　イ）範　囲　　業務監査には，取締役の裁量的判断の当否を監督すること（妥当性監査）を含まないとされる。監査役が総会で報告する対象は法令・定款違反に加え，著しく不当な事項にとどまる（384条）。監査役に妥当性監査の権限を与えることは，取締役の経営判断に自己の意見を反映させることになり，監査役の独立性を失わせる可能性がある（取締役・取締役会による監督機能との差異）。

(3) 監査役の権限

　ア）業務・財産調査権　　監査役は，取締役・会計参与・支配人その他の使用人に対し，事業の報告を求め，会社の業務・財産状況を調査することができる。調査権は子会社にも及ぶ（381条1項2項）。子会社は正当な理由（重要な機密情報の漏洩等）がなければ，監査役による調査を拒否できない（同条3項）。

　イ）取締役会の出席・招集等　　監査役は取締役会に出席する義務を負い，意見を述べる（376条1項。著しく不当な決議の防止等）。議決権は有しない。必要があると認めるときは，取締役会招集を取締役に請求でき，一定期間内に招集通知が発せられ

ない場合，監査役は自ら取締役会を招集できる（383条2項3項）。

　ウ）差止請求権　　監査役は，取締役が法令・定款違反行為（会社の目的の範囲外行為を含む）により会社に著しい損害が生じるおそれのあるときは，当該行為の差止めを請求できる（385条1項）。取締役が差止請求を無視した場合（または無視することに備え），裁判所に差止めの仮処分を申請する（同条2項。担保提供の不要）。

　エ）各種訴権　　監査役は，取締役の違法行為により会社が損害を受けた場合，会社のために訴えを提起できる。会社と取締役間の訴訟では，会社を代表する（386条1項）。株主による取締役等の責任追及に関し，監査役は提訴請求の相手となり，訴訟告知を受ける（386条2項1号・849条3項）。また，会社の組織に関する無効の訴え（828条2項），総会決議取消しの訴え（831条1項）を提起できる。

　オ）会計監査人の解任　　取締役が会計監査人の解任・不再任を株主総会の目的とする場合，監査役の同意（監査役が2人以上の場合，過半数）を要する（344条1項）。また，監査役は会計監査人が職務上の義務に違反したときなどの場合，その解任ができる（340条1項2項。監査役が2人以上の場合，同意が必要）。

(4)　監査役の義務

　ア）一般的義務　　監査役は，善管注意義務を負い（330条，民644条），当該義務違反により，会社および第三者に損害が生じたときは賠償責任を負う（423条1項。過失責任）。株主代表訴訟の対象である（847条）。監査役は経営の意思決定に関与せず，業務執行の任務を負わないため，忠実義務（355条），競業避止義務（356条1項1号），利益相反取引規制（同項2号3号）等は対象外である。

　イ）報告義務　　監査役は，取締役が職務執行に関し，法令・定款に違反する事実，著しく不当な事実を発見したときは，取締役会（取締役会非設置会社では取締役）に報告する義務を負う（382条）。総会に提出される議案等を調査し，その結果を総会に報告する義務を負う（384条，施規106条）。「著しく不当な事実」等に限定することで，監査役に過大な負担を課していない。

　ウ）監査報告の作成義務　　監査報告（施規105条，計規121条）の事項は監査の方法および内容，計算関係書類が会社の財産および損益の状況をすべての重要な点において適正に表示しているかに関する意見，監査のために必要な調査ができなかったときはその旨および理由，追記情報（正当な理由による会計方針の変更，重要な偶発事象，重要な後発事象），監査報告の作成日，である。

（監査役の権限・義務等）

区　分	具体的内容
監査の範囲	①業務監査（原則，適法性監査）・会計監査，②非公開会社（会計監査人設置会社を除く）では，定款により会計限定監査が可
調査権限	①業務・財産調査権，②子会社調査権，③株主等への報告，④監査費用請求権等
対取締役・対取締役会	①違法行為の差止請求権，②取締役会の出席義務，③違法行為の報告義務，④取締役会の招集請求権等，⑤会社＝取締役間訴訟の会社代表権等
地位・報酬	①監査役報酬の協議権，②総会における監査役の任免・辞任に係る意見陳述権，③監査役の責任軽減に係る議案同意権等
会計監査人	①会計監査人の選解任に係る同意権，②会計監査人の解任権

(5)　会計限定監査役の設置

ア）設置要件　　非公開会社（監査役会設置会社・会計監査人設置会社を除く）では，定款の定めにより，監査役の監査範囲を会計監査に限定することができる（389条1項。会計監査限定監査役）。会計限定監査役の旨は登記事項である（911条3項17号イ）。登記により，株主は適切な権利行使ができる。会計限定監査役を業務監査権限を有する監査役に変更することは可能であり，在任中の監査役全員の任期が満了する（336条4項3号）。

イ）職務の範囲　　会計限定監査役は，会計帳簿の閲覧謄写権，取締役等に対する会計報告の請求権限を有し（389条2項〜7項），総会に提出の会計に関する議案・書類等の調査とその結果の報告義務，監査報告書の作成義務を負う。他方，取締役会の出席義務・取締役の違法行為の差止権限等の会社法381条から386条までの規定は適用されない（389条1項7項・383条）。監査方法として，現金・有価証券の現物確認，経理担当取締役等からの報告聴取等がある。

ウ）株主の権利拡充　　会計限定監査役設置会社では，株主の権利は拡充されている。株主による業務監査権・差止請求権（360条），取締役会の招集権（367条），取締役会議事録の閲覧等請求権（371条2項3項），取締役による株主への報告義務（357条1項・375条1項）等である。所有と経営がより一体化する。

4　監査役会

(1)　監査役会の構成と設置

　監査役会は，3人以上の監査役で組織され，その半数以上が社外監査役（2条16号）であり，1人以上の常勤監査役を選定しなければならない（335条3項・390条3項）。その意義は，監査業務を組織的に行うこと，調査事項の分担化による情報集約・

会社全体の状況の情報交換，適切な監査意見の形成，取締役に対する独立性の強化等にある。監査役会の設置は，①公開会社のうち，大会社（監査等委員会設置会社・指名委員会等設置会社を除く），大会社以外では会計監査人設置会社，②非公開会社のうち，会計監査人設置会社では義務である。

(2)　監査役会の職務権限と監査役の独任制

　ア）職　務　　監査役会は，①監査報告の作成（施規130条），②常勤監査役の選定・解職，③各監査役の職務執行に関する事項の決定を行う（390条２項）。監査報告作成のため，取締役から計算書類等の提出を受け，会計監査人から会計監査報告の提出を受ける。取締役（会計参与を含む）は会社に著しい損害を及ぼすおそれのある事実を発見したときは，監査役会に報告する（357条・375条）。

　イ）監査役の独任制　　監査役会において各監査役は独立して監査業務を行い，是正措置（差止請求権の行使等）をとることができ（390条２項但書），独任制が維持される。監査役は監査役会の監査報告と監査役自身の監査報告の内容が異なる場合，各監査役は監査役会の監査報告に意見（少数意見）を付記することができる（施規130条２項）。監査報告に，監査役の１人でも相当でないとの意見をした場合，計算書類は株主総会で諮ることになる。

(3)　監査役会の運営

　ア）招集手続　　各監査役は監査役会を招集できる（391条）。全監査役に通知して招集するが（392条１項），全監査役の同意により招集手続の省力ができる（同条２項。定例開催日の決定等）。招集通知（書面・口頭可）は監査役会の１週間前までに発し（定款で短縮可），議題等を示すことを必ずしも要しない。

　イ）決　議　　監査役会決議は，原則として監査役の過半数によるが（393条１項），会計監査人の解任は監査役全員の同意による（340条２項４項）。議決権の代理行使は認められない。監査役会決議に手続・内容上の瑕疵がある場合，無効となる。議事について議事録を作成し，監査役会の日から10年間，本店に備え置く（393条２項・394条１項）。監査役会の議事録に異議をとどめていない監査役は決議に賛成したものと推定される（393条４項）。

5　社外監査役と常勤監査役

(1)　社外監査役の資格要件

　社外監査役の導入は，社外出身者による異なる観点からの監査により，その実効性を上げるとともに，取締役からの影響力をできるだけ排除しようという考えによる。

社外監査役の要件は，監査役としての兼任制限（対象株式会社・子会社の取締役・支配人・使用人，および子会社の会計参与・執行役の兼任禁止。335条2項・333条3項1号）に加え，次のように厳格である。

　ア）就任前10年間の地位　　社外監査役の要件は，その就任前10年間，株式会社・子会社（対象株式会社等）の取締役・会計参与・執行役（取締役等），使用人であったことがない者である（2条16号イ）。過去に会社の取締役等では就任時に他の取締役の影響，子会社の取締役等では親会社の取締役等の影響が強く残っている可能性があるためである。

　イ）就任前10年間＋さらに過去の地位　　就任前10年内のいずれかの時に，対象株式会社等の監査役であった者は，さらに監査役の就任前10年間，対象株式会社等の取締役等，使用人であったことがない者である（同号ロ）。例えば，Aは今から7年前に，X社の監査役であった場合，監査役の就任前の10年間，X社の取締役等または使用人でないことを要する（横滑り社外監査役の禁止）。

　ウ）自然人・法人親会社等　　①親会社の支配者（自然人親会社等），または，②親会社（法人親会社等）の取締役・監査役，執行役・使用人でないことである（同号ハ）。親会社の支配者は子会社の役員の選解任および経営に影響力を有し，子会社の経営者と構造的に同視ができ，社外監査役に求められる機能が期待できない。また，親会社の監査役が子会社の社外監査役を兼任した場合，親子会社間の取引等において親会社の監査役としての善管注意義務と子会社の社外監査役としての機能を同時に担うのは難しいからである。

　エ）兄弟会社の業務執行取締役等　　親会社等の子会社等（兄弟会社）の業務執行取締役等は，他の兄弟会社の社外監査役になることはできない（同号ニ）。兄弟会社の業務執行取締役等は親会社から指揮命令を受ける。子会社と親会社等間で利益が相反する場合，兄弟会社の業務執行取締役等は，他の兄弟会社の社外監査役に就任しても監督機能を期待することが困難である。

　オ）関係者の近親者　　当該株式会社の取締役・重要な使用人，親会社の支配者の各配偶者または2親等以内の親族でない者である（同号ホ）。重要な使用人とは，取締役・執行役にきわめて近い者（執行役員等）をさす。

(2)　常勤監査役

　常勤監査役とは，被監査会社の営業時間中，監査役としての職務を行う者であり，他に常勤の職を有していない者である。監査役会は1人以上の常勤監査役の選定を要する（390条3項。取締役には常勤・非常勤の区別なし）。親会社と子会社が同じ建物内等にあり，子会社の常勤監査役としての職務時間（だけに）が多くを要しない場合，

親会社および子会社の各常勤監査役との兼任はできるであろう。

第5節　会計監査人

1　会計監査人の設置と地位

(1)　意義と設置義務

　会計監査人は会社外部から計算書類等の会計監査を専門的に行う者であり，それは外部監査と呼ばれる。株式会社の計算書類およびその附属明細書，臨時計算書類ならびに連結計算書類を監査し，会計監査報告を作成する（396条1項）。

　会計監査人は計算関係書類に関する監査意見として，①無限定適正意見（計算関係書類として適正），②限定付適正意見（一部除外事項を付しているが，計算関係書類として会社の財産・損益状況は適正），③不適正意見（計算関係書類として不適正），④意見差控え（取締役の非協力等により会計監査に必要な調査の不可），を掲げる（計規126条1項2号3号）。会計監査人設置会社では，取締役会が承認した計算書類は，一定の要件を満たす場合（会計監査人の無限定適正意見，監査役の不相当意見なし），代表取締役は計算書類の内容を株主総会で報告することで足りる（439条）。

(2)　設置義務

　会計監査人の設置は，①指名委員会等設置会社・監査等委員会設置会社，②大会社（非公開会社を除く）では義務である（327条5項・328条）。これら会社は経営・会計が複雑であり，粉飾決算・倒産による社会的影響は大きく，ガバナンスの充実が要請される。指名委員会等設置会社・監査等委員会設置会社以外の会計監査人設置会社は監査役の設置が義務である。会計監査人は員数規制がなく，会計監査人の氏名等は登記事項である（911条3項19号）。

(3)　資格・欠格事由

　ア）資　格　会計監査人は公認会計士（公認会計士法5条・17条・16条の2）または監査法人でなければならない（337条1項）。監査法人とは5名以上の公認会計士を社員とする社団法人であり，持分会社に係る規定が多く準用される（公認会計士法34条の2の2〜34条の22）。会計監査人に選任された監査法人は，会計監査人の職務を行うべき社員を選定し，会社に通知する（337条2項）。

　イ）欠格事由　会計監査人は専門性および被監査会社からの独立性から，次の欠格事由に服する。①公認会計士法の規定により計算書類について監査をすることがで

きない者（業務停止処分の公認会計士を除外すれば監査法人は欠格事由には該当せず），②被監査会社および子会社の取締役・執行役・会計参与・監査役・使用人（兼務禁止），③監査以外の業務で会社等から継続的な報酬を受けている者（その配偶者を含む），④監査法人でその社員の半数以上が，監査以外の業務で会社等から継続的な報酬を受けている者である（著しい利害関係を有する者の排除。公認会計士法24条〜24条3・34条の11，同法施行令15条7号等）。

(4) 報酬〜監査役の同意

　取締役は，会計監査人の職務を行うべき者の報酬等を定める場合，監査役の同意を要する（399条1項）。監査役が2人以上ある場合には，その過半数による（監査役会設置会社は監査役会，監査等委員会設置会社は監査等委員会，指名委員会等設置会社は監査委員会の過半数の同意。同条2項〜4項）。会計監査人による監査業務の公正性を確保し，会計監査人報酬の適正性を維持するためである。公開会社かつ会計監査人設置会社では，事業報告に報酬の開示（報酬等の額，非監査業務の対価・内容等）が求められる（施規126条2号）。

2　会計監査人の選任・解任

(1) 会計監査人の選任〜任期の延長

　ア）決　議　　会計監査人の選任は，総会の普通決議による（329条1項）。当該候補者に係る議案作成は，監査役（会）である（344条。監査等委員会設置会社では監査等委員会，指名委員会等設置会社では監査委員会。404条2項2号・399条の2第3項2号）。取締役会による議案作成では監査される者の意向が出るためである。会計監査人は総会に出席して選任に関する意見陳述権がある（345条5項）。招集通知の参考書類には，当該議案の提出経緯等を記載する（施規77条）。

　イ）任　期　　任期は選任後1年以内に終了する事業年度のうち最終のものに関する定時株主総会の終結の時までである（338条1項）。定時総会で別段の決議（不再任の決議）がなされないときは，再任されたものとみなされる（同条2項）。自動的に任期の延長が続くのは，会計監査人の地位を安定させるためである。定款規定で会計監査人を任意に設置している会社が，当該定めの廃止をした場合，その任期は定款変更の効力が生じた時に満了する（同条3項）。

(2) 会計監査人の退任

　ア）総会決議　　会計監査人の解任は，総会の普通決議による（339条1項）。解任議案の作成は監査役（会）である（344条。監査等委員会設置会社は監査等委員会，

指名委員会等設置会社は監査委員会の作成）。監査役の解任要件（特別決議）と比べて緩和されている。

イ）監査役等による解任　監査役は不適切な会計監査人を排除するため，監査役全員の同意により，会計監査人を解任できる（340条1項2項。監査等委員会設置会社は監査等委員会，指名委員会等設置会社は監査委員会の全員の同意）。解任理由は，①職務上の義務違反・任務懈怠，②非行，③心身の故障のいずれかである。解任理由等はその後最初に招集された総会で報告を要する（同条3項）。

ウ）会計監査人の対処　会計監査人を辞任（不再任を含む）または解任された者は，総会で意見（不正行為の非協力等）を述べることができる（345条5項）。任期中に解任された会計監査人は，正当な理由（任務懈怠等）がある場合を除き（最判昭57・1・21判時1037号129頁），会社に損害賠償請求ができる（339条2項）。

エ）欠員の対処　会計監査人を欠きながら（定款規定の員数を欠いた場合を含む），遅滞なく選任されないときは，監査役は一時会計監査人の職務を行うべき者を選任しなければならない（346条4項）。総会開催が困難な事案である。

3　会計監査人の権限と義務

(1)　会計監査人の権限

　会計監査人は監査および会計監査報告の作成に係る情報収集のため，①会計帳簿の閲覧謄写請求権，②取締役・会計参与等に対する会計報告を求める権限，③子会社に対する会計に関する報告を求め，被監査会社・その子会社の業務および財産状況の調査権限を有する（396条2項3項6項）。子会社に対する調査権は会計監査に限定され，子会社は正当な理由があれば拒否できる（同条4項）。

　計算書類等の適法性について，会計監査人と監査役等の意見が異なるときは，会計監査人は定時総会に出席して意見を述べることができる（不適法意見の陳述。398条1項）。利害関係人に対する開示の必要性からである。

(2)　会計監査人の義務

ア）会計監査報告の作成　会計監査人は善管注意義務に基づき計算書類等を監査し（396条1項前段），会計監査報告を作成しなければならない（同項後段）。その際

（会計監査人の権限・義務等）

区　分	具体的内容
職務・権限	①計算書類等の監査と会計監査報告の作成，②帳簿閲覧権・子会社調査権
義務・責任	①株主代表訴訟の対象，②会計監査報告の作成義務等

に，被監査会社の固有リスクおよび内部統制上のリスクを考慮して監査計画を設定することが求められる（大阪地判平20・4・18判時2007号104頁）。会計監査報告には，次の項目を要する（計規126条1項1号2号）。①監査方法・内容，追記情報，会計監査報告の作成日，②計算書類の会社財産・損益状況に関する適正意見，③追記情報は会計監査人の判断に関し説明を付す必要事項等（継続企業の前提，会計方針の変更，偶発事象，後発事象），である。

イ）監査役との調整　監査役・監査委員会による会計監査との調整を行うため，会計監査人と監査役・監査委員（監査委員会の選定）は会計監査人の会計監査報告に説明を求めることができる（397条2項4項）。会計監査人は，取締役・執行役の職務執行に関し不正の行為または法令・定款に違反する重大な事実があることを発見したときは，遅滞なく監査役（監査等委員会設置会社は監査等委員会，指名委員会等設置会社は監査委員会）に報告を要する（同条1項）。

第6節　会計参与

1　会計参与の意義と設置

　会計参与は取締役（執行役）と共同して計算書類等（計算書類・各附属明細書，臨時計算書類，連結計算書類）を，かつ単独で会計参与報告を作成する（374条1項）。会計参与は役員であるが，公認会計士・税理士等の資格を有する実質的に社外の者が取締役と共同して計算書類を作成することで，主に中小規模の株式会社における計算書類の信頼性・適正性を確保することが期待される。会計参与制度は，監査制度の代替ではない。

　非公開会社では取締役会設置会社であっても，会計参与を設置すれば，監査役の設置は任意となる（327条2項。監査役の設置または会計参与の設置かの選択）。会計参与および監査役の両方設置は可能である。

2　会計参与の資格・選解任

(1)　資格と欠格事由

　会計参与は，公認会計士・監査法人，税理士・税理士法人のいずれかでなければならない。税理士法人・監査法人が会計参与に選任された場合，社員の中から職務担当社員を選定して会社に通知する（333条1項2項）。欠格事由・兼務制限は，①当該会社または子会社の取締役・執行役，監査役，使用人，会計監査人である者，②業務停止処分等の懲戒処分を受け，停止期間を経過していない者等である（333条3項，公

認会計士法24条1項1号，税理士法43条等）。

(2) 選解任・任期・報酬等

ア）選　任　会計参与設置の定款の定めがあることを前提として，会計参与は総会決議で選任（定足数・表決数要件は取締役と同じ）される（329条・341条。累積投票制度・種類株主総会による選任なし）。その任期は取締役と同じく選任後2年以内に終了する事業年度のうち最終の定時株主総会の終結時までであり（定款・総会決議で任期短縮は可），非公開会社は定款の規定により任期を最大10年まで伸長することが可能である（334条1項・332条1項2項）。

イ）終任・欠員　終任事由は取締役と同じであり，任期満了，死亡，辞任，解任，欠格事由に加え，会計参与の設置を廃止する定款変更が効力発生時にその任期が満了する（334条2項）。死亡・解任等により法律または定款に定める員数の最低限を下回る状態である場合，退任した会計参与が権利義務会計参与（346条1項）となる。また，仮会計参与（一時会計参与）の選任申請ができる（同条2項）。なお，会計参与の職務遂行に法令・定款違反等がありながら，総会で解任決議が否決されたときは，株主は解任の訴えを提起できる（854条1項）。

ウ）報酬等　会計参与の報酬等（報酬，賞与その他財産上の利益）は，定款に定めがないときは，総会決議により定める（379条1項）。会計参与が2人以上ある場合，配分に係る具体的金額の定めがないときは，報酬総額範囲内において，会計参与の協議で定める（同条2項）。会計参与は，総会において報酬等について意見を述べることができる（同条3項）。

(3) 登　記

会計参与を設置した旨およびその氏名・名称は，登記事項である。会計参与は，株主および会社債権者から計算書類の閲覧請求等に応じなければならないため，計算書類の備置場所（378条1項）の登記を要する（911条3項16号）。

3　会計参与の職務と権限

(1) 計算書類等の作成～取締役との意見相違時

ア）対象事項　会計参与は取締役・執行役と共同して，計算書類等を作成する（374条1項。事業報告は除く）とともに，会計参与報告の作成を要する（同1項，施規102条）。会計参与報告は，計算関係書類のうち会計参与が作成した種類，作成の過程・方法，会計処理の原則・手続等が対象事項である。

イ）意見相違時　会計参与および取締役が意見の対立等により計算書類を作成す

ることができない場合，次の方法がある。第1に，会計参与は辞任をして，株主総会で辞任理由を述べる（345条2項）。取締役は臨時総会を招集して新たな会計参与を選任または定款変更により会計参与設置の定めを削除する。第2に，会計参与は総会で取締役と計算書類の作成につき意見を異にした事項について，意見を述べる（377条1項）。総会が取締役の選解任を行うことにより，会計参与および新たな取締役が計算書類を共同して作成する。

(2) 調査・報告に係る権限

ア）調査権 会計参与は計算書類を作成するうえで，会計帳簿閲覧権を有する。また，取締役・使用人等に対し，会計に関する報告を求めることができる（374条2項，施規226条20号）。また，職務を行うため必要があるときは，子会社に対し会計に関する報告を求め，その業務・財産の状況の調査をすることができる。子会社は，正当な理由（重要機密情報の漏洩等）があるときは，会計参与に事業報告または調査を拒否できる（374条3項4項）。

イ）費用請求権 会計参与は，職務執行に係る費用の前払請求，支出費用の償還等を請求することができる（380条）。会社は，当該請求が会計参与の職務執行に必要でないことを証明した場合を除き，拒むことはできない。

(3) 職務上の義務

ア）不正行為の報告 その職務を行うに際して取締役の職務執行に関して不正の行為または法令定款に違反する重大な事実があることを発見した場合，遅滞なく株主（監査役設置会社では監査役，監査等委員会設置会社は監査等委員会，指名委員会等設置会社は監査委員会）に報告しなければならない（375条）。

イ）取締役会の出席 取締役会が計算書類等を承認（436条3項・444条5項）する際には出席する義務を負い，必要があると認めるときは，意見を述べなければならない（376条1項）。そのため，取締役会を招集する者は，当該取締役会の日の1週間前までに，各会計参与に対して通知をしなければならない（同条2項。定款で短縮可）。取締役会の招集手続を省略して取締役会を開催する場合，会計参与全員の同意を必要とする（同条3項）。

ウ）説明義務 計算書類等に関し株主が求めた特定事項の説明を求められた場合，説明義務を負う（314条。株主共同の利益を著しく害する場合を除く）。

エ）計算書類の備置 株式会社とは別に，計算書類等を5年間備え置かなければならない（378条1項，施規103条・104条）。株主，債権者，親会社社員（裁判所の要許可）は，会計参与に計算書類等の閲覧謄本請求ができる（378条2項・442条3項）。

（会計参与の権限・義務等）

区　分	具体的内容
職　務	①計算書類に関し取締役と共同作成，②計算関係書類の開示
権　限	①会計帳簿閲覧権請求権，②子会社調査権，③総会における意見陳述権，④費用等の請求権，⑤取締役に対する会計に関する報告請求
資格・設置の必要	①公認会計士（監査法人）または税理士（税理士法人），②取締役会設置会社で監査役を置かない公開会社では必置
義務・責任	①株主代表訴訟の対象，②計算書類承認に係る取締役会への出席義務，③不正行為の報告義務，④株主総会における説明義務

第7節　指名委員会等設置会社

1　三委員会の設置

(1)　三委員会の委員

　指名委員会等設置会社は，定款の定めにより，指名委員会・監査委員会・報酬委員会を置く会社である（2条12号・326条2項）。三委員会は取締役会の中に設置され，各委員会を構成する委員は，①取締役の中から取締役会決議により選定・解職され（400条2項・401条1項），②3名以上で，その過半数が社外取締役（少なくとも2名必要）である（400条1項3項）。業務執行・会社代表は取締役会が選んだ執行役・代表執行役による。取締役会は執行役の選任・解任等を通じて経営の監視・監督に特化する。指名委員会等設置会社の採用は，公開会社か否か，大会社か否かを問わない。会計監査人の設置は必須であるが，監査委員会を置くため監査役の設置はできない。

　実務上，社外取締役が過半数を占める指名委員会・報酬委員会に取締役人事・個別報酬の決定を委ねることに対し，取締役（社内）には抵抗感等があり，上場会社においても採用件数が多くはない。

(2)　取締役会の機能と取締役の地位

　ア）取締役会の機能　　指名委員会等設置会社の取締役会の機能は，①執行役・代表執行役の選任・解職，②会社の基本方針の決定等に限定する。従来の取締役会の重要な機能である役員人事・個別報酬・監査機能は三委員会を通じて実行され，執行役・代表執行役の業務執行の監視・監督に特化する。

　イ）取締役　　指名委員会等設置会社の取締役は総会で選任されるが，取締役の選任議案は指名委員が内容を決定する（404条1項）。使用人兼務取締役は認められず，

88

（各機関の機能）

区　分		各機関の具体的機能
三委員会	指名委員会	取締役の選解任議案の決定
	監査委員会	執行役・取締役の職務執行の監査等
	報酬委員会	執行役・取締役の個別報酬の決定
各委員の構成		①取締役の中から選定，②3名以上で，過半数は社外取締役
取締役会		①執行役・代表執行役の選任・解職，②会社の基本方針の決定等
執行役・代表執行役		①執行役は，取締役との兼任が可能であるが，監査委員との兼任が不可，②執行役・代表執行役による業務執行

執行役を兼任しない取締役は業務執行ができない（業務執行は執行役が行う）。その任期は原則1年である（332条6項）。広範な業務執行権を有する執行役に対し，取締役が株主の信認を定期的に得て監督するためである。

2　三委員会の機能

(1)　指名委員会

株主総会に提出する取締役の選任・解任議案の内容を決定する（404条1項。会計参与設置会社では会計参与の選任・解任議案を含む〔同項括弧書〕）。影響力を持つ取締役が不適切な候補者を決めることなどを防止できる。取締役会は指名委員会の決定を否定・修正ができない。指名委員会では執行役の人選は対象外である。

(2)　監査委員会

取締役（会計参与を含む）と執行役の職務執行の監査，監査報告の作成，総会提出の会計監査人の選任・解任議案の内容決定を行う（404条2項）。監査委員会による監査は業務監査（適法性・妥当性監査を含む）・会計監査（会計監査人が主に担当）があり，内部統制システムの適切な構築とその運用監視に力点を置く。

監査委員会の監査委員は，①執行役との兼任が禁止され（執行役との独立。400条4項），②業務調査権・子会社調査権（405条），③執行役・取締役の違法行為の差止請求権（407条），④会社と執行役・取締役間の訴訟の会社代表権（408条1項）を有する。監査委員は厳格な資格要件があり，情報収集・監督是正権が監査役と同等であるが，独任制の形をとらず監査委員会の決議に従う（少数意見の付記可）。

(3)　報酬委員会

取締役（会計参与を含む）・執行役が受ける個人別の報酬内容を決定する（404条3項。使用人兼務執行役は使用人分の報酬含む）。そのため，報酬決定の方針を策定し，

確定金額・不確定金額・金銭以外の報酬の種別に応じて具体的に定める。報酬には退職慰労金，ストック・オプションが含まれる。役員報酬について定款の定めまたは総会の承認を受ける必要はないが，報酬委員会が定めない報酬支給は無効である。報酬委員会の報酬決定の方針は事業報告に記載される。

3　執行役・代表執行役

(1)　執行役の選任等

ア）選任・任期　　取締役会決議により，１名または２名以上の執行役を選任し（402条１項２項），取締役会は執行役の中から代表執行役を選定する（420条１項。執行役が１名の場合，その者が代表執行役）。任期は，選任後１年以内に終了する事業年度のうち最終のものに関する定時総会の終結後最初に招集される取締役会の終結時までである（同条７項。定款で短縮可）。

イ）兼任規制　　執行役は取締役との兼任は可能である（402条６項）。しかし，①監査委員または会計参与との兼任，②親会社の監査役・監査委員・会計参与との兼任は，それぞれできない（333条３項・335条２項・400条４項）。執行役の欠格事由は取締役と同じである（402条４項・331条１項・331条の２）。

(2)　権限・義務

ア）権　限　　執行役は取締役会から委任を受けた範囲で業務執行の決定をする（418条１号）。代表執行役は会社代表権を有し（420条３項・349条４項５項），執行役は対内的な業務執行権を有する（418条。一般会社の業務担当取締役に対応）。取締役会が執行役に委任できない事項には，経営の基本方針，内部統制の構築，譲渡制限株式の譲渡承認，総会招集の決定，取締役・執行役の競業・利益相反取引の承認等がある（416条１項４項）。

イ）義　務　　執行役の義務として，①３ヵ月に１回以上，職務執行の状況報告（417条４項・372条３項），②取締役会の要求に応じて取締役会に出席して説明する義務（417条５項），③会社に著しい損害を及ぼすおそれがある事実を監査委員に報告する義務（419条１項），④株主総会における説明義務（314条・325条），等がある。

ウ）責　任　　執行役は会社と委任関係にあり，善管注意義務および忠実義務を負い，取締役に準じて扱われることが多い。競業・利益相反取引規制（419条２項・356条），対会社責任とその減免（423条〜426条等），対第三者責任（429条・430条）等である。

第8節　監査等委員会設置会社

1　監査等委員会の設置

(1)　監査等委員会の意義

　監査等委員会設置会社は，定款の定めにより，取締役の職務執行を監査する機関として監査等委員会を置く会社である（2条11号の2・399条の2）。監査等委員会は指名委員会等設置会社の監査委員会に近い機能を有する。監査等委員会は取締役会の中に設置されるが，監査等委員である取締役は，3人以上で，その過半数が社外取締役（少なくとも2名必要）である（331条6項）。

　執行役は設置されず，業務執行は代表取締役・業務執行取締役による。業務執行をしない複数の社外取締役が監査等委員として監督機能の充実を図り，指名委員会等設置会社の三委員会設置より負担が少なく，機動性の高い経営を実現する。監査等委員会設置会社の採用は，公開会社か否か，大会社か否かを問わない。会計監査人の設置は必須であるが，監査委員会を置くため監査役を置くことができない。

(2)　取締役会の役割

　ア）基本的機能　　監査等委員会設置会社の機能は，①取締役の職務執行の監督，②重要な業務執行，③会社の基本方針の決定・内部統制システムの構築等がある（362条2項4項・399条の2第3項）。

　イ）業務執行決定権限の委任　　①取締役の過半数が社外取締役である場合，または，②定款で定めた場合，代表取締役等（業務執行者）に重要な業務執行の決定の全部または一部を委任できる（399条の13第5項6項。法定の一定事項を除く）。監査等委員会の独立性を確保しつつ，機動的な意思決定を実現するためである。

2　監査等委員会の機能

(1)　権　限

　指名委員会等設置会社の監査委員会と比較すれば，次のようになる。

　ア）類似点　　監査等委員会は，取締役の職務執行を監査する（399条の2第3項1号）。監査等委員の監査権限は，取締役の職務執行の適法性に加え，その妥当性に及ぶ（399条の3）。また，会計監査人の選解任議案の内容決定，業務・財産状況の調査権，取締役の違法行為の差止請求権，会社と執行役・取締役間の訴訟の会社代表権，費用請求権等を有する（399条の2第3項2号～399条の7）。

イ）相違点　監査等委員会は，監査等委員以外の取締役の選解任・報酬等について意見を決定しなければならない。監査等委員会が選定する監査等委員は株主総会で意見を陳述しなければならない（399条の2第3項3号・342条の2第4項等）。指名委員会・報酬委員会が存在しないため，監査等委員以外の取締役の独立性確保のためである。また，監査等委員以外の取締役との利益相反取引について，監査等委員会の事前承認があれば，取締役の任務懈怠の推定は適用しない（423条3項4項。監査等委員会制度の利用促進）。

(2)　監査等委員である取締役

ア）選任・解任　監査等委員会設置会社では，監査等委員である取締役は他の取締役と区別して株主総会で選任する（取締役会での選解任は不可）。その報酬も，他の取締役と区別して総会決議または定款により定める（329条2項・361条2項）。取締役会で監査等委員の選定・解職はできない。解任は株主総会の特別決議による（309条2項7号）。監査等委員は選任議案への同意権・議案提案権（344条の2第1項2項）を有し，その地位の強化が図られている。

イ）任期等　監査等委員である取締役の任期は2年であり，他の取締役（1年）より長い（332条3項4項）。定款・総会決議でも短縮はできない。その報酬も，他の取締役と区別して総会決議または定款により定める（361条2項）。

ウ）兼任規制　監査等委員である取締役（社外取締役か否かを問わない）は，監査等委員会設置会社またはその子会社の各業務執行取締役・会計参与・使用人を兼ねることはできない（331条3項・333条3項1号。子会社の執行役の兼任禁止）。代表取締役（業務執行者）らからの独立性を確保するためである。

（委員会・監査役の比較）

区　分	指名委員会等設置会社	監査等委員会設置会社	監査役会設置会社
構成員	各委員は3名以上で，うち過半数が社外取締役	監査等委員である取締役は3人以上で，その過半数が社外取締役	①監査役が3人以上で，半数以上は社外監査役，②常勤監査役が必要
関連機関	①取締役会・執行役・会計監査人の必置，②監査役の設置不可	①取締役会・会計監査人の必置，②監査役の設置不可	①取締役会の必置，②指名委員会等・監査等委員会の設置不可
関連規制	執行役と監査委員の兼任不可	監査等委員である取締役と業務執行者の兼任不可	各監査役の独任制

第9節　取締役会非設置会社・特例有限会社・株主間契約

1　取締役会非設置会社の運営

(1)　取締役会の非設置の選択

　非公開会社であり，監査役会を設置せず，指名委員会等設置会社・監査等委員会設置会社でもない場合，大会社か否かにかかわらず，取締役会の非設置が選択できる。取締役会非設置会社の特徴として，株主総会は，①会社法の規定事項，会社の組織運営等その他会社に関する一切の事項の決議が可能（295条1項），②業務執行の決定は，原則，取締役の過半数（会議体の不要）による（348条2項）。会議体開催のコスト軽減および手続の瑕疵などを回避できる。

　総会決議事項に制限がないため，多数株主は任務懈怠責任を負うことなく，他者から監督を受けずに業務執行の決定を行う権限を有するが，多数株主による会社価値の毀損行為・意思決定は，株式の経済的価値の下落に直結し，一定の自制が機能するであろう。

(2)　代表者

　ア）各自代表制　　会社代表は，取締役が1名の場合，その取締役が会社を代表する（349条1項・353条・386条1項）。取締役が2人以上ある場合，各取締役が会社を代表する。取締役と代表者の地位が原則一体である。各自代表の取締役は代表取締役の地位だけを辞任することはできない。

　イ）特定代表制　　次の方法により，特定の者を代表取締役に定めることができる。①定款代表として，定款で特定の者を代表取締役に定め（29条），解職は定款変更による，②互選代表として，定款の定めを前提として，取締役の過半数の同意（348条2項）または取締役の一致（商登46条）で代表取締役を互選する（解職も同じ），③総会代表として，株主総会で代表取締役を選定するが（295条2項），この場合，定款の定めは不要である（解職も同じ）。

　ウ）特定代表の欠員時　　取締役XYのうち，代表取締役Yが退任した場合の対処として，①定款規定の最低取締役数を補充し，定款の定めまたは総会決議により代表取締役を選定する，②後任の代表取締役が特定されるまで，退任代表取締役が代表取締役の権利義務を有する，③退任者が代表取締役としての権利義務を有しえない場合（病気，不祥事による解職等），利害関係人は裁判所に一時代表取締役の選任請求をす

る（東京高決昭57・4・26金判653号18頁）。

(3)　業務執行の決定

　取締役が2人以上ある場合，業務執行の決定は，定款に別段の定めがある場合を除き，取締役が独自に意思表示をして，その過半数をもって行う（348条2項）。実務上，会議体で開催することが多い。取締役の過半数の一致（合意）により業務執行を決定した場合，取締役決定書を作成する。取締役の過半数の決定により，決定すべき事項（重要財産の処分・譲受け，多額の借財等）を各取締役に委任することができるが，会社法348条3項各号の事項を各取締役の権限とするためには，定款の定めを要する。

(4)　株主総会と書面決議

　ア）運営　　招集手続は簡易化され（招集通知の方法・発出期間），会社法に規定する事項，株式会社に関する一切の事項の決議ができる（295条1項。取締役が招集〔296条3項〕）。株主の議題提案権は単独株主権であり，取締役会設置会社のように総会会日の8週間前に請求する時期制限はない（303条1項・325条・305条3項参照）。議案は総会の場で議題に関連する議案の提出をすることが可能である（304条本文）。

　イ）書面決議　　取締役または株主が総会目的事項の提案をした場合，株主全員が当該提案に，書面・電磁的方法により同意の意思表示をすれば総会決議があったものとみなされる（319条1項。ただし389条3項・345条の場合を除く）。

(5)　監査機関

　取締役会非設置会社では監査役を設置しないことが可能であり，その場合には監査役が有する監督是正権は株主に付与される（357条1項・360条1項・367条等）。監査役を設置する場合，監査役の資格を定款規定により，株主に限ることができる（335条1項・331条2項但書）。また，定款の定めにより，会計限定監査役の設置ができる（389条1項）。会計限定監査役である旨は登記事項である（911条3項17号イ）。会計限定監査役設置会社では，株主は業務監査権限を有する。

2　特例有限会社の運営

(1)　意　義

　会社法の制定以前（2005年），有限会社法（最低資本金規制300万円の適用等）に基づく有限会社は，会社法施行日（2006年5月1日）に株式会社の扱いとなり，新規に有限会社を設立することはできない。従来の有限会社は，社員が株主，持分が株式，

94

社員総会が株主総会となるが，定款の商号等は維持され，「特例有限会社」と呼称される。

　特例有限会社は旧有限会社法と同じ規律が適用される（整備法2条）。特例有限会社が通常の株式会社に移行するには，定款の変更，株式会社という文字を用いる商号にする等の手続を要する（整備法45条1項）。

(2)　特例有限会社の運営

　ア）機　関　　取締役および株主総会は必須の機関であり（取締役会の設置は不可），大会社でも会計監査人の設置義務がない（整備法17条2項）。株主総会の特別決議は，総株主の半数以上（定款で加重可）であり（定足数），かつ当該株主の議決権の4分の3以上に当たる多数（表決数）を要する（整備法14条3項）。

　定款の定めにより，監査役の設置ができる（整備法17条1項）。監査役の監査範囲は会計監査に限定されるものとみなされ（整備法24条。定款により業務監査役権限の付与は可），監査役の氏名および住所が登記事項である（整備法43条1項）。清算中の特例有限会社は定款で監査役のみ置くことができる（整備法33条1項）。株式会社のように貸借対照表の公告義務（440条1項）はない（整備法28条）。

　イ）役員任期　　取締役・監査役の任期は，定款で自由に定めることができる（整備法18条。会社法332条・336条・343条の不適用）。定款で任期を定めた場合，現役員は特例有限会社の役員として選任された時から任期が算定される。

　ウ）株式譲渡の制限　　特例有限会社の定款には，①株式の譲渡承認を要する旨，②株主間の譲渡の場合，会社が承認をしたものとみなす旨，があるものとされる。これと異なる内容の定めを設ける定款変更はできない（整備法9条）。株式の譲渡承認機関には特段の規律はない（139条1項但書）。

　エ）組織再編　　特例有限会社は吸収合併消滅会社または吸収分割会社になることはできるが，吸収合併存続会社または吸収分割承継会社になることはできない（整備法37条）。特例有限会社を吸収合併存続会社とするためには，①特例有限会社を株式会社に移行後，組織再編で吸収合併存続会社となる，②合併の効力発生日までに株式会社に移行することを条件とすることが考えられる。他方，特例有限会社に対し，株式移転，株式交換および株式交付に関する規定は適用されない（整備法38条）。

3　株主間契約

　株主間契約とは，定款に記載すべき事項，会社の内部関係における定款外の合意，議決権行使等について契約当事者となった株主間の利害調整を図るための契約である。株主間契約は，会社法・定款よりも柔軟に議決権配分または制限，剰余金配当のあり

方等を定めることができ，総会の特別決議および公示が不要である。①出資金が少ないながら研究開発または業績向上等に大きく貢献できる者が会社運営に一定の影響力を有したいと思う場合，②特定株主に議決権を集中させたい場合，等において株主間契約は有用であろう。

　株主間契約においても，株主権を完全に剥奪する内容の合意は無効であろう。株主間契約に違反した場合，総会決議の瑕疵または損害賠償請求が考えられる。契約当事者の議決権保有数または具体的損害の発生の有無等を個別に検討する必要があり，合理性を逸脱した損害賠償請求または損害額の算定等の規定であれば，裁判でどこまで有効とされるかは疑問である（名古屋地判平19・11・12金判1319号50頁）。

　株主間契約上の義務に法的拘束力が認められるためには，契約違反時の責任負担等の内容が具体化され，当該負担に法的拘束力を持たせることに当事者間で合意が成立していることを要する（東京地判平25・2・15判タ1412号228頁）。

（株主間契約の具体的条項）

各条項	具体的内容
役員・経営の条項	①取締役・監査役の選解任（出資比率にかかわらず，株主間契約の当事者が特定数の選任権あり等），②拒否権（業務執行の決定事項等に株主間契約相手方の同意が必要等），③競業規制，④契約違反の対処，⑤株主間契約の解除，等
出資・株式	①出資割合の希薄化防止，②株式の譲渡制限（株主間契約の相手方の要同意等），③株式の先買権（株式処分に際し，株主間契約相手方が株式の先買権），④株式の売渡強制・買取強制（従業員持株会の退会等に際し，株主間契約の当事者による株式の強制的買取り等），⑤出資解消，⑥株式評価等
情報開示	①剰余金配当，②情報開示，③知的財産の帰属・処分，④差止請求等
解散・組織再編	①デッド・ロック解決，②解散事由，③残余財産分配，④組織再編の合意・拒絶，⑤株式上場化等

第5章◆取締役の義務と責任

第1節　取締役と会社との関係

1　取締役の義務概要

(1)　善管注意義務と忠実義務

ア）意　義　　取締役は会社に対し，民法の委任規定に従い，会社および株主全体の利益になるように，善良な管理者の注意をもって，その事務を処理しなければならない（善管注意義務。330条，民644条）。その地位・状況にある者に通常期待される程度の注意をもって，職務を遂行することが求められる。また，取締役は，法令・定款および総会決議を遵守し，会社のため忠実にその職務を遂行する義務を負う（忠実義務。355条）。取締役の善管注意義務および忠実義務（一般的義務）から，競業避止義務（356条1項1号），利益相反取引の制限（同項2号3号）等が導かれる。

イ）関　係　　善管注意義務と忠実義務の関係について，判例・通説では，忠実義務は取締役の善管注意義務を敷衍し，かつ，一層明確にしたにとどまると解される（同質説。最大判昭45・6・24民集24巻6号625頁）。有力説として，善管注意義務は，「取締役が職務の執行にあたり尽くすべき注意の程度に関するものである」と解される。また，忠実義務は，「取締役がその地位を利用し，会社の利益を犠牲にして私益を図ってはならないという義務」であるとされる。

ウ）区　別　　両義務を区別する実益は，善管注意義務に関わる事案には「経営判断の原則」が適用され，忠実義務違反には無過失責任を負わせ，会社は取締役が得た利得の返還を請求できるという議論がある。他方，MBO（マネジメント・バイアウト）等に関与する取締役兼大株主のように構造的利益相反関係の立場では，対象会社の企業価値の最大化，株主利益の最大化のために尽くす観点から，取締役が置かれた状況・立場により，その義務のあり方（内容）が変わることがありえよう。しかし，受任者が委任者の利益を優先させることは当然であり，善管注意義務はその内容を含むと解されよう。これに違反した場合，報酬額の多寡にかかわらず，取締役は対会社責任とともに，対第三者責任を負う（最判昭48・5・22民集27巻5号655頁）。

（取締役の義務・規制）

対会社関係	具体的な義務
委任契約⇒善管注意義務（民644条）	①忠実義務（355条）⇒競業避止義務（356条1項1号。秘密保持義務を含む），利益相反取引規制（同項2号3号。直接取引・間接取引）
	②取締役の監視・監督義務（362条2項2号）⇒上程事項・非上程事項
	③内部統制システム構築義務（362条4項6号）

(2) 取締役の監視義務

　取締役会設置会社では，取締役は取締役会の構成員であり，それ自体で会社の機関を構成するものではない。しかし，取締役会の構成員として，その権限の行使に参与する。取締役会が代表取締役および業務執行取締役等に対する監督機能（362条2項2号）を発揮するためには，取締役会の構成員である各取締役は，会社の業務および財産の状況を監視する義務を負う。

　取締役の監視・監督義務は，①取締役会に附議・上程された事項に対する「受動的監視義務」，②非上程事項に対する「能動的監視義務」の両方に及ぶ（②は大規模公開会社ではやや限定的〔東京地判平19・5・23金判1268号22頁〕）。取締役は必要があれば自ら取締役会を招集または招集を請求し，取締役会を通じ業務執行が適正になされることを確保する義務を負う。取締役による監視・監督は職務執行の適法性（善管注意義務・忠実義務を含む）および妥当性に及ぶ。

(3) 内部統制システム構築義務

　ア）意 義　　内部統制システムとは，取締役の職務執行が法令・定款に適合し，会社（企業集団を含む）の業務の適正を確保するための体制である。業務執行取締役等による会社の私物化，企業の社会的責任の欠如等に対処するため，①リスク管理体制（経営の効率性）の確保，②法令遵守（コンプライアンス。適法性）体制の確保，③監査体制（財務報告の信頼性）の確保が求められる。内部統制システムの内容を定めることは，個々の取締役に委任できず，取締役会で決定（取締役会非設置会社では総会決議）しなければならない（362条4項6号・348条3項4号。具体的な決定内容は施規98条1項・100条1項）。内部統制システムには監視，監査を支える体制，監査役による使用人等からの情報収集の体制に関する充実および具体化が求められ（施規100条3項等），事業報告には運用状況の概要記載を要する（施規118条2号）。会社はその規模・業態等に応じて内部統制システムを構築かつ運用・改善することは，取締役の善管注意義務の一環である。

　イ）対象会社　　大会社（2条6号）では，公開会社または非公開会社か，取締役

会設置会社または取締役会非設置会社かを問わず，内部統制システムの内容の決議を要する（362条5項・348条4項）。指名委員会等設置会社および監査等委員会設置会社では，大会社か否かを問わず，内部統制システムの内容は取締役会で決議を要する（416条1項1号ホ・399条の13第1項1号ハ）。これらの会社以外も，任意に内部統制システムの整備ができる（348条3項4号・362条4項6号）。

　　ウ）信頼の保護　　取締役が負う内部統制システム構築義務の範囲と責任が問題となる。判例上，有効な内部統制システムに従い業務が執行されている場合，代表取締役は他の取締役・従業員の行為が違法であることを疑わせる特段の事情がない限り，それを信頼することに正当性が認められ（信頼の保護），不正行為の実現可能性を予見すべき責任までは否定されよう（最判平21・7・9判時2055号147頁参考）。有効な内部統制システムが構築・運営されていないのであれば，取締役の善管注意義務違反が問われることになろう。

2　取締役の競業避止義務

(1)　規制の意義

　　取締役は，自己または第三者のために，会社の事業の部類に属する取引（競業）をする場合には，取締役会（取締役会非設置会社では株主総会）において，当該取引につき重要な事実を開示し，その承認を受けなければならない（356条1項1号・365条1項）。開示する重要事実として，取引内容，取引量，取引期間，競業が会社に及ぼす影響等がある。取締役がその地位によって取得した情報・営業上の機会を利用し，会社から取引先・取引機会を奪うことは，会社に対する高度の信頼関係に背くことになり任務違反となる。

　　規制対象者はすべての取締役である。退任後の取締役が競業行為を行う場合，規制に係る別途の契約または不正競争防止法による規制で対処することになろう。

(2)　規制の内容

　　ア）対象行為　　会社の事業の部類に属する取引が規制対象である。商品の種類，事業地域，取引段階（製造卸売・小売等）が異なれば競合しないこともありうる。会社が進出予定の商品領域・事業地域では競合する。廃業した事業は規制が及ばないが，一時停止ながら将来再開予定の事業は規制対象となる。

　　イ）対象主体　　自己または第三者の「ために」とは，①経済的効果（実質的な損益）の帰属（計算説），②権利義務の帰属（名義説）がある。前記①が通説である。代表取締役Yが会社の名で，Y個人の計算でした取引は名義説では競業とはいえないが，権限濫用になり，損害賠償の対象（**第2節1参照**）となろう。

ウ）第三者　　第三者とは，他社の代表取締役に就任した事案において問題となる。例えば，A社の取締役PはB社の代表取締役であり，両社が事業で競合している場合，（B社における）Pの業務執行は経済的効果・権利義務の帰属がB社となり，A社の取締役会の承認が必要となる。Pは代表取締役として，（B社の）取締役会で事業全般の議決権を行使して，業務執行をするからである。事業報告の附属明細書には取締役の兼任状況の明細を記載する（施規128条2項）。

エ）引抜行為　　取締役が退任後にその事業に従事する別の会社に，従業員を引き抜く行為は，取締役在任中に行われる限り，善管注意義務・忠実義務違反が問題となる。しかし，取締役辞任後も，競業行為には信義則上の制約がある（東京高判平元・10・26金判835号23頁）。従業員の会社に占める地位，研修等の費用，従業員の転職が会社に及ぼす影響，転職の勧誘に用いた方法等という諸般の事情が考慮される（最判平22・3・25民集64巻2号562頁）。

(3) 報告と重要事実の開示

競業取引をした取締役は，遅滞なく，当該取引についての重要事実を取締役会に報告しなければならない（365条2項。取締役会非設置会社では対応規定なし）。報告は取引毎にすべきであるが，包括的承認を受けているのであれば，所定の定期的な報告で足りる。しかし，事前に開示していた重要事実に「著しい変化」が生じた場合には，報告ではなく，取締役会で改めて承認が必要となる。

3　利益相反の取引規制

(1) 規制の意義

取締役が自己または第三者のために会社と取引をする場合（直接取引），または，会社が取締役の債務を保証（債務引受け，担保提供を含む）する場合（間接取引），取締役会（取締役会非設置会社では株主総会）において，当該取引につき重要事実を開示し，承認を受けなければならない（356条1項2号3号・365条1項）。

取締役が会社との取引条件（金利・譲渡価格等）を自己に有利なように定めれば，会社ひいては株主全体が結果的に不利益を被ることになる。そのため，取締役会は当該取引により会社利益が損なわれないかを検討して承認する。

(2) 規制の内容

ア）対象行為　　直接取引には，取締役への会社からの融資，取締役所有の不動産を会社に売却等がある。間接取引には，取締役の銀行に対する債務に対し，会社が銀行と保証契約を締結する等がある。

　イ）対象主体　「自己のため」とは取締役自らが対会社と取引する当事者としての意味であり，「第三者のために」とは取締役が他人の代理人・代表者として対会社と取引する意味である。取引の経済的効果（実質的な損益）が取締役に帰属する場合，誰の名義（取締役の配偶者等）であろうと利益相反に当たるとして，規制対象となる（東京高判昭48・4・26判時708号88頁）。

(3)　特別利害関係人

　取締役が裁量権を濫用して，一方当事者（個人・法人を含む）の利益を優先して，他方当事者（会社）の利益を犠牲にする可能性がある取引（利益相反取引）は，取締役会の承認決議が求められる。対象取締役は特別利害関係人として，取引承認に係る取締役会決議に参加ができない（取締役会非設置会社では，株主として議決権行使は可）。具体例として，次のア）・イ）事案を検討する。利益相反取引に係る取締役会承認が不要な事案でも，当事会社で重要財産の処分・譲受け，多額の借財（保証契約等）に該当する場合，取締役会承認を要する。

　ア）兼任取締役　X社の取締役Aが，Y社の代表取締役を兼任し，X社とY社が取引契約を締結，またはX社がY社債務に係る保証契約を銀行等と締結する場合，Aが裁量権を濫用（Y社利益の優先）して，X社利益を犠牲にする可能性がある。これら契約は利益相反取引として，X社の取締役会で承認決議を要する。その承認決議では取締役Aは特別利害関係人になる（東京地判平7・9・20判時1572号131頁）。

　イ）他社の大株主・監査役　X社の取締役Aが，Y社の大株主（総議決権の90％保有等）であり，例えば，X社がY社債務に係る保証契約を銀行等と締結する場合，当該契約は実質的にX社とY個人の取引に近く，X社の取締役会で承認決議を要する（有力説。名古屋地判昭58・2・18判時1079号99頁参照）。他方，AがY社の大株主ではなく監査役を兼任している場合，AはY社の意思形成に関与できず，利益相反取引に該当しない（東京地判平10・6・29判時1669号143頁参照）。

（取締役の他社における属性と契約）

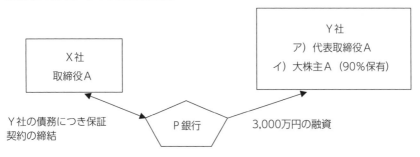

（利益相反取引に係る取締役会決議の必要）

取締役会決議の必要	具体的な事案
X社・Y社の両社で必要	Aは，X社の代表取締役かつY社の代表取締役。直接取引に類似。有力説として対象取引で，Y社代表者が他の者であっても必要
X社でのみ必要	Aは，①X社の取締役かつY社の代表取締役，②X社の取締役かつY社の大株主（有力説）
X社・Y社の両社で不要	Aは，①X社の取締役かつY社の取締役，②X社の取締役かつY社の使用人

＊当事会社で重要財産の処分・譲受け，多額の借財に該当する場合，取締役会承認が必要

(4) 報告・開示義務

ア）報告義務　　取締役会設置会社では，利益相反取引をした取締役は当該取引後，遅滞なく当該取引に関し重要事実を取締役会に報告する義務を負う（365条2項）。取締役会非設置会社では，取締役の利益相反取引に関して，取締役会に対する事後報告規制はない。取引の透明性確保・会社経営の健全さの観点から，株主総会で事後報告をすることが望ましい。

イ）重要事実の開示　　利益相反取引は，計算書類のうち，その他会社の財産および損益の状況を示すために必要かつ適当なものとして法務省令で定めるもの（435条）として，個別注記表に記載される（計規59条1項）。

会計監査人設置会社では，利益相反取引の記載は義務であり，記載内容は，当該取締役の名称，取引内容等である（計規112条1項各号）。

会計監査人設置会社以外の非公開会社は，利益相反取引の個別注記表の記載は義務ではなく（計規98条），会計監査人設置会社以外の公開会社は，取引内容，取引金額等の一部記載に関し個別注記表に省略が認められる（計規112条1項但書）。しかし，この規定により省略した場合であっても，附属明細書には当該内容の記載が求められる（計規117条4号）。

取引額が少額であるなどの特別な事情がない限り，原則として利益相反取引は注記することが求められる。

ウ）事後承認　　取締役の利益相反取引は，原則として事前承認を要するが，会社の不利益にならず，例外的に取引の性質上迅速性を要求されるものは，事後承認でもよいとされる（大判大9・7・10民録26輯1068頁，東京高判昭34・3・30東高民時報10巻3号68頁参照）。無権代理行為の追認（民116条）に準じた考え方である。利益相反取引に関する取締役の損害賠償責任は事後承諾がなされたことにより，免除されるわけではない。事後承認の法的意義は，当該取引を確定的に有効にすることである。事後承認において，全会一致で取締役会決議が成立し，監査役全員も異議を述べない

ときは，当該取引が公正かつ妥当であることが推認されるであろう。

(5)　承認・報告の不要事案

　取締役と会社が次の取引をする場合，会社が不利益を被るおそれがないとして，株主総会または取締役会の承認を必要としない。例えば，①取締役が会社に負担の付かない贈与，無利息・無担保の貸付，②約款に基づく取引，③会社債務を債権者である取締役が免除，④取締役が会社に手形金に相当する額について融資をする目的で，会社から約束手形の裏書譲渡を受ける事案（最判昭39・1・28民集18巻1号180頁）である。

　また，株主全員が取締役と会社間の当該取引に同意している場合，株主総会または取締役会の承認は不要とされる（最判昭49・9・26民集28巻6号1306頁）。株主が1人だけで，その者が取締役であり，当該取締役と会社が取引をする場合，取締役と会社（一人株主）との間に実質的な利益衝突がないため，株主総会または取締役会の承認は不要である（最判昭45・8・20民集24巻9号1305頁）。

(6)　違反の効果

　判例・通説では取締役会の承認を得ずに行われた利益相反取引は無効であるが，会社が第三者への無効主張には第三者が悪意（承認がないことを知っている）または重過失であったことを立証しなければならない（最判昭43・12・25民集22巻13号3511頁。相対的無効説）。第三者は意図した効果を取引の有効により得ているため，第三者からの無効主張は許されない（第4章第2節8参照）。

4　損害賠償責任

(1)　損害賠償の額

　取締役が競業規制・利益相反取引規制に違反して会社に損害を生じさせた場合，賠償責任を負う。当該取引により取締役または第三者が得た利益の額は会社が被った損害の額と推定される（423条1項2項）。損害賠償額の立証を容易にするため，損害額の推定規定が設けられた。競業・利益相反取引規制について，取締役が取締役会から承認を得ていたとしても，実行の方法などにおいて善管注意義務違反（顧客情報の流用等にみる，開示内容からの逸脱等）があり，結果的に会社に損害を被らせた場合，取締役は損害賠償責任を負う。会社の損害として，売買当時における再調達価格と実際の売買代金との差額など判例が集積している（東京地判平18・11・9判タ1239号309頁）。

(2) 責任を負う対象取締役等

　競業・利益相反取引により，会社に損害が生じたときは，次の取締役は任務を怠ったものと推定される。①競業・利益相反取引をした取締役・執行役（423条3項1号・365条1項），②会社が当該取引をすることを決定した取締役・執行役（423条3項2号），③当該取引に関する取締役会の承認決議に賛成した取締役（同項3号）である。取締役会決議に参加した取締役であり，議事録に異議をとどめないものは決議に賛成したものと推定される（369条5項）。

　前記②には，取締役会に承認議案提出の代表取締役，取締役会非設置会社の総会議案の提出取締役等がある。また，前記①のうち，自己のため直接取引をした取締役・執行役は無過失責任である（428条1項括弧書）。それ以外は過失責任である。

（競業・利益相反取引に係る損害賠償責任）

責任を負う対象	責任性質
利益相反取引のうち，自己のため直接取引をした取締役	無過失責任（428条1項）
利益相反取引をした取締役（上記を除く）	過失責任（423条3項柱書）
会社が競業・利益相反取引をすることを決定した取締役	
当該取引に関する取締役会の承認決議に賛成した取締役	
取締役会の議事録に異議をとどめないものは，その決議に賛成したものと推定	

第2節　役員等の対会社責任

1　役員等の責任概要

(1) 具体的責任

　取締役，執行者，会計参与，監査役，会計監査人（役員等）がその任務を怠り（任務懈怠），会社に損害が生じた場合，損害賠償責任を負う（423条1項。過失責任）。一般的な任務懈怠責任には善管注意義務違反，法令・定款違反等がある。また，取締役・執行役（取締役等）は会社に対し善管注意義務および忠実義務を負い，会社と取締役等の信頼関係に着目して，次表にみる特別の責任を負わせている（債務不履行責任〔民415条〕の特則）。取締役等の会社に対する損害賠償責任は，会社法によって内容が加重された特殊な責任であり，損害賠償請求の消滅時効期間は，10年間である（最判平20・1・28民集62巻1号128頁）。

（取締役・執行役の対会社責任の区分）

責任区分			責任性質
任務懈怠責任 （423条）	善管注意義務違反，法令・定款違反等		過失責任
	競業・利益相反取引に 係る責任（356条1項）	自己のため直接取引をした 取締役等（428条1項括弧書）	無過失責任
		上記以外の取締役等	過失責任
株主の権利行使に関する利益供与（120 条4項）		直接の利益供与者	無過失責任
		それ以外の者	過失責任
①出資財産の価額不足（213条・286条），②過大な剰余金の配当（462 条），③分配可能額を超える法116条1項の株式買取請求の対応（464 条・116条1項），④自己株式取得等による期末欠損（465条）			過失責任

(2) 無過失責任と過失責任

　利益相反取引規制において，自己のため直接取引をした取締役等，株主の権利行使に関する利益供与を直接にした取締役等は，無過失責任である（356条1項・428条1項括弧書・120条4項）。しかし，一般に債務不履行（契約違反）に関し，債務者の責めに帰すべき事由があるならば責任が生じ（過失責任），免責されるためには債務者は無過失の立証が必要となる。受任者である取締役等は，免責のために任務について過失の有無を超えて，さらに必要な注意を果たしたことの立証が求められる。取締役等に注意義務を尽くさせるため，当該責任を課している。無過失責任では，取締役等は任務を怠ったことが自分の責めに帰することができない事由によるものであっても，行為の事実（会社の損害等の結果）が証明されれば，取締役等に責任が課されることになる。取締役等は多大の権限を濫用して私益を優先させ，会社の利益を無視または配慮しない行為をなす懸念があり，厳格な責任を課そうとするのである。

　なお，監査役は業務執行の任務を負わず，取締役会で意思形成をしないため，会社と利害衝突を生ずるおそれがなく，忠実義務，競業避止義務および利益相反規制の対象外である。監査役の対会社責任はすべて過失責任である。

(3) 一人株主兼代表取締役の対会社責任

　一人株主である代表取締役と会社との間に善管注意義務違反が生じたとしても，対会社責任は当然に免除となるのかが問題となる。裁判例では，一人株主である代表取締役と会社の利害が常に全く同一ではないことから，当該取締役の任務違背により対会社責任が生じた場合，総株主の同意による免除の意思表示を要するとされる（東京地決平20・7・18判タ1290号200頁）。

　一人会社では，会社の損益が一人株主の損益に多大な影響を与える。全株主が取締

役と会社間の利益相反取引に同意している場合，株主総会または取締役会の承認は不要である（最判昭45・8・20民集24巻9号1305頁）。しかし，取締役の善管注意義務・忠実義務は取締役と会社の利益が対立する場合にのみ認められるものではなく，債権者保護の観点から会社財産の適切な維持が肝要である。株式の潜在的な譲渡可能性，第三者との混乱の未然防止からもそれは妥当する。

2　経営判断の原則

(1)　経営判断の原則の根拠

　事業にはリスクが伴い，損失発生による厳格な責任追及は取締役の経営判断を萎縮させ，積極的な経営姿勢を阻害する。例えば，取引先の経営が悪化している場合，取締役が取引を継続すれば会社が多額の損失を被るかもしれない。しかし，融資を含め援助すれば経営が回復して債務を回収できるかもしれない。このような経営判断と経営者の責任を関連づけるのが，「経営判断の原則」である。経営判断の原則とは，取締役がその権限の範囲内で，会社のために最良であると誠実に判断した場合には，結果的に会社に損害を被らせたとしても，事後的に責任を問われないとする考え方である。判例法理に基づき，経営判断の原則に基づき，取締役は善管注意義務および忠実義務に基づき適切な経営判断をなし，当初から会社に損害を生じさせることが明白でない場合には，結果的に損害が生じたとしても免責される（最判平22・7・15判時2091号90頁）。

　取締役は様々な事情・状況を総合的に考えて経営判断をする。それが仮に失敗したとしても，注意義務を尽くした場合，後から責めるのは酷といえる（東京高判平7・9・26判時1549号11頁，東京地判平8・2・8資料版商事144号115頁）。株主は経営を取締役に委任しているため，株主は会社の利益だけでなく，損失というリスクも負担すべきであろう。

(2)　経営判断の原則の適用

　経営判断の原則に基づき，注意義務を尽くしたといえるためには，次の要素が配慮されなければならない。①前提事実の認識に重要かつ不注意による誤りがないか，②意思決定の過程および内容が，経営者として著しく不合理かつ不適切なものではないか，③必要な情報を集め，十分な調査および検討に基づきなされた合理的な判断といえるか，④会社と利益衝突の関係がなく，もし利益が相反するときは会社の利益を優先させていること，⑤同様の立場にある者が同じ状況の下で考えてもおかしくない判断であること，である。

　例えば，代表取締役が他社に経営支援として無担保融資を行った場合，経営判断の

原則上，許されるためには，融資の金額，融資会社および融資先の財務状況，資金調達の必要性・緊急性の程度，融資先の具体的な再建の見通し，融資先会社が倒産したのであれば融資会社の直接的または間接的影響，などが問題となる。著しく合理性に欠ける判断は善管注意義務に反する（関連会社に対する債権放棄の経営判断原則の適用（大阪地判平14・1・30判タ1108号248頁）等である。

3　代表訴訟制度

(1)　株主による取締役等に対する責任追及

取締役の不正行為の防止策として，取締役（会），監査役，会計監査人等による監視・監督があるが，これらの者が取締役と親密な関係にあれば，適切な権限行使を怠るおそれもある。そのため，株主は取締役の不正行為を防止または責任追及するため監督是正権を有している。例えば，①差止請求権の行使（360条・210条等），②損害賠償請求（代表訴訟提起権〔847条〕・直接的な賠償請求権〔429条1項〕・多重株主代表訴訟制度〔847条の3〕），③取締役の解任請求（339条1項・301条等），④株主の調査権（433条1項・358条1項・306条1項），等である。

株主の監督是正権のうち，代表訴訟提起権および多重株主代表訴訟制度は役員等の違法行為に対するガバナンスの観点からも重要な意義がある。代表訴訟の対象は，取締役の地位に基づく責任に加え，取締役の会社に対する取引債務（登記の移転・回復等）に関する責任を含む（最判平21・3・10民集63巻3号361頁）。

（株主による取締役等に対する責任追及）

方法の区分	具体的内容
差止請求権の行使	①法令・定款に違反する行為による会社への損害のおそれ，②不公正な株式発行等による株主への損害のおそれ
損害賠償請求	①会社に損害の場合，提訴請求・代表訴訟の提起，②株主に損害の場合，損害賠償責任の提訴
多重株主代表訴訟	重要な子会社の株主が取締役等の責任を追及しない場合，当該会社の完全親会社等の株主は，重要な子会社の取締役等に代表訴訟を提起
解任の請求・訴え	①解任議案の提出権，②取締役解任の提訴
株主の調査権	①会計帳簿・計算書類・取締役会議事録等の閲覧請求権，②総会における質問権，③業務執行検査役・総会検査役の選任申立権等

(2)　代表訴訟の提起

役員等に対する責任追及は会社自身が行うべきであるが，取締役間の仲間意識等から会社がこれを行わなかった場合，株主は会社に対し書面（提訴請求書）をもって，

役員等の責任を追及する訴えの提起を請求する（847条1項）。会社が当該請求に当たる日より60日以内に訴えを提起しない場合，株主は会社のため訴えを提起することができる（同条3項）。会社が提訴しないのであれば，監査役等（取締役以外の役員が被告の場合，または監査役非設置会社の場合，取締役・代表取締役〔349条1項〜3項〕）は，請求した株主に不提訴理由書（施規218条）を通知する（847条4項）。

　なお，会社に回復することができない損害を生じるおそれがある場合，①株主は60日間を待たずに，または，②「会社による役員等に対する提訴」の請求すら省略して直ちに，代表訴訟を提起できる（同条5項）。「回復することができない損害を生ずるおそれ」とは，損害が絶対に回復できない場合でなくても，費用・手続などの点からみて回復が相当に困難な場合も該当する。

（株主代表訴訟の概要）

当事者	代表訴訟の前段階	代表訴訟
株主	監査役に提訴請求書の提出	①60日以内に不提訴の場合，または，②回復できない損害のおそれの場合は直ちに，代表訴訟の提起が可
監査役	①会社が役員等に提訴，または，②不提訴の判断	株主から訴訟告知・和解の通知・催告を受ける場合，監査役が会社代表

（3）　代表訴訟の当事者等

ア）原　告　　6ヵ月前（定款による短縮可）から引き続き株式（持株数要件なし）を有する株主は原告となりうる（847条1項2項。非公開会社では保有期間要件なし）。会社に損害が生じたことを知ってから株主になった者でもよい。また，対象会社の株主でなくても，次の株主は原告となりうる（適格旧株主。847条の2）。①株式交換・株式移転により当該会社の完全親会社の株主となり，引き続き株式を有するとき，②合併により消滅会社となり，存続会社・新設会社（またはその完全親会社）の株主となり，引き続き株式を有するときである。

イ）被　告　　代表訴訟の被告対象は，役員等（取締役・執行役・監査役・会計参与・会計監査人）である（847条1項。発起人・清算人等を含む）。会計監査人は被監査会社と業務契約を長年継続していると，会社からの不当な要求を受け入れ，会計監査人の公正性が損なわれる事案があり，被告対象となっている。

ウ）訴訟費用　　代表訴訟に勝訴しても，原告株主は直接的に利益を得るのではない。被告役員等が会社に賠償して会社財産が回復され，株式価値は一定範囲で戻ると考えられる。そのため，訴訟手数料額について，代表訴訟は「財産権上の請求ではな

い」として，訴訟の目的の価額は一律，160万円とみなされ，訴訟手数料額は13,000円の印紙代で済む（847条の4第1項，民訴費4条2項）。

(4) 濫訴の防止策

ア）担保提供　株主の悪意による提訴であることを被告役員等が疎明すれば，裁判所は原告株主に担保提供を命じることができる（847条の4第2項3項）。担保提供を命じられた株主は，訴えを取り下げることが多い（原告株主の悪意〔不当訴訟・権利濫用〕について，最決平7・6・14資料版商事136号77頁参照）。

イ）賠償責任　原告株主が敗訴しても，会社に損害を与える目的（不当目的）で訴えを提起した場合など，原告に悪意があれば，会社に損害賠償の責任を負う（854条2項）。例えば，請求に理由がなく，または被告を害することを，原告が知りながら提訴した事案等である（東京高判平7・2・20判タ895号252頁）。

(5) 訴訟参加

ア）他の株主等が原告側参加　①会社により提起された責任追及の訴えに他の株主は，または，②株主により提起された代表訴訟の原告側に会社または他の株主は，共同訴訟参加または補助参加ができる（849条1項2項）。馴合い訴訟の防止または役員等に不当に不利な訴訟上の和解を防止するためである。参加の機会を提供するため，①株主が提訴した場合，会社に告知し，②会社が提訴した場合，株主に通知（公開会社では公告が可）する（同条5項～9項）。

イ）会社が被告側参加　代表訴訟が提起された場合，会社は被告役員等に補助参加することができる（849条1項，民訴42条）。判例によれば，代表訴訟について取締役の個人的な権限逸脱行為の責任が問われているのではなく，取締役会決議を前提として形成された会社の法的利益に影響し，取締役の敗訴を防ぐことに利害を有していることから，会社の補助参加が許されるとされる（最決平13・1・30民集55巻1号30頁）。会社が被告側に補助参加を申し出るためには，監査役全員（各監査等委員・監査委員）の同意を要する（849条3項）。

(6) 代表訴訟の和解

代表訴訟の和解において，会社が和解の当事者でないときは，裁判所は会社に対し和解の内容を通知し，かつ和解に異議があれば2週間以内に異議を述べるべき旨を催告しなければならない（850条2項・386条2項2号）。会社が異議を述べないときは，通知の内容をもって会社承認があったとみなされる。不当な内容で和解されそうだと判断する者は訴訟参加により対応する。ただし，和解においては，監査役全員（各監

査等委員・監査委員）の同意を要する（849条の2）。

(7) 判決後の会社負担

ア）原告勝訴 原告株主が勝訴した場合，株主は訴訟を行うに必要なその他の費用に関し，弁護士報酬に関し支出した範囲内で，会社に相当なる額の支払いを請求することができる（852条1項）。相当なる額とは，訴訟委任を受けた弁護士が行った活動の対価として必要かつ十分な程度として社会通念上，適正妥当と認められる額であるが，多額の損害賠償請求が認容されていても，弁護士報酬は低く抑えられている（大阪地判平22・7・14判時2093号138頁参照）。

イ）被告勝訴 被告役員等が勝訴した場合，弁護士費用を含め防御のため要した相当の額を，受任者が受任事務を処理するために受けた損害として，会社に請求ができるであろう（民650条3項）。

(8) 多重株主代表訴訟制度

ア）内　容 例えば，株式会社X2社が最終完全親会社等X1社の重要な完全子会社（完全親会社等の総資産額の5分の1を超え）である場合，X1社の株主（1％以上の議決権または株式数保有の株主）は，X2社のために，X2社取締役Yの任務懈怠責任を追及する訴えを提起できる（多重代表訴訟。847条の3）。最終完全親会社等（同条2項）とは，親子関係の最上位にある完全親株式会社である。

イ）特　徴 前記ア）のX2社の株主X1社は，X2社取締役Yに対する代表訴訟による責任追及を遂行することが考えにくい。多重代表訴訟は，子会社取締役等の任務懈怠に対する責任追及を現実的なものとして，子会社の損害回復により親会社の損害を回復し，親株主の利益および企業グループの適切なガバナンスを図るためにある。通常の代表訴訟と異なり，多重代表訴訟は少数株主権であり，重要な完全子会社の役員等の責任（特定責任）に限定される。

(9) 監査役等の役割

ア）監査役設置会社 第1に，取締役が会社に被らせた損害賠償に応じない場合，監査役は会社のために提訴ができる（386条1項）。会社に必要な訴訟を提起することが善管注意義務の要請である。第2に，代表訴訟の提起に先立ち，株主から対役員等の責任追及の訴えを提起することを求められる会社側の相手は，監査役である（同条2項1号）。第3に，代表訴訟では，株主から訴訟告知（849条4項）および和解（850条）に関する通知・催告を受ける場合，監査役が会社を代表する（386条2項2号）。第4に，会社が被告側に訴訟参加および和解する場合，監査役全員の同意を要する

（849条3項）。

　イ）監査役非設置会社　　前記ア）にみる監査役による会社代表者または同意について，①指名委員会等設置会社では監査委員会の選定する監査委員（監査委員が被告の場合，取締役会の定める者），②監査等委員会設置会社では監査等委員会の選定する監査等委員（監査等委員が被告の場合，取締役会の定める者），③これら会社以外の監査役非設置会社では，株主総会の定める者による（408条1項・399条の7第1項・353条）。

4　役員等の対会社責任の減免

　役員等に対する会社損害の責任追及は健全かつ慎重な経営に資する半面，事業活動を萎縮させ，優秀な人材確保を阻害するかもしれない。役員等の民事責任は民法の一般原則に従い，①弁済，②相殺，③更改，④時効等により消滅するが，会社法は役員等の対会社責任について減免制度を設けている。

(1)　全部免除の意義
　総株主の同意（総会決議の形式は不要）により，役員等の任務懈怠による対会社責任を免除することができる（424条）。総株主の同意という要件を課しているのは，取締役間の馴れ合いの防止，代表訴訟提起権を単独株主に認めたことを無意味にしないため，などの理由がある。
　利益相反取引規制に反した取締役も免除対象となる。違法な剰余金配当（461条1項）に関し，会社債権者保護のため，免除の上限は分配可能額までの額である（462条3項）。代表訴訟において，訴訟上の和解がなされる場合，総株主の同意を要しない（850条4項）。

(2)　一部免除の意義
　①株主総会の特別決議，②取締役会決議，③責任限定契約の締結により，対象役員等が職務を行うにつき善意かつ無重過失であったときは，その対会社責任を一部免除することができる（425条1項・426条1項・427条1項）。
　一部免除制度の理由として，①多数の株主がいる会社では総株主の同意を得ることは困難であること，②損害額の大きさと役員報酬との均衡が保てないこと，③会社の内情を十分に分からないまま，社外取締役等に就任契約するリスクを低減させるため，合理的範囲で役員等の責任軽減を認めるためである。

112

（一部免除の概要）

区　分	具体的な手続		共通要件
総会決議	①最低責任限度額が責任上限，②議案提出に監査役等の同意	免除理由・免除額の開示	①職務を行うにつき善意・無重過失が前提，②責任軽減の決議後に対象役員等への退職慰労金等の付与は総会で承認手続，③利益相反取引規制の直接取引の相手は対象外
取締役会決議		①定款の定め，②登記の必要	
責任限定契約	非業務執行取締役・会計参与・監査役・会計監査人		

(3)　株主総会決議に基づく一部免除

　ア）適用要件　　総会の特別決議により，役員等の対会社責任の賠償額を軽減が可能である（425条1項）。適用要件は，①役員等の善意・無重過失，②総会での開示（原因，賠償責任額，免除額の限度と算定根拠，免除理由・免除額），③議案提出につき，監査役（各監査等委員・監査委員）の同意（同条3項）を要する。

　イ）最低責任限度額　　総会決議に基づく一部免除では，役員等の地位（責任行為の時点）の報酬額に一定率を乗じた額を最低責任限度額とする。①代表取締役・代表執行役は報酬相当額（施規113条）の6年分，②取締役（社内）・執行役は報酬相当額の4年分，③社外取締役，会計参与，監査役，会計監査人は報酬相当額の2年分，である。これらを超えた額について，役員等は免責される。

　ウ）留意点　　①最低責任限度額の算定では取締役が使用人を兼務している場合，使用人としての対価を含む，②責任軽減の決議後，対象役員等に退職慰労金等（施規115条）を付与するとき，総会承認が必要（425条4項），③利益相反取引規制のうち，直接取引（自己のためにした取引）の取締役・執行役は対象外（428条2項。無過失責任）である。

(4)　取締役会決議による一部免除～定款の定めに基づく

　ア）適用要件　　取締役会決議（取締役会非設置会社では，取締役の過半数の同意）により，対会社責任の一部を免除することができる（426条1項）。適用要件は，①役員等の善意・無重過失，②一部免除が特に必要な事情，③取締役会決議による一部免除に係る定款の定め，④定款変更の議案提出につき，監査役（各監査等委員・各監査委員）の同意（同条2項・425条3項）を要する。

　イ）留意点　　①株主が異議申立て（3％の議決権保有の株主の異議により免責決議が不可）をできるように，株主に通知・公告が必要（非公開会社は通知で可。426条3項4項），②取締役会決議による免除に係る定款の定めがある場合，登記が必要（911条3項24号），③責任の上限額（最低責任限度額），責任軽減の決議後に対象役員

等への退職慰労金等の付与承認手続，利益相反取引規制の直接取引の相手の対応は，総会決議に基づく一部免除と同じである。

(5) 役員等との責任限定契約～非業務執行取締役等

ア）適用要件　①非業務執行取締役・監査役・会計監査人が職務を行うにつき善意・無重過失，②定款で定めた額の範囲内で，会社が定めた額と最低責任限度額（前記(3)参照）とのいずれか高い額を限度として免責（427条1項），③責任限定契約に関する定款の定めあり，である。

イ）留意点　①過去に業務執行取締役等であった者でも，現在その地位になければ責任限定契約の締結可，②非業務執行取締役等と責任限定契約の締結を定款で規定している場合，その旨を登記（911条3項25号），③責任限定契約の相手方である非業務執行取締役の任務懈怠により損害を受けたことを知った場合，株主総会で責任原因事実，賠償責任額，免除の限度額，免除額等を開示（427条4項），④責任軽減の決議後に対象役員等への退職慰労金等の付与承認手続，利益相反取引規制の直接取引の相手となった場合の対応は，総会決議に基づく一部免除と同じである。

(6) 完全子会社役員の特定責任の減免

ア）特定責任の減免　多重代表訴訟の対象となる完全子会社の役員が負う特定責任は，①全部免除，②一定免除が可能である。特定責任の免除は，重要な完全子会社（完全親会社等の総資産額の5分の1を超え）および最終完全親会社等の総株主の同意を要する（847条の3第10項）。一部免除では，重要な完全子会社および最終完全親会社等の各株主総会の特別決議を要する（425条1項）。

イ）株式交換等後の役員免責　責任追及等の訴えの対象となる株式交換・株式移転（株式交換等）完全子会社の取締役の責任のうち，責任免除について，「総株主の同意」を要するものを免除する場合，①株式交換等完全子会社の総株主の同意に加え，②株式交換等の効力発生時までに株主であった資格を有する者（適格旧株主）の同意を要する（847条の2第9項）。株式交換・株式移転（株式交換等）完全子会社の取締

（特定責任の減免手続）

区　分		具体的手続
全部免除		完全子会社および最終完全親会社等の株主全員の同意
一部免除	総会決議	完全子会社および最終完全親会社等の各総会の特別決議が必要
	取締役会決議	①定款の定めにより，一部免除を取締役会決議で可，②最終完全親会社等の取締役は公告・株主に通知，③完全子会社・最終完全親会社等の1％以上の議決権保有の株主の異議により免除不可

役の責任のうち，「一部を免除」する場合，適格旧株主の同意を要しない。

第3節　役員等の対第三者責任

1　悪意・重過失による第三者の損害

(1)　特別の法定責任

ア）規　制　役員等がその職務を行うについて悪意または重過失により，第三者（会社債権者・株主）が損害を被ったのであれば，当該行為と第三者の損害との間に因果関係がある限り，役員等は第三者に対し損害賠償責任を負う（429条1項）。会社が無資力となり，会社債権者が債権回収をできないなどの場合，役員等に特別の法定責任を課して個人責任を追及するために広く使われてきた。また，計算書類等の虚偽記載，虚偽の登記・公告等により，第三者に損害を被らせたときには，取締役・執行役は任務（善管注意義務・忠実義務）について注意を怠らなかったことを証明しない限り損害賠償責任を負う（同条2項）。これらは連帯責任である（430条）。

計算書類を調査せず，粉飾を見過ごした監査役（会計監査人が粉飾決算を指摘しない）についても当該責任を負う（過失責任）。

イ）意　義　第三者が取締役の行為により損害を被ったとしても，不法行為の要件である自己に対する加害についての故意・過失を満たさない限り，取締役は責任を負わない。株式会社の活動は取締役の職務執行に依存し，取締役の権限が強化されており，その濫用等により第三者が損害を被るおそれが少なくない。そのため，職務を行うにつき悪意・重過失または計算書類等に不実表示があれば（429条1項2項），不法行為の要件を立証しなくても，取締役は特別の法定責任を負うとされる（最大判昭44・11・26民集23巻11号2150頁参照）。

(2)　第三者の損害区分と範囲

ア）損害の区分　第三者の損害は判例上，間接損害と直接損害に大別できる。間接損害とは，放漫経営等による取締役の違法行為により，第一次的に会社に損害が生じて資力が激減した結果，第二次的に第三者が損害を被ることである。他方，直接損害とは，取締役が第三者に直接に不当な行為をなし，第三者が損害を被ることである。会社の損害の有無を問わない。

イ）第三者の範囲　第三者には会社債権者および株主がある。会社債権者は間接損害および直接損害について役員等に対し賠償請求ができる。他方，株主は直接損害について法429条に基づく請求をできるが，間接損害については，判例・通説は対象

外とする。例えば，取締役の不当な行為による株価下落の損害は役員等に対し代表訴訟の提起をして，会社資産が増加することにより，株主の損害回復（剰余金配当額の増加・株価上昇等）が期待される（東京高判平17・1・18金判1209号10頁）。

　ウ）任務懈怠　　取締役の悪意・重過失による任務懈怠として，①履行見込みのない取引の実施，②取締役による放漫経営，③他の取締役に対する監視義務違反，従業員の違法行為に対する監督義務違反を含む。取締役が免責されるためには，巧妙な経理操作による粉飾決算等，相当の注意をしても抑止ができなかったかどうかが客観的に示される必要がある。

(3)　不法行為責任との比較

　会社法429条の責任と不法行為責任とは競合するため，損害を被った第三者は両規定に基づき責任追及が可能である。会社法429条は保護を拡充している。

　ア）主観的要件　　民法709条は故意・過失を主観的要件とする（重過失を要求していない），「第三者に対する加害」の立証を要する。会社法429条は悪意・重過失を主観的要件とするが，「取締役の任務懈怠」を立証すればよい。

　イ）補償対象　　民法709条は第三者の直接損害に限られ，間接損害を含まない。株価下落による株主による損害賠償は可能である（福岡地判昭62・10・28判時1287号148頁）。会社法429条は直接損害および間接損害の両方を含む。

　ウ）消滅時効　　民法709条に基づく損害賠償請求権の消滅時効期間は3年である（民724条）。会社法429条に基づく損害賠償請求権の消滅時効期間は10年（民166条1項1号）である（最判昭49・12・17民集28巻10号2059頁）。

2　責任を負う関連取締役

(1)　名目的取締役の責任

　ア）監視義務　　名目的取締役とは定款規定の取締役員数を揃える等のため（331条5項），名目的に取締役に就任した者である。総会の正規の選任手続を経ているが，代表取締役等に業務一切を任せきりにする。取締役は名目的か否かにかかわらず，取締役会に上程された事項に対する受動的監視義務だけでなく，非上程事項に対する能動的監視義務を負う。業務一切を任せきりにしたことが悪意・重過失の任務違反となり会社が損害を受け，第三者が被った間接損害について賠償責任を負う（最判昭55・3・18判時971号101頁）。

　イ）免責の要素　　名目的取締役が任用契約時に，「一切職務を行わず，無報酬であるが，会社および第三者に対し一切の責任を負わない」等の合意書を代表取締役と交わしたとしても免責されない。対第三者責任が例外的に免責される要素として，名

目的取締役が不正行為を阻止・回避しようとしても困難な状況であることなどである（東京地判平3・2・27判時1398号119頁等）。任務を遂行できない者が取締役に就任することに問題がある。

(2) 取締役ではない取締役の責任

選任手続等がない「取締役ではない取締役」とは，事実上の取締役，登記簿上の取締役，退任取締役であり，対第三者責任が問題となることが多い。

ア）事実上の取締役　株主総会の正規の選任手続がなく，かつ，取締役・代表取締役の就任登記はないが，取締役または代表取締役として職務執行・業務執行を行っている者である。現実に職務執行・業務執行を行っているため，他の代表取締役・取締役に対する監視義務を負う。「事実上の取締役」としての認定要素には，役員・従業員への指揮指図・重要事項決定の影響力，株主構成等がある（名古屋地判平22・5・14判時2112号66頁）。

イ）登記簿上の取締役　株主総会の正規の選任手続がなく，取締役または代表取締役として就任登記がなされている者である。就任登記の承諾をした者は「取締役の外観を作り出したことに手を貸した」こと（不実の登記に加功）になり（908条2項の類推適用），取締役でないことを善意の第三者に対抗できないときは，対第三者責任を免れない（最判昭47・6・15民集26巻5号984頁）。不実の登記を知りながら，登記の更正・抹消を怠った取締役についても同様である（浦和地判昭55・3・25判時969号110頁）。

ウ）退任取締役　取締役を退任しながら，登記申請権者である当該会社の代表者が退任登記を申請せず，当該取締役が不実の登記を残存させることに明示的な承諾を与えているなどの者である。不実登記の残存に特段の事情（加功）があると評価され（908条1項前段の類推適用），善意の第三者に対し当該会社の取締役でないことをもって対抗することはできない（最判昭62・4・16判時1248号127頁）。「承諾」の立証は容易ではなく，事実上明示の承諾がある場合に限られるであろう。

（取締役ではない取締役の概要）

区　分	総会選任手続	登　記	職務執行	留意点
事実上の取締役	選任手続なし	就任登記なし	職務（業務）執行あり	重要事項の決定権を有する実質的経営者
登記簿上の取締役	選任手続なし	就任登記あり	職務（業務）執行あり	取締役の虚偽の外観作出に関与
退任取締役	退任後に選任手続なし	退任登記なし	職務（業務）執行あり	退任登記の未抹消に明示的承諾を付与

3　不実の情報開示に関する責任

(1)　重要事実の虚偽記載等

ア) 取締役等　　取締役・執行役が計算書類，および目論見書等の証券募集資料において重要事実につき虚偽の記載・記録，虚偽の登記・公告をすることを不実表示という。不実表示は株式の市場価格に影響を与え，株主の投資判断を誤導するだけでなく，不実表示された書類を信頼して会社と取引を行った会社債権者が債権回収をできなくなる。不実表示により第三者が損害を被った場合，取締役等は賠償責任を負う（429条２項）。取締役等が免責されるには，不実表示に関し注意を怠らなかったことの証明が求められる（同項但書）。不実表示と第三者が被った損害との因果関係の立証責任は第三者にあるが，無過失の立証責任は取締役側にある。

イ) 監査役・会計参与　　監査役は，監査報告書における記載義務を怠り，不実の記載をした場合，第三者に対する民事責任を負う（429条２項３号）。例えば，監査役が監査報告に記載し，または記録すべき重要な事項についての虚偽の記載または記録により，第三者が損害を被った場合などである。会計参与は計算書類等・会計参与報告に重要事項の虚偽記載が問題となる（同項２号）。

ウ) 要　件　　計算書類等の重要事実とは，取引の決断を左右すると一般に認められている事項である。例えば，粉飾決算による売上の過大計上または負債の過小計上，贈賄等の違法または不適切な金銭支出の会計処理および裏金の存在がある場合，重要事実に係る不実表示となる。開示情報は様々な媒体を通じて広まるため，不実表示された書類を第三者が実際に見たという事実は，必ずしも要件ではない（名古屋高判昭58・7・1判時1096号134頁）。

(各種書類等の虚偽記載等)

対　　象	具体的な虚偽記載等
株式募集等	①株式等の引受人への重要事項の虚偽通知，②目論見書等の虚偽記載
計算書類等	計算書類・事業報告書等における重要事項の虚偽記載・記録
登記・公告	①虚偽の登記，②虚偽の公告（有価証券報告書の公告を含む）

(2)　金融商品取引法上の規定

　上場会社等の有価証券報告書の重要部分に虚偽記載（粉飾決算等）がある場合，または重要事項の不開示がある場合，提出会社，提出時の役員，監査証明を行った監査法人は金商法上の損害賠償責任を負う（金商21条の２第１項・24条の４・22条１項・21条１項１号３号）。特に，金商法21条の２第２項は，原告の立証責任負担を軽減す

るため，因果関係および損害額の推定規定を設けている（有価証券報告書の不実開示による株式売買の損害額の算定について，東京高判平23・11・30金判1389号36頁参照）。

第4節　役員責任の補償契約・保険契約

1　役員責任の補償契約・保険契約の概要

(1)　意　義

　果断な経営判断のリスクに対する萎縮への対応，優秀な人材確保のため，会社は役員責任の補償契約および保険契約（D&O保険：役員等賠償責任保険）を締結することができる。他方で，補償契約および保険契約には，会社と役員等との利益が相反するおそれがあり，職務執行の適正性に影響を与えるおそれがあるため，当該契約の内容は取締役会（取締役会非設置会社は株主総会）の決議を要する。

(2)　取締役会の決議事項

　補償契約および保険契約では，取締役会の決議により，契約内容を決定する。契約内容の適正性を判断するためである。補償契約および保険契約は，①役員の経済的な負担をてん補，②利益相反取引規制（356条・365条2項・419条2項・423条3項等）および自己代理等に関する規定（民108条）は適用なし，③報酬規制の適用外である。

　第1に，補償契約では，補償する金額，補償する理由，補償する時期等を定める。第2に，保険契約では，保険会社，保険料，支払限度額，被保険者の範囲，免責事項，特約等を定める。補償対象である取締役および被保険者たる取締役は，決議において特別利害関係人に該当しない。前者は各取締役と会社との間の契約であり，後者は保険会社と会社との間の契約であるためである。会社が株主代表訴訟担保特約の保険料を負担する場合，適法性・合理性の確保が求められる。保険契約期間は1年であり，毎年の契約更新時に，基本的な内容に変更がない場合，決議の取直しは不要である。

2　役員責任の補償契約

(1)　内　容

　補償契約とは，①役員等が，その職務の執行に関し，法令の規定に違反したことが疑われ，または責任の追及に係る請求を受けたことに対処するために支出する費用（防御費用），②第三者に生じた損害を賠償する責任を負う場合における損失の全部または一部を，株式会社が当該役員等に対し補償（賠償金・和解金）することを約する

契約である（430条の2第1項1号2号）。補償契約の対象役員の氏名，補償契約の内容の概要等は開示する。

ア）防御費用　　弁護士費用，移動費，通信費，印刷費等がある。通常要する費用（社会通念上の相当額）を超える部分は対象外である。訴訟の進行過程で過失等の判断が困難であるため，役員等の悪意・重過失が疑われる場合においても提供が可能である。役員における自己または第三者の不正な利益，会社に損害を加える意図が判明したときに返還請求をする（430条の2第3項）。補償の時期は，訴訟等の進行過程で支払い，訴訟等の終了時に調整する。

イ）賠償金・和解金　　役員等の職務執行に関し，第三者に生じた損害に対する賠償金・和解金は補償対象である（同項2号イロ）。対象外は，①会社と役員が第三者に対し連帯して損害賠償責任（350条）を負い，会社が第三者に対し賠償したうえで，役員に求償する場合（430条の2第2項2号），②役員等に悪意または重過失（429条1項の責任）があった場合（同条2項3号），③罰金・課徴金である。職務執行の適正を害するおそれが高いためである。

(2) 補償費用の返還請求

①事後的に当該役員等が自己もしくは第三者の不正な利益を図り，または，②当該会社に損害を加える目的で職務執行したことを知ったとき，当該役員等に対し，補償費用の返還請求が可能である。悪意・重過失な場合まで防御費用が賄われることとすると，役員等の職務執行の適正が損なわれるからである。

（補償対象の区分）

項　目	刑事事件	代表訴訟	対第三者責任	補償の対象外
防御費用	○	○	○	①防御費用の過大部分，②賠償金等に関し，役員等への求償・悪意重過失の場合
賠償・罰金	×	×	○	

3　役員等賠償責任保険

(1) 内　容

役員等賠償責任保険は会社と保険者間で締結する保険契約であり，役員等の職務執行で生じる責任または責任追及の請求で生じる損害を，保険者がてん補することを約するものである（430条の3第1項）。被保険者は役員等，保険料は会社負担であるが，役員等の報酬規制の対象外である。監視義務違反による責任が主に想定される。被保険者の範囲，契約の内容等の決定は，取締役会（取締役会非設置会社では株主総会）

の決議を要し，それを開示する。

(2) 規制対象外の保険契約

　取締役会の決議および開示規制の対象外の保険契約として，法務省令（施規115条の2）で定めるものが規定されている。利益相反性が低いためである。

　第1に，会社に生ずる損害をてん補することを主たる目的として締結される保険契約である。例えば，生産物賠償責任保険（PL保険），企業総合賠償責任保険（CGL保険），使用者賠償責任保険等がある。第2に，役員等が第三者に生じた損害を賠償する責任を負うことまたは当該責任追及に係る請求を受けることにより，役員自身に生ずる損害をてん補することを目的として締結される保険契約である。偶然の事故等の職務懈怠以外の行為等によるものである。例えば，自動車賠償責任保険，任意の自動車保険，海外旅行保険等である。

第6章◆株式の譲渡と管理

第1節　株式の譲渡

1　株式の自由譲渡性と制限

(1)　株式の自由譲渡性

　株主は，保有株式を自由に譲渡することができる（127条）。株式会社は，株主の個性（資力・経営能力等）を問題とはせず，持分会社にみる出資の払戻しとしての退社制度（606条・611条）がない。また，剰余金の配当・残余財産の分配等を除き，株主は株式譲渡の自由を認められなければ，投下資本を回収することは不可能に近い。株式会社は大衆資本を結集して大規模団体としての経営を意図しており，株式譲渡の自由は重要な原則である。

(2)　株式譲渡の方法

　株券発行会社の株式譲渡では，譲渡の意思表示に加え，株券を譲受人に交付する（128条1項）。株券の交付は会社以外の第三者に対する対抗要件である（130条2項）。株券が事実上発行されていない場合，株主である譲渡人は株券の発行を受けてから，譲受人に交付する。株券の交付には，現実の引渡し，簡易の引渡し，占有改定・指図による占有移転を含む。

　他方，株券発行会社以外の株式譲渡では，当事者間における譲渡の意思表示により，譲受人が株主名簿の名義書換えをするまでは，会社その他の第三者に譲渡を対抗することはできない（130条1項）。振替株式（振替128条1項）の譲渡は譲渡人（加入者）から口座管理機関への振替申請による（振替132条2項）。振替により第三者との対抗要件が備わり，株主名簿の名義書換えは会社との対抗要件になる（振替161条3項）。

(3)　株式譲渡の制限

　株式譲渡の自由は，①法律による制限，②定款による制限，③契約による制限がある（次表）。このうち，前記②はとくに重要であるため，次節で詳細に述べる。

（株式の譲渡制限の区分）

制限の区分		具体的内容
法律による制限	会社法	①時期による譲渡制限（会社成立前・株式発行前の株式引受人の地位〔権利株〕の譲渡，株券発行会社の株券発行前の株式譲渡），②自己株式の取得制限，③子会社による親会社株式の取得制限
	他の法律	①独占禁止法による制限，②日刊新聞紙の発行会社の株式譲渡制限
定款による制限		定款により，すべての株式または一部の種類株式の譲渡制限
契約による制限		株式譲渡に係る株主間契約・会社株主間契約により，①従業員持株会制度による制限，②他方当事者の要同意または先買権の付与等

2　法律による譲渡制限

(1)　権利株の譲渡制限

　権利株とは，会社成立前または新株発行前（効力発生前）の株式引受人の地位をいう（株主となる権利）。権利株の譲渡は当事者間では有効と解されるが，会社との関係では否定される（35条・208条4項・63条2項）。株式発行事務（株主名簿に株主に関する事項の記載，株券発行等）の煩雑を防止するためである。当該事務が終了するまでは，株式引受人ないし株主の地位が譲渡されても，それを無視できることにより，株式発行に係る事務の便宜を図るのである。

(2)　株券発行前の株式

　株券発行会社では，会社成立後または新株発行後であっても，株券発行前の株式譲渡（当事者間の意思表示による譲渡）は，当事者間では有効と解されるが，会社との関係では効力は否定される（128条）。株式発行事務の煩雑防止にある。

　会社が合理的な理由もなく，株券発行を不当に遅滞しているときに，株主がやむを得ずに株券なしで株式を譲渡した場合にまで，会社との効力が否認されたのでは信義則に反することになろう（最大判昭47・11・8民集26巻9号1489頁）。

(3)　子会社による親会社株式の取得制限

　子会社は親会社株式を取得してはならない（135条1項。子会社からの自己株式の取得は，後述の第7節を参照）。子会社による親会社株式の取得を自由に認めると，自己株式の取得と同様の弊害，または親会社の取締役による恣意的な支配維持などの弊害が生じるからである。

　ただし，子会社は次のように親会社株式の取得を例外的に認められる場合でも（同条2項，施規23条。剰余金の配当請求権はあるが，議決権・総会招集権等なし），相

当の時期にその有する親会社株を処分しなければならない。①他社の全部事業の譲受け，②合併後の消滅会社からの承継等における親会社株式の取得，などである。例えば，A社（存続会社）がB社（消滅会社）と合併し，A社株がB社の株主に交付される事案では，A社の子会社C社がB社株を保有している場合，C社にA社株が交付される（C社はA社株を要処分）。

3　契約による譲渡制限

(1)　契約の効力

契約による株式譲渡の制限は，私的自治の観点から当事者間では有効と解されている（最判平7・4・25裁判集民175号91頁）。契約による譲渡制限は，定款による譲渡制限および指定買取人に係る手続の厳格さ・煩雑さを回避するために利用される。

契約による譲渡制限として，①会社と個々の株主との間の契約，②株主相互間または株主と第三者との契約（例えば，従業員持株会制度），等がある。このうち，前記①は株式譲渡の自由原則に抵触するが，契約内容が株主の投下資本の回収を不当に妨げない合理的な内容のものは有効であろう。具体的には，定款による譲渡制限とほぼ同じような内容の契約となる。

(2)　株式譲渡の効力

契約による株式の譲渡制限は，契約当事者間での債権的な効力を有するにすぎない。例えば，当事者が契約に違反して株式を譲渡した場合，株券が発行され，当該株券を相手方に交付したのであれば，譲受人の善意・悪意を問わずに株式譲渡は有効である（128条1項）。譲受人が株券を発行会社に提示して，名義書換えの請求をした場合，会社は拒絶することはできず，株式譲渡の効力を認めなければならないと解される。

4　従業員持株会制度による譲渡制限契約

(1)　従業員持株会制度の検討課題

従業員持株会制度とは，従業員による自社株の買付けまたは保有を会社が推進する制度である。その目的は，①従業員による自社株の取得に際し，会社が奨励金の支給など特別の便宜を図り，従業員の福利厚生および財産形成を増進させること，②オーナー経営者の相続税対策，③安定株主対策等である。

自社株の取得を希望する従業員は，従業員持株会（民法上の組合設立が多い）と契約を締結し，自社株の取得に際し奨励金が支給され，その議決権を従業員持株会の会長である総務部長等に信託することが一般的である。株式の譲渡および売買価格に制約がある。

　従業員持株会制度の検討課題として，①従業員持株制度と株主平等原則との関係，②奨励金の支給と違法な利益供与との関係，③譲渡制限契約と株式譲渡の自由原則との関係，④従業員持株会の独立性の有無（会社法上の子会社に該当の可能性）がある。

(2)　譲渡制限契約と譲渡自由の原則

　従業員持株会制度では，譲渡制限契約の有効性が問題となる。例えば，Ｐ社の従業員持株会規約は，「自社株式の取得を希望する従業員に対し，奨励金を支給するが，議決権は総務部長Ａ（従業員持株会の会長）に信託する。会社以外への譲渡を禁止し，株式譲渡を希望する従業員に対し，Ｐ社は購入価格である１株100円で買い取る。退職時には購入価格（１株100円）でＰ社に譲渡する」旨を定めている。Ｐ社株は，現在１株700円の時価があるとする。

　判例によれば，従業員が退職時に会社または従業員持株会に対し，取得価額と同額で株式を譲渡する義務を負うという条項は有効とされる（最判平21・2・17裁判集民230号117頁，最判平7・4・25裁判集民175号91頁）。

　譲渡価格を取得価格と同額とすることの適法性は，①従業員の契約時の承認，②従業員持株会制度の維持の必要性（高値買取りの資金不足），③高率の剰余金配当，④株式の時価算定の困難性等によって基礎づけられる。譲渡制限株式は時価評価が困難であり，投下資本回収手段の確保が重要となる。

(3)　従業員持株会制度と会社法上の課題

　ア）奨励金支給　　従業員持株会制度において，会社から奨励金を支給された場合，その支給が株主平等原則に反するかどうかが問題となる。従業員持株会制度に基づく奨励金支給は従業員としての地位に基づくものであり，株主平等原則には抵触しないと解される。奨励金支給の目的は，従業員への「福利厚生の一環」であることがその前提である。原則として従業員持株会の入退会に特段の制約がなく，議決権行使に制度上会員の独立性が確保され，奨励金の額・割合が妥当であることが求められる（福井地判昭60・3・29判タ559号275頁）。

　イ）議決権信託と利益供与　　従業員持株会の入会に際し，会社の総務部長または人事部長に議決権信託を義務づけていることは，経営者による不当な会社支配の手段となり得るため，違法な利益供与（120条2項）に該当するかが問題となる。

　裁判例によれば，会社関与の下で株式信託契約を締結することが従業員持株会制度の加入要件とされていた事案において，共益権のみの信託は無効としている（大阪高決昭58・10・27高民36巻3号250頁，大阪高決昭60・4・16判タ561号159頁）。

　また，奨励金支給が株主の権利行使に影響を与えるためのものであれば，違法な利

益供与に当たる。当該状況で従業員の株式取得に際し会社が資金援助することは，形式的に無償の利益供与に当たり，株主の権利行使に関してなされたものと推定される。

第2節　定款による株式の譲渡制限

1　制度の趣旨

　中小会社は概して株主数が少なく，個々の株主が発行済株式数の相当割合を有している。このような会社は株主の個性が問題となり，株主が経営者であることが一般的である（事実上，所有と経営の一致）。当該会社の株主が株式を自由に譲渡できるとすれば，会社にとり「好ましくない者」が大株主として経営に関与し，現経営陣と対立して大幅な経営方針の転換を図ることもある。これら混乱を防止するため，株主が保有する普通株式を譲渡する場合，発行する全部の株式の内容について，定款により会社の承認を要する旨を定めることができる（107条1項1号）。

　他方，大規模会社の完全子会社のなかには譲渡制限株式会社ながら規模が大きく，複数の種類株式（普通株式，配当優先株式，配当劣後株式等）を発行している会社がある。複数の種類株式を発行している場合，一部の種類株式にのみ譲渡制限をしたい事案がある（108条1項4号）。例えば，普通株式は市場で流通させる一方，配当優先株式は譲渡制限として資金需要に対応するのである。

2　譲渡制限株式の譲渡手続

　A株式会社は定款で株式の譲渡制限を定めている場合，Xが保有するA社株をYに譲渡するには，次の手続による。

（譲渡制限株式の譲渡承認と対処）

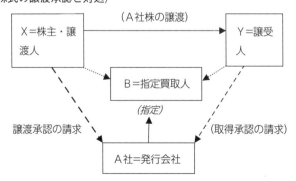

請求者	譲渡の承認・拒否	事後の手続・譲渡先	
X（事前請求）	A社が，①譲渡承認，②2週間通知せず	Yに譲渡（左記②は，みなし承認）	
	A社が譲渡拒否	①' A社が買取決定	総会の特別決議が必要
		②' Bを指定し，Bが10日以内に買取通知	Bが買取り
		③' Bを指定するが，Bが10日以内に通知なし	Yに譲渡（みなし承認）
		④' A社が40日間通知せず	
Y（事後請求）	A社が，①譲渡承認，②2週間通知せず	Yの株主確定（左記②は，みなし承認）。なお，原則としてXと共同請求	
	A社が譲渡拒否	前記①'〜④'と同じ	

(1) 譲渡承認の請求

ア）事前請求　　①株主Xは，「A社株をYに譲渡する」旨の承認決定をA社に請求する（136条。Yの氏名・株式数を提示），②A社が譲渡承認を拒否するのであれば，XはA社自身（自己株式取得）またはA社が指定する者B（指定買取人）によるA社株の買取りを請求することができる（138条1号イ）。

イ）事後請求　　譲渡制限株式の取得者Yが，A社に「A社株をXから取得した」ことに関する諾否の決定を事後的に請求できる（137条1項。譲渡による取得承認請求権）。YがA社株を競落した事案等では，事後請求による（それ以外は承認拒否リスクがあり，実務では少ない）。既存株主Xと異なり，A社は「Yが株式の真の権利者であるか」を確認する必要がある。そのため，取得承認請求は，①XとYが共同で行う（同条2項），②Yが株券を提示して請求，③確定判決，競売，株式交換・株式移転等でA社株を取得した資料提供により請求する（施規24条）。

(2) 発行会社の対応

発行会社A社は譲渡・取得承認請求の諾否を決定し，XまたはYの請求から2週間以内に一定事項を通知する（139条）。

第1に，A社がA社株の譲渡承認をすれば，Yは取得したA社株の株主として株主名簿に記載される。第2に，A社が譲渡拒否をすれば，①A社が買い取る（140条1項〜3項。自己株式の取得として総会の特別決議が必要），または②指定買取人Bが買い取り（同条4項5項），その旨を通知（買い取る旨，買取株式数，種類株式では種類毎の数）する。第3に，A社またはBが買い取る場合，［1株当たりの純資産額

×譲渡株式数］を供託し（A社が株券発行会社である場合，Xは株券の要供託），証明する書面をXに交付して，買取通知をする（141条2項・施規25条）。

(3) みなし承認

A社またはBは譲渡等承認請求において，次の事案は譲渡等承認をしたとみなされる。①譲渡等承認請求者（XまたはY）が承認請求した日から2週間以内（定款で短縮可）に，A社が諾否の通知をしない場合（145条1号），②A社が承認に関する通知をした日から40日以内に，買取内容または指定買取人Bに関する通知をしない場合（同条2号），③A社が承認しない通知をした日から10日以内に，Bが買取りの通知をしない場合（同条3号），④その他法務省令が定める場合（施規26条），である。

(4) 売買価格の決定～解除制限

XまたはYは，A社またはBから買取通知があった場合，各当事者で売買価格の協議を行う（141条1項）。価格の折り合いがつかない場合，各当事者はA社またはBからの買取通知があった日から，20日以内に裁判所に対して売買価格の決定の申立てをすることができる（144条2項）。裁判所は発行会社の資産状態その他「一切の事情」を考慮して，売買価格を決定しなければならない（同条3項）。裁判所に対する売買価格の決定請求がない場合，1株当たりの純資産に対象株式の数を乗じて得た額（供託金額）が，売買価格となる（同条5項）。

裁判所が予想外の高い価格を定めたとしても，または低い価格を定めたとしても，一旦成立した株式の売買契約を一方的に解除することは認められない（143条）。

3　関連する留意事項

(1) 譲渡承認と特別利害関係

譲渡制限株式の取引当事者が発行会社A社の特別利害関係人であれば，次の対処を要する。第1に，一部取締役が特別利害関係人である場合，取締役会の審議では除外する。例えば，A社の取締役3名（X1〜X3）のうち，X1がY（会社外の者）にA社株を譲渡する場合，X1は特別利害関係人として取締役会決議の定足数に算入しない（369条2項）。残余取締役2名が取締役会で決議する。第2に，A社の取締役全員が譲渡承認請求の特別利害関係人である場合，取締役会で各取締役の個別審議をする。各取締役の忠実義務が問題となるためである。

（特別利害関係と株式譲渡承認の具体例）

構　成	取引内容	株式の譲渡承認手続
A社＝取締役会設置会社	取締役X1→YにA社株譲渡	取締役会で取締役X2・X3が決議承認
	取締役X1→X2にA社株譲渡	取締役会で取締役X3が決議承認

(2)　承認なき譲渡の効力

ア）承認なき譲渡　株主Xが保有する譲渡制限株式を，発行会社A社の承認なく他者Yに譲渡した場合，A社はYを好ましくないと判断すれば，Yを株主として扱わなければよい（名義書換請求の拒絶）。YがXを通じて間接的に株主としての利益を得ることで満足するのであれば，X＝Y間の譲渡を無効とする必要はない（最判昭48・6・15民集27巻6号700頁）。

イ）一人会社　株式譲渡制限会社の一人株主（一人会社）が株式を他者に譲渡するに際し，定款所定の機関による承認がなくとも，その譲渡は会社に対する関係において有効と解される（最判平5・3・30民集47巻4号3439頁）。一人会社の株主が株式譲渡を自身で判断した場合，好ましくない者の排除という配慮が不要であるからである。同様に，取締役会設置会社において，株主全員の同意があれば，取締役会の承認は不要である。

(3)　請求の撤回制限

譲渡等承認請求者XまたはYは，発行会社A社または指定買取人Bの買取通知を受けた後は，A社またはBの承諾を得た場合に限り請求を撤回できる（143条）。しかし，A社またはBが通知をするまでは，請求者（X・Y）は譲渡承認・買取請求を撤回できる（最決平15・2・27民集57巻2号202頁）。A社またはBの売渡請求により株式売買が成立するためである。なお，株券発行会社または指定買取人は請求者が所定期間内に株券を供託しない場合，対象株式の売買契約を解除することができる（141条4項・142条4項）。

4　相続人等に対する売渡請求

(1)　定款の定め

定款の定めにより，相続または合併等の一般承継により，例えば，譲渡制限株式を取得したXに対し，発行会社A社は当該株式を，A社に売り渡すように請求することができる（174条）。売渡請求を受けたXは，A社に売り渡す義務が生じると解される。相続・合併等により，会社にとり好ましくない者に株式が承継されたときに対応するためである。

(2)　具体的手続～総会決議と請求行使

　A社は売渡請求をする場合，請求対象の株式の数，当該株式を有する者の氏名または名称等を，その都度，総会の特別決議で定めなければならない（175条1項）。Xは総会の決議行使ができない（同条2項）。請求の行使は，次のとおりである。

　第1に，売渡請求は，相続その他の一般承継があったことを知った日から1年以内にすることを要する（176条1項）。会社はいつでも売渡請求を撤回することができる（同条3項）。A社は分配可能額の範囲内でしか買うことができない（461条1項5号）。第2に，取得者Xに拒否権はない。Xの保護は売渡請求が定款規定に基づき，請求内容を総会の特別決議によることで図る。第3に，相続により株式を準共有している一部の者に対しても売渡請求は可能とされる（東京高判平24・11・28資料版商事356号30頁）。第4に，売買価格が当事者協議で調わないときは裁判所に売買価格の申立てをすることができる（177条2項。売渡請求日から20日以内）。裁判所が決めた価格が売買価格となる。

第3節　株主名簿

1　株主名簿の記載と効力

(1)　記載事項

　会社は株主名簿を作成し，次の事項を記載（書面）・記録（電磁的記録）する（121条）。①株主の氏名（自然人）・名称（法人）および住所（株式共有では権利行使者も記載），②株主の保有株式数・種類，③株主の株式取得日（譲渡等の取得では名義書換日），④株券番号（株券発行会社），⑤質権の登録（148条），⑥信託財産の表示（154条の2），⑦振替株式に関する事項（振替150条・152条），である。

(2)　記載の効力～名義書換え

　株主名簿の作成は，会社の円滑な事務処理，株主に対する画一的・技術的処理等のためなされ，株主の権利行使は，株主名簿の記載に基づくことを前提としている。株式の譲渡があれば，その株式を取得した者の氏名・名称および住所を株主名簿に記載しなければ（名義書換え），会社に対抗することはできない（130条1項）。名義書換えは，会社がその請求を受理したときに成立する。会社は株主名簿の記載により，株主として権利行使ができる者を把握（総会の定足数確保の委任状勧誘等）することができる。株主名簿の記載による効力は，次表である。

130

（株主名簿記載による効力）

効　力		具体的内容
権利移転の対抗要件	株券不発行会社	権利取得者は，株主名簿の名義書換えにより，「会社その他の第三者」に対し，権利の移転を対抗できる（130条1項等）
	株券発行会社	権利取得者は，株主名簿の名義書換えにより，「会社」に対し，権利の移転を対抗できる（130条2項）
会社の免責	通知・催告	会社は，株主名簿上の株主の住所宛に通知・催告を発すれば，通常，到達すべきときに到達したものとみなされる（126条）
	株券発行会社のみ	株主名簿上の株主を，株主として扱えば，その者が真の株主でなかった場合でも，悪意・重過失がない限り免責

2　名義書換えの手続と制限

(1)　手続の概要

　株主名簿への記載は，株式の発行，自己株式の取得・処分，株式の併合・分割等では，会社は株主の氏名等を把握しているため，株主名簿への記載または記録は，会社によりなされる（132条）。しかし，株式の譲渡では，株券不発行会社または株券発行会社では，次の手続により名義書換えがなされる。

　ア）株券不発行会社　株式取得者は，法務省令（施規22条1項）で定める場合を除き，取得した株式の株主として株主名簿に記載・記録された者またはその相続人その他の一般承継人と共同で行う（133条2項）。株主は会社に「株主名簿記載事項証明」を請求できる（122条1項）。

　イ）株券発行会社　株券所持人（譲受人）が単独で，会社に株券を提示して名義書換えの請求をする。株券占有者は当該株券に係る株式についての権利を適法に有する者と推定され（131条1項），会社は反証ができない限り，名義書換えに応じる義務がある。請求者が無権利者でも，会社は悪意または重大過失がなければ免責される。

（名義書換えの手続の概要）

株式の区分		手続の内容
株券不発行会社	共同請求	株式取得者は，株主名簿上の株主またはその相続人等と「共同」で名義書換えの請求
	単独請求	①利害関係人の利益を害するおそれがない場合（株主名簿上の株主に，名義書換えの意思表示をすべきことを命じる確定判決等），②自己株式の取得・処分，株式の併合・分割，株式の発行
株券発行会社		株券所持人は，①単独で，②株券を提示して，名義書換えの請求
振替株式		振替機関から会社に通知（総株主通知）

ウ）振替株式の会社　振替機関が口座管理機関に口座情報の報告を求め，集約した振替口座簿の情報（基準日現在の株主名・株数）を発行会社に通知し（総株主通知。振替151条），通知事項により会社が名義書換えを行う（振替152条）。

(2) 名義書換えの制限

　株券不発行会社（振替株式発行会社でない会社）は，一定事由により株主が会社に株式買取請求をする場合，株主名簿の名義書換えが制限される（116条9項・182条の4第7項・469条9項・785条9項・797条9項）。買取請求者が請求後に株式を売り渡した後，株式譲受人が株主名簿の名義書換えを請求できないとすることにより，株式買取請求の撤回を制限する必要があるためである（785条9項等）。

　他方，上場会社等は基準日（後述）の翌日から一定期間は名義書換えを受け付けない（名簿閉鎖）。名簿閉鎖は事務処理上，必要な処理である。

3　基準日と議決権行使

(1) 基準日制度の意義

　ア）意　義　総会で議決権を行使し，剰余金配当を受けるのは「どの時点」における株主かが問題となる。株主が多数いる会社は頻繁に変わる株主を常に把握することが容易ではない。そのため，会社は基準日において株主名簿に記載・記録されている株主（基準日株主）を権利行使できる者と定めることができる（124条1項）。基準日制度は，「一定時点（決算日の3月31日午後5時現在等）における株主」に権利行使を認めるものである。招集通知を受け取る者と議決権行使をする者とは，一致することが望ましいからである。

　イ）手　続　基準日は権利行使の日から3ヵ月以内の日であり（定款に定め定期的な基準日以外は2週間前に公告。124条2項3項），基準日および基準日株主が行使できる権利内容は，原則として定款（臨時株主総会の基準日は公告）で定める。基準日株主は，その有する株式の発行時期にかかわらず，同一の配当（日割配当ではない）その他の財産・株式等の割当てを受ける（453条・184条・185条等）。

(2) 基準日後の議決権行使～原則と会社の判断

　基準日後でも，株式の譲渡および名義書換えは可能である。しかし，基準日後に名義書換えをした株主には，原則として，当該年次の株主総会における議決権行使は認められない。しかし，議決権行使の基準日では，同日後に株式を取得した者の全部または一部に権利行使を認める旨を定めてもよいとされる（124条4項）。基準日後の組織再編行為・新株発行等により新たに株主になった者に，取締役選任等につき総会で

議決権を行使できるようにするためである。

4　名義書換えの未了

(1)　株主の権利行使と会社の判断

　株式取得者（実質株主）Yは名義書換えが未了の場合，発行会社P社に権利行使を求めることはできない（130条1項）。しかし，P社側の危険において，株主名簿上の名義人（名義株主）Xではなく，株式取得者Yを株主と扱うことができる（最判昭30・10・20民集9巻11号1657頁）。P社はXまたはYのどちらか気に入った者に権利行使を認める可能性があるが，実質株主でないことが明白である事案にまで，必ずXを株主として扱う意義は乏しい。大規模会社では実質株主か否か確認することは困難であり，Xを株主として扱うことになろう。

(2)　名義書換えの不当拒絶

　名義書換えは，会社がその請求を正当な理由（実質的権利者でないことを会社が立証，株券の盗難・紛失届に係る株券喪失登録，譲渡制限株式の譲渡制限等）なく拒絶したときは，株式取得者は名義書換えなしに，株主としての権利行使ができる（最判昭41・7・28民集20巻6号1251頁）。会社が受理後に株主名簿への書換手続を過失により怠っていることになり，請求者は受理時に名義書換えがあったものとされる。

　名義書換えの不当拒絶がなされた場合，名義書換請求者は，①会社に対する損害賠償請求（民709条），②名義書換請求の訴え，株主の地位を定める仮処分を求めることが考えられる（福岡地判昭37・5・17下民13巻5号1010頁）。

5　株主名簿の閲覧謄写権請求

(1)　管理と閲覧

　ア）管　理　　会社は，株主名簿管理人（信託銀行等）を置く旨を定款で定め，当該事務（株主名簿の作成，名義書換業務等）を行うことを委託することができる（123条）。株主名簿管理人を設置した場合（要登記），会社は株主名簿を株主名簿管理人の営業所に備え置く（本店での備置きは不要）ことで足りる。

　イ）閲　覧　　株主，債権者および親会社社員（親会社の株主等）は，会社の営業時間内は，株主名簿の閲覧謄写の請求ができる（125条2項。請求理由の提出に加え，親会社社員による閲覧は裁判所の要許可）。株主による閲覧謄写は総会の代理行使の勧誘等（委任状勧誘）のため他の株主情報を収集するうえで利用される（東京地決平24・12・21金判1408号52頁）。会社が閲覧謄写を認める場合，個人情報が不当に害されないように配慮（閲覧謄写後の非開示の誓約等）が求められよう。

⑵　閲覧謄写請求の拒絶事由

　株主名簿の閲覧謄写請求の拒絶事由は，次のとおりである。①株主・債権者（請求者）による権利確保・行使等のための調査以外の目的請求，②業務妨害・株主共同の利益を害する目的の請求，③知り得た事実を第三者に売却するための請求，④過去2年内に，知り得た事実を第三者に売却したことがあるときの請求，である（125条3項・252条3項）。しかし，会社が株主名簿の閲覧謄写請求において，株主の不当な目的，権利濫用を立証することは困難とされる（東京高判昭62・11・30判タ671号217頁，最判平2・4・17判タ754号139頁）。

6　株主リスト整備の必要性

　登記事項につき株主総会・種類株主総会の決議等を要する場合，登記申請書には，総会議事録に加え，株主リストの書面添付が求められる（商業登記規則61条3項）。株主リストの書面添付理由は，①商業登記を悪用した犯罪行為（総会議事録等の偽造による役員の変更登記，本人承諾のない取締役就任の登記申請を行ったうえで会社財産処分等）の防止，②登記所による法人の所有者情報の把握等のためである。株主リストには，対象株主の氏名・名称および住所，株式数（種類株式の種類・数），議決権数・議決権割合が記載される。

第4節　株主の名義と株式の担保化

1　名義株式の課題と対策

⑴　名義株式の発生要因

　ア）発生要因　名義株式とは，株主名簿上の名義（名義株主）と実質上の株式引受人（実質株主）が一致していない株式のことである。名義株式の発生要因として，①株式会社の設立に際し発起人による株式引受け（設立時の発起人集め等），②相続税対策としての名義分散，③新株発行の引受け等がある。

　イ）放置の課題　真の所有者に名義変更がなされずに放置されている場合，①名義株主の悪用（実質株主の意図に反する行為，総会出席を強行して実質株主の権利妨害等），②会社の悪用（名義株主または実質株主に恣意的に議決権行使を許可等），③名義株式の不明・分散（名義株主の所在不明，相続による株式分散等）などの問題が生じうる。

(2)　判例にみる名義株式の扱い

　名義株主ではない実質株主が，総会に出席を求めることがある。会社が実質株主を知りながら，名義株主に議決権行使をさせた場合，会社は総会招集手続の瑕疵が問われることがある（東京地判昭32・5・27判タ70号109頁）。

　しかし，会社が株主名簿に記載なき者を実質株主と認めて株主権の行使を許容しながら，当該者が実質株主でなかった場合，その株主権行使は無効になる（大阪高判昭41・8・8判タ196号126頁）。実質株主に議決権行使を認めるには総会に出席しても総会が攪乱されること等がなく，議決権行使をさせなければ意思形成が実質的に阻害される等の証明を要するであろう。

(3)　実質株主の認定基準

　株主であることを会社に主張するためには，株主としての認定を受ける必要がある。実質説を採用した場合，誰が実質上の引受人・払込人であるかを判断する必要がある。裁判例によれば，実質株主の認定基準として，①株式取得資金の拠出者，②名義貸与者と名義借用者との関係，その間の合意内容，③株式取得（名義変更）の目的，④取得後の利益配当金・新株等の帰属状況，⑤名義貸与者および名義借用者と会社との関係，⑥名義借りの理由の合理性，⑦議決権の取扱い・行使状況等を挙げている（東京地判昭57・3・30判タ471号220頁）。

2　失念株の処理

(1)　失念株の問題点

　失念株とは，広義では，株式の譲受人が株主名簿の名義書換えを失念している場合における当該株式である。故意に名義書換えをしていないものを含む（株券発行会社）。狭義では，株式の譲受人がその譲受後，株主名簿の名義書換えを失念しているなか，会社から株主に株式の割当てを受けて，株主名簿上の株主である株式の譲渡人に割り当てられた新株をいう。

　失念株主は会社に対して直接に株主権を主張することはできないが，名義書換えを失念した実質上の株主に，どのような権利（剰余金の配当，株主割当増資の新株割当て）を認めるかが問題となる。例えば，発行会社P社の株主AがBにP社株を譲渡後，Bは名義書換えを失念している間に，P社は名義株主Aに剰余金の配当，株式分割等に係る新株割当てをした。この場合，BはAに対し，それらの引渡しを要求することができるのかである。

(2)　募集株式の割当てを受ける権利の帰属

　失念株について株式分割が行われ，名義株主Xが交付された新株を売却したため，譲受人Y（実質株主）がXに不当利得の返還を請求した事案においては，判例によれば，Xに対し，売却代金相当額の金員の不当利得返還義務を負うとする（最判平19・3・8民集61巻2号479頁）。株式分割は名簿上の株主による行為を要しないが，株主に「募集株式の割当てを受ける権利」を与える新株式発行（202条1項）ではどうか。株式分割と異なり，株主による払込みという行為が介在するため，異なる扱いが考えられる。

　他方，株主割当増資においては，名義書換請求をしなかったYに責任があり，新株引受権に関し，譲渡当事者間においても名義株主Xに帰属すると判示した（最判昭35・9・15民集14巻11号2146頁）。当該判決に対し強い批判があり，多数説によれば，募集株式の割当てを受ける権利は譲渡当事者間では，Yに帰属するとする。当該権利は株主としての資格に基づき付与されるものであり，株主権の移転により，Yに移転すると考えられるからである。仮にXがすでに募集株式の申込証拠金の支払いをした場合，Yはその金額と引換えに新株の引渡しをXに請求する。時期を失した請求に対しては，信義則の法理で対処が可能である。

3　株式の担保化

　株主は株式を担保に入れて融資（株式時価の70％等）を受けることができる。方法として質入れ（登録質・略式質）および譲渡担保があり，株主名簿の記載または株券の占有により，債権者は債務不履行の際に優先弁済権が確保される。

(1)　株式の質入れ〜法定の株式担保化

　ア）登録質　　登録質（登録株式質権）は，質権者の氏名等を株式名簿に記載・記録することによる（147条1項）。登録質は株式が譲渡されても質権がついてまわり，利益配当・株式分割の株式増加分等は会社から直接質権者に支払われる（151条1項）。質権者は会社に「株主名簿記載事項証明書の交付等」を請求できる（149条1項〜4項）。

　イ）略式質　　略式質とは，登録質以外のものであり，質権者の氏名等が株式名簿に記載・記録されない。株券発行会社では，当該株式に係る株券を質権者に交付することにより略式質の効力を生じるが（146条2項），質権者による継続的な株券の占有が第三者の対抗要件（147条2項）である。

⑵　株式の譲渡担保～当事者間の契約

　株式の譲渡担保とは，株式譲渡の形式による担保化であり，融資額が返済されたときに，株式が返還される。株式の質入れと異なり明文規定はなく，当事者間の契約による。株券交付会社では，株券の交付によって行われるため，略式質，株式の譲渡担保，通常の株式譲渡は外観では区別がつかない。

　当事者の意思表示によるが，担保と通常の譲渡とは代金の額で区別されることになろう。株式の譲渡担保には，登録譲渡担保および略式譲渡担保（通常は後者の方式）がある。

（株式の担保化の概要）

区　分	株券発行会社	株券不発行会社	振替株式
登録質・登録譲渡担保	質権者の氏名等を株式名簿に記載等＋株券の交付	質権者の氏名等を株式名簿に記載等（振替株式を除く）	振替機関から発行会社への総株主通知に，質権者の氏名等も含まれて株主名簿に記載等
略式質・略式譲渡担保	株券の交付	（利用不可。振替株式を除く）	総株主通知の際に質権設定者のみが通知

第5節　株券の発行

1　株券の意義

⑴　株券の意義

　株券とは，株式を表章する有価証券（民520条の2以下参照）である。株券発行会社では，株式譲渡は株券の交付により行い（128条），株主権の行使は株券提示をもとに書き換えられた株主名簿に基づく。株券の占有者は，適法の所持人と推定され，善意取得が認められている（131条。資格授与的効力）。

　株式会社は原則，株券を不発行とし，定款の定めがある場合にのみ，株券を発行することができる（214条。株券不発行の原則）。株券の発行コスト，配送リスクおよび保管コストは多額である。株式流通をより円滑に行うためである。上場会社（振替株式制度利用会社）は株券不発行制度が強制される。なお，株券不発行の株式（上場会社の振替株式を含む）は，金商法上，みなし有価証券とされる（金商2条2項）。

（株券発行の留意点）

区　分		具体的内容
株券の発行可否		①上場会社（振替株式制度利用会社）は株券不発行制度が強制，②非上場会社は，定款に定めがある場合にのみ発行可（株券発行会社）
株券発行会社の対応	株券発行	原則，株式を発行した日後，遅滞なく株券を発行（215条1項）
	株券の不発行	①非公開会社で，株主から株券発行の請求なし（同条4項），②株主から株券不所持の申出あり（217条1項2項），③定款に単元未満株式に係る株券の不発行の定めあり（189条3項）
株券発行の廃止		①株券発行の定めを廃止する定款変更決議（466条・309条2項），②効力発生日の2週間前に，公告および株主・登録質権者に各別の通知（218条1項），③効力発生日に株券無効（同条2項）

(2) 株券の記載事項

　株券の記載事項は法定されている（216条。要式証券）。会社の商号，株式数，株式譲渡制限の定めがあるときはその旨，種類株式発行会社では当該株券に係る株式の種類およびその内容数，代表取締役・代表執行役の署名は必須であるが，その他の事項の記載を欠いても，直ちに無効とはならない。株券には株券番号が記載され，代表取締役（代表執行役）が署名押印する。1枚の株券は1個の株式しか表章できないものではなく，数個の株式を併せて表章することができる。例えば，1枚で10株券，100株券とすることも可能である。

(3) 株券の発行と流通

　ア）義　務　株券発行会社は，原則として株式を発行した日以後遅滞なく，当該株式に係る株券を発行しなければならない（215条1項）。株式の譲渡，質入れのためには株券を必要とするためである。しかし，非公開会社の株券発行会社では，株主から請求があるまでは，株券を発行しないことができる（同条4項）。中小規模の会社は概して株主の異動は頻繁ではなく，株券発行コストを抑えるためである。譲受人は株券の提示により株主名簿に記載され，株主権を行使できる（130条1項2項）。株券は権利の移転および行使にそれを必要とする有価証券であり，株券の引渡しは権利移転の要件である。

　イ）株券発行前　株券発行前は，株式譲渡ができない。しかし，会社が株券発行を合理的理由なく遅滞している場合，株券発行前の譲渡も有効と解される。裏付けになる株式があり，会社が様式の整った株券を完成させ，株主の氏名を記入した以上，その時に株券の効力が発生すると考えられる。

ウ）株券提出　　株券発行会社は，次の①〜⑥に際し，各効力発生日の１ヵ月前までに，株券を効力発生日までに提出すべき旨を公告し，かつ対象株主および登録株式質権者に通知を要する（219条１項。効力発生日に株券無効となる）。①株式譲渡制限の定款変更，②株式併合，③全部取得条項付種類株式・取得条項付株式の各取得，④株式等売渡請求の承認，⑤組織変更，⑥合併，株式交換・株式移転である（株券提出期間満了前に，旧株券交付により株式を譲り受けた場合，株券は無効であるが株主名簿の名義書換請求が可能である〔最判昭60・３・７民集39巻２号107頁〕）。

(4)　株券の不所持制度〜手続と再発行

　株券の不所持制度とは，株券発行会社の株主は「保有株式に係る株券の所持を希望しない」旨を申し出ることである（217条１項）。株券の紛失リスク，金融機関等への株券保管コストに対応するためであり，株主権の行使は可能である。

　すでに株券が発行されているときは，当該株主は株券を発行会社に提出し，会社は遅滞なく株主名簿の当該株主欄に株券不発行と記載・記録する（株主名簿の記載により株券は無効）。なお，株主が一旦発行された株券を，不所持とするために会社に提出後，株式を譲渡または担保に入れるのに株券が必要な場合，会社に再発行を請求できる。株券の再発行に係る費用は，株主負担である（同条６項）。

2　株式の善意取得

(1)　株券の善意取得

　ア）要　件　　悪意または重過失がなく株券の交付を受けた者は，その株券に係る株式についての権利を取得する（131条２項。善意取得制度）。要件は，①有効な株券の存在，②無権利者からの取得，③株券の交付（占有取得），④取得者の善意・無重過失である。

　イ）意　義　　株式の譲受人は，譲渡人の譲渡行為に瑕疵があれば，有効に株式を取得できない。例えば，Ｘ社の株主Ａから株券を盗んだ（または拾った）Ｂは，当該株券をＣに売却した。Ｂは無権利者であり，本来ならばＢからＣに権利は移転しない。しかし，Ｃはその前者（Ｂを含む，ずっとさかのぼり全員）が権利者でなければ株主としての権利を取得できないとすれば，Ｃが負う調査費用・時間は多大であり，現実には不可能に近い。動産としての民法上の即時取得が認められるためには，Ｃに軽過失もないことが要求され（民192条），盗品および遺失物は対象外である（民193条・194条）。Ｂは損害賠償責任を負うが，無資力または音信不通になることが多い。そのため，Ｃは悪意・重過失がなく株券の交付を受けた場合，善意取得により（株券の原始取得），Ｘ社の株主となる（Ａの株主権喪失）。Ａに不利益を忍んでもらう。

(2) 株券の交付前の善意取得

　会社が株券を作成して，株主に交付しないまま盗難・紛失して第三者が取得した場合，または会社が無断で株式引受人とは異なる他の者に交付した場合，株券の第三者取得者の善意取得を認められない（最判昭40・11・16民集19巻8号1970頁）。会社は株券を交付する前においては，自身が権利者として株券を所持するのではなく，株式引受人のために所持するにすぎない。会社は権利者として株券を所持するのではなく，盗難または拾得という第三者の実力支配の出来事により権利を失うわけではない。

(3) 振替株式の善意取得

　振替株式には，①発行済みの株式が本来の株主ではない顧客の口座に記録，②振替機関または口座管理機関の過誤により，未発行の株式が顧客の口座に記録される場合に，善意取得が生じうる。

　例えば，顧客Xの口座に口座管理機関A証券会社の過誤により，B社株10万株の増加を記録すべきところ，100万株の増加を記録した。Xの口座から振替を受けたYは90万株の善意取得が生じうる。口座管理機関A証券会社は超過分の株式を買い入れ，B社に権利抹消の意思表示をして，振替口座の抹消をする（振替145条〜148条）。

（株式の善意取得の概要）

事　案	具体的内容
株券の善意取得の要件	①有効な株券の存在，②無権利者から特定承継による取得，③株券の交付（占有の取得），④取得者に悪意・重過失のないこと
株券の交付前の善意取得	株券の第三者取得者の善意取得を認められない。会社は権利者として株券を所持するのではないため
振替株式の善意取得	振替機関または口座管理機関の過誤により，未発行の株式が顧客の口座に記録等。口座管理機関等は超過分の株式の買入れと振替口座の抹消

3　株券失効制度〜善意取得の防止

　ア）意　義　　株券失効制度により，株券を盗難・紛失等により喪失した者が，発行会社に株券喪失登録をしたのであれば，登録日の翌日から1年が経過した時点で，喪失した株券が無効となる（223条・225条1項。除権判決は不要）。喪失した株券が善意取得されることを防止するためである。名義書換前の株券喪失では名義書換えができず，名義書換後の喪失では株主の権利行使はできるが，株式の譲渡・質入れはできない（128条・146条。善意取得者には対抗不可）。

イ）手続・特徴　株券喪失者は，発行会社に株券喪失登録簿（221条）の記載・記録の請求をする（223条）。発行会社は，株券喪失登録簿に株券喪失登録をして一般に閲覧させる。株主名簿上の株主は，会社に対し株主権の行使が可能である。株券喪失登録がされた株券は，株券喪失登録日の翌日から1年の間に，株券所持者から異議がないときは無効となり，発行会社は株券喪失登録者に新株券を再発行する（228条1項2項）。なお，喪失していた株券が見つかった場合等，株券喪失登録者は喪失登録の抹消申請ができる（226条）。株券失効制度の特徴として，喪失登録がされた株券の取得者は，一定期間（喪失登録の抹消日または喪失登録日の翌日から起算して1年を経過した日まで），株主名義書換えができない（230条）。また，株券が無効となった場合，発行会社は，当該株券についての株券喪失登録者に対し，株券の再発行を要する（228条2項）。

（株券失効制度の手続概要）

当事者	具体的内容
株券喪失者の対応	①株券喪失登録の申請，②名義書換前の喪失では，名義書換え・議決権行使の不可，③申請者が株券の最終所持人である旨の資料提出
会社の対応	①株券喪失登録簿の作成と一般への閲覧，②登録日の翌日から1年経過した日に株券失効，③名義株主，登録質権者，株券提出者への通知，④新株券の再発行

第6節　株式の評価

1　評価方法と考慮要素

(1)　株式評価の局面

　株式の評価は，譲渡・贈与，組織再編，株主による株式買取請求，募集株式の払込価額の算定・差止請求等において問題となる。株式の評価は，会社の収益力および財務状態等，複雑な要因から決定する。上場会社の株式は，客観的評価として，金融商品取引所が公表する相場（市場価格）があり，市場価格は多くの市場参加者の判断が集約されている。他方，譲渡制限株式は，評価しようとする株式を発行する会社（評価会社）の同じ株式であっても，株主の支配力・属性等により評価額が異なる。株式の評価方法は，類似業種比準方式，純資産価額方式，収益還元方式，配当還元方式がある。会社の事業規模・特殊性，株主の支配力等の多様な要素が考慮され，これら評価方法を併用することが多い。

(2)　評価の要素～公正な価格・一切の事情

ア）公正な価格　　組織再編等に反対する株主は発行会社に対し所有する株式を「公正な価格」で買い取ることを請求することができる（469条1項等）。例えば，株主は合併に際し買取請求権を行使する場合，不利な条件の合併では市場価格が下落するおそれがあるため，当該要素を受ける前の株価が問われる（東京地決昭58・10・11下民34巻9～12号968頁等）。

イ）一切の事情　　裁判所は，譲渡制限株式の取引当事者の申立てにより売買価格を決定するには，譲渡等承認請求時における会社の資産状況その他「一切の事情」を考慮しなければならない（144条3項）。一切の事情とは株価形成に影響のある要素として，次の内容が考慮されよう。①利益の増減と予測および収益構造，②会社の規模，資産の特性・価値の騰貴率および下落率，経営ノウハウ，事業の特殊性等，③会社解体を仮定すれば，分配できる残余財産額，④会社の将来予測，⑤雇用関係と人件費割合，⑥どうしても株式を売却したいのか，⑦剰余金の配当，⑧買取人の株式取得後の状況（持分比率の変動，支配的株主化），⑨株主兼取締役の報酬・支配性，役員報酬動向，等である。

2　各方式の特徴

(1)　類似業種比準方式

評価会社の類似業種に属する複数の上場会社の株式価額の平均価額および当該複数の上場会社の3要素（1株当たりの配当金額・1株当たりの利益金額・1株当たりの純資産価額）と評価会社のそれとを比準させる。譲渡制限株式は流通性が劣るため，一定割合を減じる（非流動性ディスカウントは減少傾向にある〔大阪地決平25・1・31判時2185号142頁，東京地決平26・9・26金判1463号44頁等〕）。当該方式の課題として，①課税技術上の観点に立つ方式である，②比準業種および標本会社の選定に加え，会社の特殊性・成長性から直ちに類似比較は困難，等がある。

(2)　純資産価額方式

純資産価額方式は会社を清算・解体したと仮定し，どの程度の残余財産を分配できるかを算定する。細分化すれば，①純資産簿価方式，②純資産時価方式，③純資産処分価額方式がある。貸借対照表の資産・負債の各項目を再検討する。

ア）純資産簿価方式　　簿価という会計帳簿上の記録に基づく。課題として，本方式では資産の客観的交換価値を正当に表現しているとは限らない。

イ）純資産時価方式　　個々の資産の再取得価格（再調達価格）の総計である。会社が現状の姿で新たに設立されるとすれば，どの程度の自己資本の価額を必要とする

かを示す。課題として，本方式では各資産から生ずる収益を評価していない面がある。

ウ）純資産処分価額方式　　会社が解散したと想定して，個々の資産を処分する場合の売却価額である。課題として，会社が継続企業であることを考えると，資産の利用価値が配慮されるべきであろう。

(3)　収益還元方式

将来会社にもたらされる利益が会社の株式価値を決定するという考えに基づく。収益還元方式は，直接還元法およびDCF法がある。

ア）直接還元法　　将来予測される1株当たりの税引後純利益を資本還元率で除し，これをさらに発行済株式総数で除する方法である。資本還元率とは，将来得られると予想される金銭（リターン）をリスク勘案し，一定の割引率で還元するための係数である。株式の売買当事者が，配当額よりも企業利益そのものに関心を有しているかが問われる。課題として，①継続企業価値が収益力を超えて過大評価されるおそれ（東京地判平7・4・27判時1541号130頁），②資本還元率のわずかな差によって評価額に大きな違いが出ること等がある。

イ）DCF法　　将来の予想される年度別の現金純流入額を合計し，それを複利現価率で割り引いて，発行済株式総数で除して算出する方法である。中小企業では利益配当をせずに内部留保をする傾向にあり，配当還元方式を利用すれば株式の評価が過小になる場合，DCF法がふさわしいとされる。

(4)　配当還元方式

ア）算定式　　（その株式に係る年配当金額÷10％）×（その株式の1株当たりの資本金の額÷50円）により算定する。配当金額が2円50銭未満または無配の場合，2円50銭とする。同族株主等ではない少数株主に期待できるのは配当しかなく，今後，どのような配当を得ることができるのかという観点から評価する。現実の利益配当が不当に低い場合，他の方式を斟酌する。本方式で考慮される要素として，①将来的な配当政策，②安定的な配当期待の見込み，③売主が支配株主か，④株式保有リスク，⑤配当の特殊要因（特定年度の記念増配等）の排除等がある。課題として，将来の配当期待の長期予測が困難である。株主が役員の場合，剰余金の配当ではなく，役員報酬または役員に付随する有形・無形の役得を考慮する必要がある。

イ）ゴードン・モデル　　ゴードン・モデルは配当還元方式の応用であり，①会社の成長性，②会社の収益構造，③自己資本からの利益と借入資本からの利益，④借入金利の負担，⑤対象株式の特性・リスクを考慮する。留保利益が会社によって運用され，その運用益の一部がさらに翌期以降の配当として支払われるとして，配当金が毎

期一定の割合で増加していくという仮定に基づく。

3　関連する重要事項

(1)　各方式の併用〜各方式の留意点と併用方法

　ア）各方式の留意点　　各評価方法には一長一短があり，1つの方法だけを用いると短所が増幅される危険がある。ここに加重平均による併用方式を用いる意義がある。課題として前述した内容に加え，次の留意点がある。第1に，継続企業価値の評価方法としては，会社の解散を前提とする純資産方式よりも，収益還元方式のほうが理論的に優れている。第2に，収益還元方式は，資本還元率のわずかな差によって評価額に大きな違いが表れ，本方式により算出される株式・持分評価は純資産方式による評価を下回ることが少なくない。第3に，簿価が時価を大きく下回る場合等では，純資産方式では継続企業価値が収益力を超えて過大評価されるおそれがある（東京地判平7・4・27判時1541号130頁参照）。

　イ）併用方法　　第1に，収益状況等から会社の継続可能性が高いと考えられる場合，インカムアプローチの割合が高くなる傾向がある。第2に，少数株主の保有株式にはマイノリティ・ディスカウントが加えられ，配当還元方式を重視する傾向があり，支配株主の保有株式にはインカムアプローチの中でも，時価純資産法および収益還元方式またはDCF法が併用される傾向がある。加重平均による併用方式でも，どのように加減するかは事案毎に対処することになる。DCF法の有用性は支持されているが，インプットデータの違いが結果に大きな差異を生じさせるため，当事者を説得できる合理的理由が求められる。

(2)　税法上の株式評価

　ア）原則的評価　　税務上，取引相場のない株式に関し，原則的評価方式として，①純資産価額方式，または，②類似業種比準方式，もしくは③前記①と前記②の併用方式が認められている。特例的評価方式として，配当還元方式がある。

　イ）適用区分　　原則的評価方式のうち，いずれの評価方式によるのかは，第1に，株主の区分（少数株主，同族等株主），第2に，評価会社の区分（一般の評価会社，特定の評価会社），第3に，会社の規模（大会社・中会社・小会社）により異なる（財産評価基本通達179参照）。

　ウ）評価方式　　第1に，大会社では原則，類似業種比準方式によるが，納税者選択により純資産価額方式が可能である。第2に，中会社は類似業種比準方式と純資産価額方式との併用による（純資産価額方式も可）。第3に，小会社では原則，純資産価額方式によるが，納税者選択により類似業種比準方式×0.5＋純資産価額方式（80％

評価可）×0.5が可能である。株式の所有者とその同族関係者の有する議決権の合計数が評価会社の議決権総数の50％以下である場合，純資産価額の80％により評価することができる（財産評価基本通達185）。

(3) 清算所得に対する法人税等の控除の可否

清算所得に対する法人税等の控除の可否について，裁判例によれば，会社財産を時価純資産方式によって算定する際には，資産の処分相当額から清算所得に対する法人税相当額を控除すべきであるとする（東京地判平7・4・27判時1541号130頁）。純資産方式の採用が，会社を解散して清算した場合に社員にいくら分配できるかというあくまで「観念的に」解散を仮定したうえでの企業価値の評価を行うものにすぎない。そのため，会社資産の一部清算という側面から，持分払戻額の算定に際し，清算所得税相当額を控除しても，退社社員に不当な不利益を課するものではないであろう。

第7節　自己株式

1　自己株式の取得規制

(1) 取得の意義～弊害と対処

自己株式（株式会社が有する自己の株式。113条4項）の取得とは，有効に成立した株式を発行会社が事後的に他者（既存株主）から取得することである。自己株式の取得は，会社の余剰資金を配当以外の方法で株主に分配することを意味する。その結果，①株主への利益還元，②組織再編，ストック・オプション（役員・従業員等へのインセンティブ）の対価として自己株式を利用できる。自己株式の取得により，株式流通量だけでなく会社財産も減少するため，株価が上昇するかは直ちにいえない（株価上昇を意図した自己株式の取得は，相場操縦の可能性）。

　ア）課　題　　自己株式の取得には，次の課題が指摘できる。①会社債権者保護（資本金・法定準備金を財源に有償取得すると，違法配当と同じ結果となる），②会社支配の公正（経営者が会社に自己株式を取得させ，自身の支配権の維持を図る可能性），③株主平等の原則（恣意的に一部株主から株式を高値で買い付けると株主間に不均衡），④株式取引の公正（相場操縦により株価を釣り上げ新株発行を有利にする，未公開情報によるインサイダー取引）が図れない，等である。

　イ）対　処　　これら弊害に対処するため，前記ア）①では自己株式の取得を剰余金の分配可能額に限定する（461条1項）。前記ア）②では新株発行規制を準用する。前記ア）③では公開買付けによる取得，株主総会の特別決議，売主追加請求権により

対処する。前記ア）④では自己株式取得の開示規制，相場操縦規制，インサイダー取引規制の強化がある。

(2) 自己株式の取得事由

　会社は次の①〜⑬の事由に限り自己株式の取得ができる。総会決議を前提として株主との合意により取得を認めているため，必ずしも厳格な制限ではない。

　①取得条項付株式の取得事由の発生，②譲渡制限株式の承認拒否に係る買取り，③株主との合意による取得，④取得請求権付株式の取得請求，⑤全部取得条項付種類株式の取得に係る株主総会の決議，⑥譲渡制限株式の相続人等に対する売渡請求，⑦単元未満株式の買取請求，⑧所在不明株主の株式の買取り，⑨端数処理手続に係る買取り，⑩他社の事業全部の譲受け，⑪合併の消滅会社からの承継，⑫吸収分割会社からの承継，⑬法務省令（無償取得，買取請求権の行使等。施規27条）で定める場合，である。

(3) 財源の規制

　自己株式の有償取得は剰余金の配当と同列に扱われ，取得対価が分配可能額を超えてはならない（財源規制）。会社債権者を保護するためである。

　ア）原　則　　次の自己株式の取得は財源規制に加え（461条1項），違反した業務執行者は「支出全額」の支払義務（462条），期末の欠損てん補責任（465条1項2号3号）を負う。①譲渡制限株式の承認拒否に係る買取り（138条1号ハ2号ハ），②子会社からの取得，市場買付け，公開買付け（163条・165条1項2号），③総会の授権に基づく個別の取得（157条1項），④全部取得条項付種類株式の取得（173条1項），⑤譲渡制限株式の相続人等に対する売渡請求（176条1項），⑥所在不明株主の株式の買取り（197条3項），⑦端数処理手続に係る買取り（234条4項），である。

　イ）別途基準　　第1に，株式譲渡制限規定の導入または株式併合に反対する株主からの買取請求（116条1項・182条の4）では，財源規制に加え，財源規制に違反した業務執行者は「超過額」の支払義務（464条1項）を負う（反対株主の保護）。第2に，取得請求権付株式の取得および取得条項付株式の取得（会社が取得するものとして発行）では，分配可能額を「超える部分の取得効力」が生じない（166条1項・170条5項）。

　ウ）規制の対象外　　他社の事業全部の譲受け（155条10号），合併の消滅会社・吸収分割会社からの承継（同条11号12号），株主からの買取請求（同条13号，施規27条）では，自己株式の取得は財源規制を受けない。円滑な組織再編等の実現，反対株主の利益保護を優先させるためである。

2 自己株式の取得方法

(1) 株主との合意による無償取得

会社は無償で株主との合意により自己株式を取得（取締役会決議）することが認められる（155条13号，施規27条1号）。他の株主の利益および会社債権者の利益を害さないため，財源規制は適用されない。

(2) 多数の株主との合意による有償取得

ア）ミニ公開買付け 多数の株主（全株主を対象）との合意により，会社が自己株式を有償取得（いわゆる「ミニ公開買付け」）するためには，総会の普通決議を要する。総会決議では，取得する株式数・種類，取得対価，取得期間（1年以内）を定める（156条1項）。具体的な取得時期・取得価格等は，取締役会決議による（157条1項）。全株主に取締役会で定めた事項に関し通知（公開会社では公告が可）を要する（158条1項）。一部の株主に通知を欠く場合，自己株式の取得は私法上無効になると解される（全株主に平等な売却機会の提供）。株主からの応募申込数が予定数を超過した場合，按分比例による処理（当該株主の申込数×取得総数÷申込総数〔端数切捨て〕）が行われる（159条1項2項。X社の自己株式の取得予定200株，株主Aが140株，同Bが120株の譲渡申込みでは，Bから92株を取得）。

イ）上場会社株式 上場会社では，①市場取引（金融商品取引所または継続的な価格形成が行われている施設を通じた取引）または，②公開買付けの方法により自己株式を取得することができる（165条，金商27条の2第6項）。定款に「取締役会の決議により自己株式を取得できる」旨の定めがあれば，総会決議は不要である。株主からの売却申込数が予定数を超過した場合，按分比例による。

(3) 特定株主との合意による有償取得

特定株主との合意により，会社は自己株式を有償取得するためには，財源規制に加え厳格な手続（株式売却機会の平等の提供）が定められている（160条）。例えば，会社から他の株主（特定株主以外）に通知し（同条2項），他の株主は売主追加請求権（特定株主以外の株主が自己を売主として加えることの請求。同条3項，施規29条）を行使できる。総会の特別決議で取得条件の承認を要する（156条1項・309条2項2号）。なお，株主全員の同意があれば，定款で他の株主による「売主追加請求権の排除」規定を設置できる（164条2項）。定款変更に全株主の同意を要するのは，自己株式を取得させる特定株主以外の株主に，不測の損害を与えないようにするからである。

(4)　相続人との合意による取得の特則

　非公開会社は，相続による株式分散を避けるため，相続人との合意により相続された自己株（譲渡制限株式）を取得できる（162条）。総会の特別決議は必要であるが（156条1項・160条1項・309条2項2号），他の株主には売主追加請求権が認められていない。相続人以外の株主に売却機会を与えると，買付資金が増加し，財源規制により相続人から株式を取得できなくなるからである。

　相続人との合意による取得は，当該相続人が株主総会または種類株主総会で議決権行使をしていないことが要件である。相続人が株主として議決権を行使した場合，株主の地位にとどまることを選択し，会社がそれを自認したことになるといえる。その場合，会社は通常の買取手続を進めることになる。

(5)　子会社からの自己株式の取得

　会社が子会社から自己株式を取得する場合，取締役会は取得株式数・株式の種類，取得対価，取得期間を定めるだけでよい（163条・156条1項）。他の株主による売主追加請求権行使を認めない。子会社は親会社株式の取得が原則禁止され，相当期間内の処分を要するが（135条），親会社株式に市場価格がなければ処分は困難であるため，親会社では自己株式の取得手続が簡易化されている。

（自己株式の取得方法の概要）

区　別	具体的内容	手　続	
無償取得	株主との合意	取締役会決議	
有償取得	株主との合意	総会の普通決議＋取締役会決議，全株主への通知（公開会社では公告が可）	上場株式は市場取引・公開買付け＋取締役会決議（定款規定を前提）
	特定株主との合意	総会の特別決議＋取締役会決議，売主追加請求手続，全株主への通知	
	相続人との合意	総会の特別決議＋取締役会決議	
	子会社から	取締役会決議	

3　保有に係る権利と開示

　ア）保有に係る権利　　会社は，適法に取得した自己株式を期間および目的の制限なく保有できる（金庫株制度）。自己株式に係る各種権利等は次のようになる。自己株式の議決権は否定される（308条2項。取締役の支配権強化の防止）。共益権はなく（会社自身による監督是正権は背理となる），自益権も認められていない（453条・504

条3項。利益の二重計上の回避)。新株を引き受ける権利はない（202条2項)。他方，株式の分割は株式数を増加するだけであり，割合的単位に変化がなく，自己株式にも認められる。同様に株式併合の効果も自己株式に及ぶ（182条・184条1項)。

　イ）開　示　自己株式は貸借対照表上の「純資産の部」の控除項目として表示され（計規76条2項5号)，資産として計上されない（資産性なし)。また，株主資本等変動計算書においても前期末残高・当期変動額・当期末残高を記載する必要がある（計規96条3項等。監査対象)。

4　自己株式の消却〜手続と会計処理

(1)　処分の類型

　自己株式の処分として，①消却して株式を消滅させる，②自己株式の引受人を募集する（対価の取得)，③新株の代用として，手持ちの自己株式を移転して新株発行に代える方法がある。無制限に自己株式を売却した場合，浮動株が急増して既存株主に影響を与えるため，新株発行類似の手続が求められる（199条)。

(2)　自己株式の消却手続

　ア）手　続　消却できる株式は自己株式に限定される。株主保有の自社株を消却する場合，会社は株主から同意または強制取得して自己株式にして消却する。具体的手続は，次による。①消却する自己株式の数・種類は取締役会決議で定める（178条2項・348条2項)。既存株主は害されず，総会決議は不要である，②株主名簿から消却株式の記載を抹消し，③自己株式の消却により発行済株式数が減少するため，効力発生日から2週間以内に減少後の発行済株式数（種類株式の分割では，発行済種類株式の数)，変更年月日を登記する（915条1項)。

　イ）会計処理　消却に係る会計処理は，貸借対照表上の「その他資本剰余金」を減じる。純資産の部の自己株式△500万円を消却する場合，当該△500万円をその他資本剰余金に計上（減額）する（計規24条)。消却により株主資本内部の内訳が変わるが，分配可能額に影響はない。

5　違法な自己株式の取得

　会社の計算で違法に自己株式を取得した場合，罰則の制裁となる（963条5項)。しかし，違法な自己株式取得の私法上の効力については規定がない。取引の安全から，善意の相手方の保護を考える必要がある。

　手続規制に違反して，自己株式を取得した場合，原則無効であるが，会社は善意の第三者には主張できないが（相対的無効)，取引の安全を図る必要は高くないとされ

る。総会・取締役会の決議を欠くのは重大な違反であり，取得は無効となろう。財源規制に反する自己株式取得は，多数説によれば無効とされる。違法な自己株式の取得により，会社に損害が生じた場合，取締役には対会社責任が生じる（423条1項）。

第8節　株式の単位と管理

1　株式分割

(1)　株式分割の意義

　株式分割（183条1項）とは，同一種類の株式単位を細分化し，その数を増加（例えば，1株を3株に増加）させることである。株式数の増加により新株が発行されるが，株主から新株発行の対価が払い込まれないため，1株当たりの価値は相対的に低くなる。株式分割を行う理由として，①株価の高騰による弊害を小さくするため（流通の活性化），②株式配当を行うため，③中途半端な発行済株式数を整えるため等が考えられる。前記③では，例えば，発行済株式数が146株であり，これを150株に分割して区切りの良い発行済株式数にしたい場合，株式分割により同じ株式4株を追加発行する。

(2)　株式分割の手続

　ア）取締役会の決議　　株式分割は，取締役会の決議により，次の事項を定める（183条2項）。分割比率（1株をX株に分割），分割に係る基準日，分割の効力発生日，分割株式の種類である。株式分割は，既存株主の持分比率を害することにならないため（株主の割合的地位に変更なし），総会決議を要しない。

　イ）定款変更　　効力発生日の到来により，基準日における株主名簿上の株主が有する株式数が分割比率に従い増加する。株式分割に応じて，発行可能株式総数を比例的に増大させる定款変更は，取締役設置会社では取締役会の決議で足りる（184条2項・348条2項）。例えば，A社は発行可能株式総数が7万株，発行済株式数が3万株である。株式の分割により1株を2株にする場合，取締役会の決議で，株式分割後の発行可能株式総数を14万株とすることができる。

　ウ）端数処理　　株式分割で1株未満の端数が生じる場合，端数売却による株主増加の懸念がある。1株未満の端数が生じる対処として，端数の合計数に相当する数の株式を競売し，代金を端数に応じて株主に交付する（235条1項・234条2項4項）。市場価格のない株式では裁判所の許可（取締役全員の同意による申立て）を得て競売以外の方法で売却する（競売は実務上，少ない）。株主の割合的・実質的な地位に変

更はなく，取締役会の決議によることが可能である。

2　株式の無償割当て

(1)　無償割当ての意義

　株式の無償割当てとは，会社が株主（ある種類の種類株主）に対し，無償で（新たな払込みなし），当該会社の株式の割当てをすることである（185条）。株式分割と異なり，保有株式数に応じ異なる種類の株式を無償で割り当てることができる（議決権制限株式に制限のない議決権株式の割当て等）。株式の無償割当ては，当該会社以外の既存株主を対象とし，自己株式は割当ての対象外である（186条2項）。

（株式分割と株式の無償割当ての相違）

区　分		具体的内容
追加発行可能な株式	株式分割	同一種類の株式に限定
	株式無償割当て	同一または異なる種類の株式無償割当ての両方可
自己株式の交付	株式分割	既存株主に自己株式の交付不可
	株式無償割当て	既存株主に新株発行および自己株式の交付の両方可
自己株式数の増加	株式分割	自己株式自体の株式分割は可
	株式無償割当て	自己株式自体への株式無償割当ては不可
授権株式数の増加	株式分割	分割割合に応じた授権株式数の増加の定款変更は，取締役会の決議で可
	株式無償割当て	前記の規定なし

(2)　無償割当ての手続

　株式の無償割当ては，取締役会の決議により，次の事項を定める（186条1項3項。定款で別段の定めが可能）。①割り当てる株式数（株式の種類および種類ごとの数を含む）および算定方法，②効力発生日等である（同条2項・187条）。総会決議は不要である。株式分割と異なり，基準日の設定を求めていないが，上場会社は株主の変動が激しいため，実務では基準日を設けることになる。

3　株式併合

(1)　株式併合の意義

　株式併合とは，数個の株式をまとめて（例えば，3株を1株に併合），株式単位を大きくすることである（180条1項）。発行済株式数は減少するが，会社資産および資本金の額は変動せず（減資手続がない場合），1株当たりの価値は大きくなる。株式

併合は組織再編，所在不明株主・少数株主の締出しのために行われることが多い。

　株式併合により，1株に満たない端数（2株を1株にする場合，15株は7.5株となり，0.5株が端数）が生じた場合，会社は端数分に金銭を交付して処理する（155条9号・235条）。端数だけを有する株主は，株主としての地位を失う。

（少数株主の締出しの具体例）

株主	普通株式	普通株式20株を1株に併合	議決権数
A	120株	6株	6個
B	60株	3株	3個
C	12株	0.6株	0個
D	8株	0.4株	0個
計	200株	10株	9個

(2)　株式併合の手続

　株式を併合するためには，必要な理由を株主総会で説明し，特別決議を要する（180条2項4項・309条2項4号）。併合比率により，1株に満たない端数が生じ，既存株主は不利益を被るためである。総会決議では，併合比率，効力発生日，併合株式の種類，併合後の発行可能株式総数（同条3項。公開会社では，発行済株式数の4倍超の新株発行規制）を定める。少数株主の締出しに係る保護のため，株式併合により端数が生じる場合，会社は総会前後の情報開示手続（182条の2・182条の6）を要し，株主には差止請求権（182条の3），反対株主の株式買取請求権（182条の4。端数のみを対象）が付与されている。株券発行会社は公示をしたうえで，旧株券を回収して，新株券と交換する（215条2項・219条1項）。

(3)　不当な株式併合と対応

　ア）不当性の判断　　株式併合によっても，1株毎の株式の権利内容に変更はない。発行済株式数の減少幅が大きいこと，または，多数の少数株主が締め出されることが直ちに不当とされるわけではなく，非上場株式では投下資本回収の側面がある。実質的に株主の平等に反するような多数決の濫用の有無および少数株主の受ける不利益の程度を総合的に考慮して不当性が判断される。

　イ）株主の対応　　株式併合が多数決の濫用と認定されれば，株式併合の総会決議は取消事由となろう。株式併合が法令・定款に違反し，株主が不利益を受けるおそれがあれば差止請求ができる（182条の3）。単元株制度を導入していない会社は，端数を生じさせる株式併合のすべてが差止請求の対象（単元株制度では，単元株式数に株

式併合の割合を乗じて得た数が，1株に満たない端数が対象）となる。

4 単元株制度

(1) 単元株制度の意義

単元株制度とは，定款の定めにより，一定数の株式（単元）を有する株主にだけ議決権を認めるものであり，1単元の株式毎に1個の議決権を有する（308条1項但書）。単元株制度は株主管理コスト（総会の招集通知の送付費用等）の増大を抑え，出資単位にかかわらず全株主を経営に関与させることの不均衡に対処が可能となる。

単元株制度の採用には，定款で1単元の株式数を定めるが（株式の種類毎），1,000株および発行済株式総数の200分の1を超えることはできない（188条1項2項，施規34条）。過大な単位の株式数は株主の利益を害するためである。

(2) 自益権・共益権

ア）自益権　1単元未満の株主（単元未満株主）の自益権のうち，次の権利は定款でも排除できない（189条2項）。①全部取得条項付種類株式の取得対価を受ける権利，②取得条項付種類株式の取得対価を受ける権利，③株式無償割当てを受ける権利，④単元未満株式の買取請求権，⑤残余財産の分配を受ける権利，⑥法務省令（施規35条）で定める権利（剰余金配当請求権等），である。

イ）共益権　単元未満株主は議決権がなく，総会の招集通知が送付されない。議決権を前提とする権利（総会出席権・株主提案権等）は行使できないが，議決権行使と無関係な共益権（帳簿閲覧権等）は行使可能である。代表訴訟提起権は，定款で単元未満株主の自益権を一部排除しているときは行使できない（847条1項）。

(3) 定款の変更手続

単元株制度の採用に係る定款変更は，原則として株主総会の特別決議を要する（188条・466条・309条2項11号）。しかし，次の事案では取締役会決議でよい。

ア）1単元の株式数の減少等　1単元の株式数の減少または単元株制度の廃止に係る定款変更（要公示）は取締役会決議による（195条1項2項）。既存株主にとり不利益とならないからである。

イ）株式分割と1単元の設定　株式分割と同時に1単元の株式数を設定する場合，分割後に株主が有する株式数を分割後の1単元の株式数で除して得た数が，分割前に株主が有していた株式数を下回らないときは，当該1単元の株式数の設定に係る定款変更は取締役会決議による（191条）。例えば，1株を10株に分割後，100株1単元を1,000株1単元に変更する事案である。

(4)　単元未満株の売渡請求制度～1単元株主となる便益

　定款の定めがある場合,単元未満株主は,単元未満株式数と併せて単元株式数となる数の株式を自身に売り渡すことを会社に請求することができる(194条1項)。例えば,0.4株の端数株主が売渡請求をした場合,1株の価格に0.6を掛けた額を発行会社に支払うことにより,0.6株の交付を受けることができる。ただし,発行会社が自己株を保有していない場合,市場などから買い付けてまで,売渡請求者に譲り渡すことは求められていない(同条3項)。

　単元未満株式の売渡請求制度は,単元未満株主が1単元の株主となる特別の便益を提供するものである。しかし,譲り渡す株式は1単元未満であり,売渡請求をした株主が入手する株式の数量は少なく,譲渡価格の算出方法は法定されている(193条)。既存株主の利益が害されるとは考えにくいため,会社は新株発行と同様の手続を経ずに,単元未満株式の売渡請求に応じることができる。

（単元未満株主の権利）

区　分	具体的内容
権利に関する定款の定め	単元未満株主の権利に関し,定款に「当会社の単元未満株式を有する株主は,会社法189条2項各号の掲げる権利および本定款に定める権利以外の権利を行使することができない。」と記載
単元未満株式の買増請求	単元未満株式の買増請求に関し,定款に,「当会社の単元未満株式を有する株主は,株式取扱規則に定めることにより,その有する単元未満株式の数と併せて単元株式数となる数の単元未満株式を売り渡すことを当会社に請求することができる。」と記載

5　特別支配株主による株式等売渡請求

(1)　他の株主に対する強制取得

　特別支配株主は,対象会社の他の株主全員(売渡株主)に対し,保有株式(自己株式等は除く)および新株予約権の全部を売り渡すように請求ができる(179条1項2項,施規33条の4)。特別支配株主とは,対象会社の総株主の議決権の10分の9以上(定款で厳格可)を,自己または当該株主の完全子会社等(特別支配株主完全子法人)を通じて有する株主である(179条1項第1括弧書)。対象会社が公開会社・非公開会社を問わない。従来のキャッシュ・アウト手法(株式交換・全部取得条項付種類株式の利用等)と異なり,会社ではなく特別支配株主が買取りの主体となり,総会決議および売渡株主への個別請求は不要である。

　具体的事例として,P社は発行済株式総数200株のうち,X1が140株,X2社(X1がX2社の全議決権を保有)が40株,X3が12株,X4が8株である事案を想定する。

Ｘ１およびＸ２社の保有株式は180株（90％以上の議決権）であり，特別支配株主となるため，Ｘ１はＸ３・Ｘ４に対し株式等売渡請求ができる。

（株式等売渡請求の具体例）

Ｐ社の株主	普通株式（議決権）	売渡請求の対象	売渡請求後
Ｘ１	140株（140個）	0株	160株
Ｘ２社（Ｘ１が100％株式保有）	40株（40個）	0株	40株
Ｘ３	12株（12個）	12株	0株
Ｘ４	8株（8個）	8株	0株
合計	200株（200個）	20株	200株

(2)　株式等売渡請求の手続

　株式等売渡請求の手続は，次による。①特別支配株主は対象会社に売渡請求の旨を通知（交付する金銭の額・算定方法等），②対象会社は株式等売渡請求の条件を検証して取締役会で決議後（売渡請求の承認・不承認の決定），③対象会社が承認したときは，売渡株主に通知（価格決定の申立機会の付与）または公告（振替株式では義務）し，事前開始手続（差止請求機会の付与）を行う，④対象会社による通知等（特別支配株主が費用負担）により株式売渡請求がなされたものとみなされる（179条の４）。当該通知等により，特別支配株主と売渡株主間に売渡株式の売買契約成立と同様の法律関係が生ずる（最判平29・８・30民集71巻６号1000頁）。

　株券発行会社では，売渡株主等に対し，取得日までに株券提出の旨を株券提出日の１ヵ月前までに公告し，かつ各別に通知する（219条１項４号。善意取得の可能性の排除）。対象株券は取得日（株券提出日）に無効となる（同条３項）。

　特別支配株主は売渡株主等の申立てにより，裁判所の価格決定があるまでは，公正な価格と認める額を支払うことができる（179条の８第３項。仮払制度）。

(3)　少数株主の利益保護

　小規模会社においては，概して特別支配株主が出現しやすく，少数株主の利益保護および会社の適正運営のため，特別支配株主の権利濫用の防止が求められる。売渡株主等の対処として，第１に，売買価格に不服の場合，売買価格の決定の申立て，差止請求，取得無効の訴え，株式等売渡請求を承認した取締役に対する善管注意義務違反の責任追及等ができる。第２に，売渡株式等の対価が支払われない場合，取得無効の訴え，売買取引の解除，承認した取締役に対する損害賠償責任の追及等ができる。

　ア）条件審査　　対象会社は株式売渡請求の条件等の適正性を検討する。例えば，

対価の相当性，内容の適切性，資金の準備状況等である。

　イ）差止請求差止　　請求事由があり不利益を受けるおそれがあるときは，特別支配株主に対し株式等売渡請求等の差止請求権の行使が考えられる（179条の7）。差止請求事由は，株式売渡請求の法令違反，対象会社の通知違反，対象会社の事前開示違反，対価の著しい不当性等がある。

　ウ）取得無効の訴え　　取得日に売渡株主等または対象会社の役員であった者は取得日から6ヵ月以内（非公開会社は1年以内）に，訴えにより取得無効を主張することができる（846条の2）。無効事由は，①特別支配株主の保有要件の未充足，②対象会社からの未承認，③売買価格の著しい不当等が考えられる。

　エ）売渡請求の撤回制限　　特別支配株主は，株式売渡請求の承認後は，取得日の前日までに対象会社の承諾を得た場合に限り，株式等売渡請求の「全部の撤回」が可能である（179条の6第1項）。株式売渡請求の一部のみの撤回はできないが，新株予約権売渡請求のみの撤回は可能である（同条8項）。

6　所在不明株主の株式売却

(1)　所在不明株主の発生

　所在不明株主とは，①株主名簿上の株主に対する通知催告が，5年以上継続して到達していない株主（196条1項），または，②取得条項付新株予約権を会社が取得し，その対価として当該会社の株式が交付されるにもかかわらず，無記名の新株予約権証券が会社に提出されない株主（294条2項），である。

　発行会社は所在不明株主への通知・催告義務および剰余金配当の送付義務を免れるが，他の義務までは免除されない。所在不明株主が発生する原因として，①当初の株主から相続等が発生して，誰が株主（相続人）になっているのか不明であること，②株主の住所変更等があり，会社から連絡がつかないこと，③最初から名義株主であること，等がある。所在不明株主の放置により，発行会社は，①株主管理コストの負担増，②所在不明株主以外の株主が有する各議決権の価値の相対的な増加による総会決議への影響等の問題を抱えることになる。

(2)　所在不明株主の株式売却

　通知催告が5年以上継続して到達しない等の株主が，継続して5年間，剰余金の配当を受領していない場合，会社は所在不明株主の株式を売却することができる（197条1項）。不到達の要件を満たすことの証明責任は会社側にある。当該要件が課されている趣旨は，通知等が5年間到達しない株主であっても，指定口座への振込みにより剰余金等を受領している事案があるためである。

　株主は剰余金が受領できれば，住所変更を理由とする株主名簿の名義書換えをしないことがある。通知等が到達しないだけで，直ちに当該株式を会社が売却し，または買い受けることができるとするのは問題がある。5年間，会社が全く剰余金配当をしておらず，かつ株主・質権者への各通知が5年以上継続して到達しない場合（196条1項3項），所在不明株主の株式売却は可能である（通説）。

　なお，所在不明株主の株式売却以外に，①株式併合により所在不明株主の株式に1株に満たない端数を生じさせて端数処理（234条），②特別支配株主による所在不明株主の株式等売渡請求（179条1項），③民法上の対処（不在者財産管理人の選任の申立て〔民25条〕，相続財産管理人の選任〔民952条〕と交渉）等がある。

(3)　所在不明株主の株式売却前の対処

　ア）公告・通知後　　会社が所在不明株主の株式を競売・売却する場合，一定事項（施規39条）を公告し，個別の通知を行う（198条1項）。公告・通知により，株主または登録質権者に対して売却を拒絶する最後の機会を付与するためである。会社は異議催告の手続を省略することはできない（同条4項）。代表取締役は取締役会決議に基づき，財務状況等に照らし，会社に有利な時期を選択して，対象株式を競売・売却する。

　イ）株券の無効手続　　株券発行会社の場合，所在不明株主の株式を売却するには，既発行の株券を無効とする。株式売却に異議があれば，株主は公告・通知に基づき一定期間内にその旨を述べる必要がある。異議を述べる者がいない場合，一定期間の満了のときに株券は無効となる（198条5項）。

　ウ）売却株式の選択　　所在不明株主のうち，一部の株主を選択して異議催告手続を行い，対象株式を売却することは，株主平等原則（109条1項）との関係から可能であるのか。所在不明株主の株式売却に際し，株主平等原則は適用されるが，株主管理コストの大きな株主の株式だけを売却対象とすることは，会社に合理的必要性があるため認められるであろう。

(4)　他者への株式売却方法

　売却の方法は，原則として競売による。異議催告手続による所在不明株主の確定後，会社は対象株式を競売し，かつ代金を従前の株主に交付することができる（197条1項）。競売以外の売却方法としては，第1に，市場価格のある株式は市場価格として法務省令（施規38条）で定める方法により算定される額で売却できる。対象株式を複数日にわたり異なる価格で売却せざるを得ない場合，売却代金の合計額を按分し，株主平等原則に配慮して交付する。第2に，市場価格のない株式は，裁判所の許可を得

て，競売以外の方法で売却できる。

(5)　会社による株式買取方法

　会社は，所在不明株主の株式の買取りが可能である（197条３項）。対象株式に市場価格がなく，買受人がいない場合，発行会社が買い取ることは合理的である。手続として発行会社の取締役会において，①取得する株式の数・種類，②株式の取得と引換えに交付する金銭の総額を決議する（同条４項）。市場価格のある株式の売却価格は法務省令（施規38条）で定める方法により算定される。自己株の取得であるため買取りの効力発生日の分配可能額を超えてはならないが（461条１項６号・462条１項４号），株主総会の決議は不要である。所在不明株主の株式は概して数量が限られ，株主総会の授権なしに自己株式取得を認めても，弊害が生じにくいからである。

(6)　売却代金の支払い

　ア）支払の相手方　所在不明株主の株式を売却した場合，代金を従前の株主に支払う（197条１項柱書）。株主以外の者から会社に対し売却代金の請求があった場合でも，合理的な利害関係を証明する書類および本人確認書類による確認を行っていれば，当該支払いは有効になろう（民478条参照）。しかし，所在不明株主に株式売却代金の支払いをすることは不可能に近く，多くの場合に会社は供託をして債務を免れる（民494条）という手続をとる。供託された株式売却代金は消滅時効（10年）が経過すれば（民166条１項），国庫に帰属する。

　イ）旧株券の提示　所在不明株主の株式売却に際し，異議申述期間の末日に，異議のなかった株式は無効となる（198条５項）。しかし，株券としての効力は喪失するが，売却代金の支払請求権を表章する有価証券（民520条の２以下）としての効力は有すると解される。旧株券を提示した者が受領権限を欠いていたとしても，会社が仮に支払いに応じた場合，悪意・重過失がなければ有効な支払いとなろう。

第7章◆会社の資金調達

　株式会社の資金調達手段には，①内部資金として，事業活動から得た利益の内部留保・減価償却費等，②外部資金として，銀行等からの借入，企業間信用，募集株式・新株予約権・社債の各発行がある。本章は募集株式等の各発行について述べる。

第1節　募集株式の発行

1　発行規制

　会社法は，株式を引き受ける者を募集して行う株式の発行を募集株式の発行として規制する（199条1項）。引き受ける者を募集して行う自己株式の処分は，事業資金を調達するための取引であり，「募集株式の発行等」として同じ手続規制に服する。新株予約権の行使・株式の無償割当て・組織再編等に伴う株式発行は「特殊の新株発行」として区別される（通常の新株発行の過程を経ない）。

　非公開会社では持株割合・支配関係の変動は既存株主の利益に多大の影響を及ぼすが，公開会社では既存株主の持株割合の維持よりも，機動的な資金調達の便宜が強く求められる。このように，募集株式の発行は，既存株主の利益と機動的な資金調達の便宜との利害調整をいかに図るかが要請される。

2　発行区分～株主割当て・第三者割当て・公募

　募集株式の発行区分として，株主割当て・第三者割当て・公募がある。第1に，株主割当てとは，既存株主（名義株主）に「募集株式の割当てを受ける権利」を与え，持株数に比例して新株を割り当てる方法である（202条）。会社自身には付与されず（自己株は対象外），割当てを受ける募集株式の数に1株に満たない端数があるときは切り捨てる（旧株2株に新株1株を割り当てる場合，5株等の奇数の株式保有者に適用）。株主割当ては主として非公開会社で行われる。理由は，株主の持株割合の維持が要請されるためである（持株比率を維持したい株主の新株引受けの事実上強制の側面）。

　第2に，第三者割当てとは，特定の第三者（業務提携先の会社・従業員持株会の従業員等）に新株を割り当てる方法である。既存株主（特定株主または全株主）に割り

当てる場合でも，第三者割当てでは，持株割合に比例しないで，発行会社の判断により募集株式を割り当てる。第三者が引き受けやすいように払込金額を時価より低くする場合，有利発行規制を受ける（199条3項・201条1項・309条2項5号）。

　第3に，公募とは，不特定多数の者に対し，持株割合に比例しないで募集株式を割り当てることであり，時価で新株を発行する方法である。誰に割り当てるかは，申込みの先着順または申し出た引受価額の高い者順等，発行会社の選択による（割当自由の原則）。大規模な公募では，金融商品取引業者（証券会社等）が総数引受契約により新株を取得し，公衆（投資者）に分売する（206条2号）。

（募集株式の発行方法の区分）

区　分	既存株主への対応	引受勧誘・募集対象
株主割当て	持株割合に比例して，株主に募集株式の割当てを受ける権利を付与	既存株主
第三者割当て	持株割合に比例しないで，募集株式の割当て	特定の第三者（業務提携先等）
公　募		不特定多数の者

3　募集株式の発行手続

(1)　募集事項等の決定と公示

ア）具体的事項　会社が募集株式の発行等を行う場合，次の事項を決定する。①募集株式の数（種類株式発行会社では種類・その数），②払込金額またはその算定方法，③現物出資を認める場合，財産内容・価額等，④出資履行の期日（特定日）または期間，⑤増加する資本金・資本準備金である（199条1項）。株主割当ての場合，前記①〜⑤の事項に加え，⑥新株の割当てを受ける権利を株主に与える旨（引受けの申込みを前提），⑦引受けの申込期日を定める（202条1項）。

イ）募集事項の公示　募集事項の決定後，公開会社は募集事項を出資履行の期日または期間初日の2週間前までに株主に通知または公告（公示）を要する（201条3項4項）。公示は，株主に新株発行の差止請求の機会を保障するためである。有価証券届出書の提出会社（上場会社等）は有価証券の募集・売出しに係る目論見書（金商2条10項）の開示をするため，公示は不要である（203条4項）。非公開会社では株主総会が開催され，招集通知に記載があり，公示は不要である。

ウ）発行枠　公開会社が増資枠の拡大のため，定款変更により発行可能株式総数を増やす場合でも，増加後の総数は発行済株式総数の4倍以内である（113条3項。〔現〕発行可能株式総数1万株，発行済株式数7,000株の場合，〔新〕発行可能株式総数は28,000株〔7,000株×4〕が上限）。また，議決権制限株式の数が発行済株式総数

の2分の1を超える場合，直ちにそれ以下の措置（115条）を要する。

(2)　募集株式の発行過程

　募集株式の発行過程は，申込み・割当て・引受けになる。

　ア）申込者への通知　　会社は募集株式の引受けの申込みをしようとする者に対し，募集事項等の通知を要する（203条1項。金商法上の目論見書交付〔金商2条10項〕があれば不要）。通知内容は，商号，募集事項，払込取扱場所，法務省令の事項（施規41条1号〜4号。譲渡制限等の株式の内容等）である。株主割当てでは，基準日現在の株主名簿上の株主に対する通知を要する（202条4項）。

　イ）割当てと引受け　　会社は申込者のなかから，割当てを受ける者と割当数を定め（割当自由の原則），割当数を通知する（204条1項4項）。支配権維持のための恣意的割当ては不公正発行の懸念が生じる（次節1参照）。譲渡制限株式の割当ては，取締役会決議（取締役会非設置会社では総会決議）を要する（同条2項。株主は新株主の属性に利害を有するため）。申込者は割当てにより引受人となる（206条1号2号）。

　ウ）総数引受契約　　総数（額）引受契約とは，金融商品取引業者（証券会社）が大規模な公募において，発行会社から一括して新株を取得（買取引受け）し，同価額（払込金額）で公衆（投資者）に分売することである（206条2号）。金融商品取引業者は発行会社から手数料を得る。発行会社は一括して資金を手に入れることができる。引受人に対する割当通知等は不要である（205条1項）。

　エ）引受けの無効・取消し　　引受けの無効・取消しは制限され，①民法の心裡留保，虚偽表示に基づく無効規定の適用なし（211条1項），②引受人は株主となった日から1年経過後または株主権の行使後，錯誤・詐欺・強迫を理由とする引受けの取消しができない（同条2項）。

（募集株式の発行手続）

区　分	発行会社側の当初手続	引受人の対応	事後手続
株主割当て	①募集事項の決定，②権利内容の公告（株券発行会社），③名義株主・申込株主に通知	①書面等による申込み，②払込金額の払込み等（払込みのない場合，失権）	①株式発行，②変更登記
第三者割当て・公募	①募集事項の決定・公示，②申込者に通知，③割当てを受ける者の決定・通知，（④大規模公募では，総数引受契約）		

(3) 公開会社における支配株主の異動を伴う募集株式の割当て

公開会社における支配株主（持株割合が過半数）の異動（出現）を伴う募集株式の割当てとは，特定引受人が総株主の議決権の50％超えとなる第三者割当増資である。例えば，公開会社が敵対的買収の防衛策として第三者割当増資を行い，引受人の支配下に入ることがある（支配株主の異動）。公開会社は当該割当てを行う場合，株主に対し，その旨の公示を要する（206条の2）。

支配株主の異動を伴う株式発行に，総株主の議決権の10分の1以上を有する株主が反対を申し出たときは，原則として総会の普通決議を要する（同条4項。財産状況の著しい悪化の緊急時を除く）。大規模会社では10分の1以上の議決権要件の充足は困難であろう。

(4) 株式報酬の特則

上場会社（金商2条16項）がインセンティブ（動機づけ）報酬として株式・新株予約権を交付（エクイティ報酬）する場合，①取締役の報酬等として株式を発行し，金銭の払込みを要しないこと，②割当日を定款または総会決議で定める（202条の2第1項・361条1項）。株主に説明を要するためである。有利発行規制の適用はない。

なお，エクイティ報酬に関し，一定事由が生ずるまで譲渡ができない等を定めることができる（施規98条の4）。ただし，非公開会社では，支配権争いの濫用への懸念から，当該制度は使えない。

4　募集事項等の決定機関

(1) 非公開会社

ア）原　則　　募集事項の決定は，総会の特別決議による（199条2項。既存株主に割当てを受ける権利を与えない発行）。各株主は新株発行により持株比率が変動し，かつ誰が株主になるのかについて重大な利害を有しているためである。

イ）例　外　　第1に，株主割当ての決定では，定款により，取締役会（取締役会非設置会社では取締役）に委任できる（202条3項1号2号）。既存株主に不利益とならないからである。第2に，定款に定めがあり，事前に株主総会の特別決議により募集株式数の上限および払込金額の下限を定めれば，1年間，取締役会（取締役会非設置会社では取締役）に委任できる（200条1項。当該条件内で複数回の募集可能）。第3に，種類株式発行会社では譲渡制限種類株式の発行に際し，種類株主総会の特別決議が必要である（199条4項・200条4項・324条2項。種類株主総会の決議不要の定款規定は可）。

（2）公開会社

ア）原則　募集事項の決定は，取締役会の決議による（201条1項）。授権資本（定款規定の発行可能株式総数内での株式発行）の範囲で，取締役会は機動的に株式発行ができる。

イ）例外　第1に，第三者割当てによる有利発行では，株主総会の特別決議を要し，取締役は有利発行を必要とする理由（企業価値の増加等）の説明が求められる（199条3項）。第2に，株主割当ての決定では，定款により，取締役会に委任できる（202条3項1号2号）。既存株主に不利益とならないからである。第3に，支配株主（持株割合が2分の1超）の異動（出現）を伴う募集株式の発行について，総株主の10分の1以上の議決権を有する株主が反対を申し出たときは，総会の普通決議を要する（206条の2）。第4に，種類株式発行会社では譲渡制限種類株式の発行に際し，取締役会の決議に加え，種類株主総会の特別決議が必要（定款規定により不要）である（201条1項・199条4項・324条2項）。

（募集事項等の決定機関）

区分	原則	例外	種類株式発行会社
非公開会社	総会の特別決議（有利発行を含む）	取締役会の決議＝①株主割当ての決定（＋定款の定め），②授権範囲内の1年以内の発行（定款の定め＋総会の特別決議による委任）	譲渡制限種類株式発行は，種類株主総会の特別決議
公開会社	取締役会の決議	①総会の特別決議＝有利発行，②総会の普通決議＝支配株主の異動を伴う発行	上記発行は種類株主総会の特別決議＋取締役会の決議

5　株式の払込金額

（1）払込金額

株式は，発行する株式または処分する自己株式を引き受ける者の募集をしようとするときは，その都度，募集株式の払込金額またはその算定方法を定めなければならない（199条1項）。払込金額の最低価額規制はない。市場価格のある株式を引き受ける募集をするときは，「公正な価額による払込みを実現するために適当な払込金額の決定の方法」を取締役会の決議で定める（201条2項）。

払込金額の算定方法として，ブックビルディング方式がある。株主となる者（機関投資家等）に対する需要調査（いくらの価格であれば応募があるのか）を積み上げて，仮の払込金額を設けて，市場の反応を見て払込金額を決定するのである。

(2)　特に有利な金額の発行

　既存の株主の利益を害しないため，払込金額は公正でなければならない。市場価格のある株式では株式の時価が基準となるが，既存の株主が納得する手続を経れば，時価よりも低い価額で発行することは可能である。募集株式を引き受ける者（株主割当ての場合の株主を除く）に，「特に有利な金額」で発行する場合には，公開会社・非公開会社とも，取締役は当該払込金額による募集を必要とする理由を株主総会で説明し，特別決議による承認を要する（199条2項・201条1項・309条2項5号，施規63条7号ハ）。例えば，特に有利な金額による株式発行が企業価値を高める結果になるなどである（東京高決平16・8・4金判1201号4頁）。

6　出資の履行と引受期限の経過

(1)　株主となる時期

　出資は，払込期日または期間内に全額の履行が求められる（199条1項）。引受人は，払込期日・期間の入金（出資の履行）をなした日に株主となる（209条1項1号2号）。払込期間を設けた場合，募集株式の発行に係る変更登記は，①期間内に出資される毎に個別登記，②払込期間の末日に，期間内に出資された内容を一括登記（払込期間の末日から2週間以内）のいずれかが可能である（915条2項）。

(2)　履行方法

　出資の履行には，金銭の払込み，現物出資財産の給付がある（208条1項2項）。出資の履行という債務は，株式会社に対する債権と相殺することはできず，株主となる権利（権利株）の譲渡は会社に対抗できない（208条3項4項）。

　出資の履行を確実にするため，払込期日までに株式申込証拠金として出資金相当額を集め，払込期日に出資金の払込みとして扱うことが多い。発行会社は払込期日になって出資金として使用できる。履行方法には，①各引受人が指定口座に入金する，②引受人のうち幹事を決めて，当該者が他の引受人から出資金相当額を集め，払込期日に出資金の全額を指定口座に入金する方法等がある。

(3)　デット・エクイティ・スワップによる出資

　ア）意　義　　デット・エクイティ・スワップ（DES）とは，会社と債権者（金融機関等）との合意により，債権者が有する金銭債権を現物出資財産として，会社が債権者に第三者割当ての方法で会社の株式を交付すること（債務の株式化）である。募集株式の引受人は，募集株式の現物出資財産の給付をする債務と会社に対する債権を相殺することができない（208条3項）。しかし，会社から相殺すること，および会社

と引受人の合意により相殺することは認められる。経営不振の（再建見込みがある）会社が倒産を避けるため等に行われる。例えば，X社株の発行価額の総額500万円のうち，300万円は金銭による払込みとし，200万円はX社に対する債権者Yの金銭債権とし，評価額200万円の現物出資とする。

　イ）評　価　　債権の評価は券面額説または評価額説からなり，①券面額説とは債権の額面（券面）を基準とし，②評価額説とは債務者の財務内容を反映した債権の評価額（時価）を基準とする。裁判例によれば，DESの債権評価に関し，会社法制上の手続では券面額によるが，法人税の課税では評価額によるとしている（東京地判平21・4・28LEX・DB25451567）。自社に対する債権を券面額で評価して株式を発行した場合，有利発行と類似の状況になりかねない。当該債権の券面額では取引できないからである。

(4)　引受期限の経過と対処

　ア）再募集　　株主割当ての引受期限を徒過した場合，失権となる。通知・公告の手続を経て再募集は可能である（公募では，証券会社が買取引受け）。当該手続を経ることなく再募集することは，株主平等原則に反する可能性がある。

　イ）失権対応　　株主割当てによる株式募集の失権に備え，取締役会決議（取締役会非設置会社では総会決議）で募集の発行決議に加え，特定の者が株主割当てまたは第三者割当てにより引き受ける旨の決議をすることができる。

第2節　違法な新株発行

　違法な新株発行に対し，①事前の措置（株式発行差止請求），②事後の措置（募集株式の発行無効・不存在確認の訴え，取締役等の損害賠償責任追及）を概観する。

1　発行差止請求

(1)　発行差止事由

　株式発行が法令・定款に違反し，または著しく不公正な方法であり，これによって株主が損害を受けるおそれ（持株比率の低下・株式価値の下落）がある場合，株主は会社に対し新株発行の差止請求ができる（210条）。新株の不公正発行は，会社に支配権争いがある状況で多く見られる。

　例えば，会社に切迫した資金調達の必要性がない状況で，取締役が支配権の維持または有利な支配関係になるよう（東京地決平20・6・23金判1296号10頁），友好的第三者・取締役等に株式を割り当てる。敵対する特定株主（反対派株主）は持株比率が

166

低下し，総会決議または少数株主権の行使に影響を与えるのである。株式発行後は，差止請求ができない（福岡高判昭47・5・22判時647号99頁）。差止請求は裁判外でもできるが，会社は裁判が提起されていない場合，当該請求に応じないであろう。本案訴訟は時間を要するため，裁判所に発行差止めの仮処分申立てを行うことが多い。

（募集株式の発行差止事由）

区　分	具体的内容
法令違反	①法定の機関決定なし，②公開会社で有利発行に際し総会決議なし，③募集事項の不均等，④募集株式の割当てを受ける権利の無視，⑤株主割当てに際し権利内容の通知なし，⑥現物出資に係る検査役の調査なし，等
定款違反	①定款所定の発行可能株式総数の超過発行，②定款に定めのない種類株式の発行，③定款で株主に募集株式の割当てを受ける権利を付与しながら，当該権利を無視した発行等
著しく不公正な方法	不当な目的（会社に資金調達の必要性がない状況で，現経営陣が支配権の維持強化等）のため，第三者に新株を割り当てる等（主要目的説）

(2)　主要目的ルール

不公正発行の認定基準として主要目的ルールがある。新株発行の主要目的に焦点を当て，新株発行により会社に与えるプラス効果（財務強化等）と主導する取締役の支配権維持・拡大というマイナス効果とを比較衡量する。マイナス効果がプラス効果に優越している場合，株主による差止請求を認めるという判例法理（主要目的ルール）が確立されてきた。

会社が資金の必要性を疎明するだけで不公正発行が否定されるというのであれば，株主は絶えず不利な立場に置かれることになる。裁判では，支配権争いの有無，新株発行の決定経緯と持株比率の変化，資金調達の必要性と方法の妥当性，積算根拠，割当先の選択理由等が審査される（仙台地決平26・3・26金判1441号57頁，東京高決平16・8・4金判1201号4頁）。会社は，これら内容の説得力のある説明が求められる。

(3)　不公正発行と発行自体の効力

ア）非公開会社　　非公開会社では総会決議による承認があれば，不公正発行であっても直ちに無効事由とはならない（最判平24・4・24民集66巻6号2908頁）。特別利害関係人の議決権行使により著しく不当な決議がなされ，総会で第三者割当てに際し有利発行の十分な説明を尽くしていない場合，総会決議の取消事由になるとともに，新株発行無効の訴えによる救済が可能であろう。

イ）公開会社　　「誰に会社を経営させるか」は総会の専決事項であるが，公開会

社では原則として新株発行は取締役会が決定する（201条1項）。取締役がその選任者たる株主構成を，自己に有利な内容に，恣意的な変更をするため，権限を濫用することは「機関権限の分配秩序」に反する。これは不公正発行を規制する理由ではあるが，不公正発行だけをもって直ちに無効事由にはならない（最判平6・7・14判時1512号178頁）。しかし，①募集事項の公示義務（同条3項4項）違反（最判平9・1・28民集51巻1号71頁），②裁判所による発行差止命令を無視した場合，無効となる（最判平5・12・16民集47巻10号5423頁）。差止請求権の実効性をもたせるためである。

⑷　不公正発行の判断基準

　発行差止めを認めるかは，裁判所は新株発行による客観的効果（株主の不利益と会社の合理的要請）と発行手続の適正性等を考慮して判断している傾向がある。会社は資金調達目的と第三者割当ての必要性・合理性の説明を要する。総会直前の新株発行では，割当先に総会で議決権行使を認めたときが特に問題となる。

　裁判例では，株主Xの買収対象となったY1社・Y2社は株式の有利発行により同時相互に割当てを行い，仮装払込状態を生じさせており資金調達の効果が少なく，発行差止めが認められている（東京地決平元・7・25判時1317号28頁）。敵対的買収に対し支配権維持目的の新株発行を正当化できるのは，買収者に濫用目的がある事案とされる。買収者の濫用目的として，①買い占めた株式に関し対象会社の関係者に対する高値買取りの要求（グリーン・メーラー），②対象会社の主要取引先等を買収者に譲渡（焦土化経営），③買収費の弁済原資として対象会社資産の流用，④会社資産の売却による処分利益による一時的高配当または株式の高値売抜けが挙げられる（東京高決平17・3・23判時1899号56頁）。総会決議を得た新株発行は，取締役会決議による新株発行より柔軟に必要性と方法の相当性が検討されよう。

2　発行無効の訴え～募集株式の発行無効・不存在確認の訴え

⑴　無効原因

　ア）無効の主張　　違法な新株発行であっても，いったん発行されると，株主は発行差止請求ができない。この場合，株主は新株発行の無効を裁判により主張することができる。新株発行の無効の訴えを提訴できるのは，株主，取締役，監査役等（清算人・執行役を含む）に限定され，提訴期間は株式の効力発生の日から6ヵ月以内（非公開会社では1年以内）である（828条1項2号3号・2項2号3号）。

　イ）無効原因　　無効原因として，①定款に定めた発行可能株式総数を超過した発行（東京地判昭38・2・8下民14巻2号178頁），②定款に定めのない種類株式の発行，③裁判所が下した新株発行の差止仮処分命令を無視した発行，④公開会社では募集事

168

項の公示を欠く発行，⑤非公開会社では総会の特別決議を欠く発行（横浜地判平21・10・16判時2092号148頁），⑥譲渡制限株式について株主の募集株式の割当てを受ける権利を無視した発行（東京高判平12・8・7判タ1042号234頁），等である。代表取締役に取締役会の招集通知を発しないで行われた著しく不公正な方法による株式発行は，無効原因に該当しない（最判平6・7・14判時1512号178頁）。

(2) 新株発行の無効判決の効力

　新株発行の無効の訴えに係る請求の認容判決が確定したときは，株式会社は当該判決の確定時における当該株式に係る株主に対し，払込みを受けた金額または給付を受けた財産の給付の時における価額に相当する金銭を支払う（840条1項）。現物出資者に対しても，金銭の返還でよい。当該金額が無効判決の確定したときにおける会社財産の状況に照らして著しく不相当であるときは，裁判所は株式会社または株主の申立てにより，当該金額の増減を命ずることができる。株券発行会社は株主に金銭の支払いをするのと引換えに，当該株式に係る旧株券（無効または取消しの判決により効力を失った株式に係る株券）を返還請求する。

3　発行不存在確認の訴え

　新株発行不存在確認の訴えは，新株発行の実体がない場合になされる（829条。嘱託登記事項〔937条1号〕）。出訴期間の制限を設けていない（登記から3年後の提訴請求が認容〔最判平15・3・27民集57巻3号312頁〕）。
　不存在原因として，①新株発行の手続が全くなされず，出資履行が何らなく，新株発行に係る変更登記がある，②代表権を有しない者が新株名義の株券を発行した等がある（東京高判平15・1・30判時1824号127頁）。代表権のある取締役により発行手続が行われ，払込みがなされていれば，新株発行の実体があることになる。

4　引受人・取締役等の民事責任

(1) 仮装の払込みに係る責任

　ア）引受人　募集株式の払込み・現物出資財産の給付を仮装した場合，出資履行の期日・期間経過後も，引受人は会社に全額の払込義務を負う。会社が現物出資財産の給付に代えて，財産価額に相当する「金銭の支払い」の請求に対しては，引受人は支払義務を負う（213条の2第1項1号2号）。総株主の同意による免除ができる（同条2項）。会社（取締役等）と引受人の馴れ合い防止のためである（会社資金による新株払込みが仮装払込みに該当〔東京高判昭48・1・17高民26巻1号1頁〕）。
　イ）取締役等　仮装に関与した取締役（指名委員会等設置会社の執行役を含む）

は，連帯して払い込む責任を負う（213条の3第1項2項）。引受人の資力では払込みの確保が不十分であり，仮装払込みに対する抑止効果のためである（過失責任）。関与取締役等の払込責任追及は，代表訴訟の対象となる（847条1項）。取締役は払込義務を負うが，払込後も株主にならない。払込義務は制裁的な意味である。

　ウ）**株主権の有無**　払込仮装の引受人は，自らまたは関与取締役等が払込みを履行するまでは，対象新株の株主権行使ができない（209条2項）。出資の履行により失権理由はなくなる。株式の譲受人は，払込仮装に悪意・重過失のない限り，株主権行使ができる（同条3項）。払込仮装の募集株式の特定は困難であり，悪意・重過失の立証は会社側にある。

(2)　現物出資に係る取締役等の責任

　ア）**引受人**　募集株式の引受人が給付した現物出資財産の価額が，募集事項決定時の価額に著しく不足する場合，引受人は当該不足額を支払う義務を負う（212条1項2号）。株主有限責任の例外である。現物出資財産を給付した引受人が，当該現物出資財産の価額が，取締役会（取締役会非設置会社では株主総会）で定めた価額に著しく不足することにつき善意・無重過失であるときは，出資の取消しが認められる（同条2項）。

　イ）**取締役等**　取締役・執行役は引受人が株主となったときにおける現物出資の価額が，募集事項決定時の価額に著しく不足する場合，①引受人募集を行った業務執行取締役，②議案を提案した取締役，③株主総会で価額決定の事項を説明した取締役，④決議に賛成した取締役（施規44条3項）等は差額分のてん補責任を負う（213条1項）。当該責任は，①検査役の調査を受けていた場合，②取締役等が無過失を立証した場合，免責される（同条2項）。

　ウ）**証明者**　現物出資の評価証明を行った証明者は，現物出資の価額が，募集事項決定時の価額に著しく不足する場合，差額分のてん補責任を負う（同条3項）。過失責任である。

(3)　不公正な払込金額に係る責任

　ア）**引受人**　取締役・執行役と通謀して著しく不公正な払込金額で募集株式を引き受けた者は，会社に対し，公正な払込金額との差額に相当する金額を払い込む義務を負う（212条1項1号）。

　イ）**取締役等**　株主総会の特別決議を経ずに公募または第三者割当ての方法により，特に有利な払込金額で募集株式の発行等を行った取締役・執行役は，公正な払込金額との差額について，会社に損害賠償責任を負う（423条1項）。

第3節　新株予約権の発行

1　新株予約権の活用

(1)　新株予約権の意義

　新株予約権とは，その保有者（新株予約権者）が権利行使をすると，会社から新株の発行（または自己株式の移転）を受けることができる権利である（2条21号）。新株予約権を行使する際の払込金額（権利行使価額）を払い込めば，株価の上昇にかかわらず，所定の株式を取得できる（行使義務なし）。市場価格と権利行使価格との差額が権利行使者の利益となる。株価が権利行使価格を下回っている場合，行使を見送ることになる。新株予約権は買付選択権（call option）であり，新株予約権者は権利行使をして株主となる。

(2)　新株予約権の利用形態

　ア）利　用　　新株予約権は，①ストック・オプション（役職員の職務勤労意欲を高めるインセンティブ報酬），取締役の報酬等，②資金調達（新株予約権付社債等），③敵対的な買収防衛策（買収者が一定の議決権割合取得時に，既存株主が時価以下で行使可：ライツ・プラン等）・安定株主工作，④株主優待制度の一環などとして発行される。非公開会社においても近年中に株式上場を予定している場合，上場後に株価上昇が見込める可能性はあり，ストック・オプションの付与は意義を有する。

　イ）発行事由　　①新株予約権の募集，②取得請求権付株式，取得条項付株式，全部取得条項付株式，取得条項付新株予約権の各取得対価，③新株予約権無償割当て，④組織再編の対価，⑤持分会社から株式会社への組織変更，がある。

（新株予約権の概要）

区　分	具体的な内容	
利用形態・発行事由	①ストック・オプション，取締役の報酬等，②資金調達（新株予約権付社債等），③買収防衛策等，④株主優待制度，⑤組織再編の対価等	
発行方法・条件	方法：①第三者割当て，②公募，③株主割当て（手続は本節2参照）	条件：①発行時の有償・無償，②ライツ・オファリングの利用
違法な発行	①事前措置：発行差止め，②事後措置：発行無効・不存在確認の各訴え	

2　新株予約権の発行過程

(1)　発行過程

　新株予約権の発行手続は，①募集事項の決定（238条以下），②引受けの申込者に対する募集事項等の通知・割当て（242条・243条以下），③払込み（246条以下。払込期日等までに払込みのない場合，失権）などによる。

　募集事項の決定後，公開会社では募集事項を，払込期日または払込期間初日の2週間前までに株主に通知・公告（公示）を要する（240条2項3項。有価証券届出書の提出会社は公示不要）。公示は，株主に新株予約権の発行差止を請求する機会を保障するためである。

(2)　発行区分別の募集事項

　ア）第三者割当て・公募　　新株予約権は第三者割当ての方法で発行されることが多い。第三者割当てまたは公募により発行される場合，原則として，公開会社では取締役会の決議（非公開会社では総会の特別決議）により，次の事項を定める（238条1項・240条1項）。①交付対象の株式数または算定方法，②権利行使価額または算定方法，③権利行使期間，④増加する資本金等，⑤譲渡制限の有無，⑥取得条項付の場合，その条件等である（236条）。

　イ）株主割当て　　株主割当てとは，既存の株主に所有する株式数に比例して新株予約権を割り当てる方法である（241条）。新株予約権の行使により既存株主は，持株比率の低下・旧株の値下がりに対応できる（新株を引き受けたくない株主は，新株予約権を譲渡して経済的価値を一定回復が可能）。発行に際しては，前記ア）①～⑥の事項に加え，⑦株主に募集新株予約権の割当てを受ける権利を与える旨，⑧募集新株予約権の引受け申込期日を，原則，公開会社では取締役会の決議（非公開会社では総会の特別決議）で定める（同条3項・309条2項6号）。

(3)　新株予約権の発行条件

　ア）発行時の有償・無償　　新株予約権の募集には，発行時の有償および無償がある。有償・無償発行にかかわらず，割当日に新株予約権者となる（245条1項）。有償で発行する新株予約権の割当てを受けた者は，新株予約権の割当てに係る払込みに加え，行使時には別途，払込みを要する。新株予約権の無償割当ては，既存の株主に所有する株式数に比例して，割り当てる新株予約権の内容，数またはその算定方法，効力発生日等を取締役会の決議（取締役会非設置会社では，総会決議）で定める（278条1項3項）。

イ）ライツ・オファリング　ライツ・オファリングとは，株主割当ての新株発行のうち，新株予約権の無償割当てを利用して行うものである。取締役会決議でなされ，株主の引受意思表示は不要である。株主は新株予約権の権利行使により持株比率を維持できる。新株を引き受けたくない株主は新株予約権を譲渡できる。資金調達手段または買収防衛策として差別的条件を付与して発行した事案がある（最決平19・8・7民集61巻5号2215頁）。割当てを受けた株主は，新株予約権を権利行使または市場で売却する。

(4)　株式報酬の特則

　上場会社（金商2条16項）がインセンティブ報酬（業績連動型報酬）として株式・新株予約権を交付（エクイティ報酬）する場合，①取締役の報酬等として株式を発行し，金銭の払込みを要しないこと，②割当日を定款または総会決議で定める（202条の2第1項・361条1項）。

(5)　新株予約権の行使条件

　ア）具体的内容　新株予約権者は，一定の行使期間内（例えば，①発行日から5年の間，②令和X年8月1日から令和X＋5年8月1日等），一定の行使価額による払込みをする。権利行使の期間（期間延長は発行時の決議機関承認で可。短縮は新株予約権者全員の個別承認），権利行使価格または算定方法（例えば，令和X年7月各日の平均市場価額に1.03を乗じた価額等），権利者が受ける株式数などは，新株予約権の発行時に定められる。新株予約権は，株式の譲渡制限に準じて，「その譲渡に会社の承認を要する」旨の譲渡制限をすることが認められる。

　イ）権利主体　新株予約権行使の権利主体として，①行使者地位の維持，株主動向等の割当条件の定め，②株主間で異なる条件の定めが可能である。例えば，取締役または従業員であることを条件に行使できるなどである。

3　募集事項等の決定機関

(1)　非公開会社

　ア）原　則　募集事項の決定は，総会の特別決議による（238条2項。既存株主に割当てを受ける権利を与えない発行）。新株予約権の発行は新株発行と同じく，株主はその持株比率が変動し，誰が株主になるのかに重大な利害を有しているからである。

　イ）例　外　第1に，株主割当ての決定は，定款により取締役会（取締役会非設置会社では取締役）に委任できる（238条1項・241条1項3号1号）。既存株主に不

利益とならないからである。第2に，定款に定めがあり，事前に総会の特別決議により新株予約権の無償発行または払込金額の下限を定めれば，1年間，取締役会（取締役会非設置会社では取締役）に委任できる（239条1項・309条2項6号）。第3に，種類株主に損害を与えるとき，または譲渡制限種類株式が対象の募集新株予約権を募集する場合，種類株主総会の特別決議が必要である（238条4項・239条4項・322条1項・324条2項。種類株主総会の決議不要の定款規定は可）。

(2)　公開会社

ア）原則　募集事項の決定は，取締役会の決議による（238条2項・240条1項）。取締役会は機動的に新株予約権の発行ができる。

イ）例外　第1に，第三者割当てによる有利発行では，総会の特別決議を要し，取締役は有利発行を必要とする理由の説明が求められる（238条3項）。第2に，株主割当ての決定では，定款により，取締役会に委任できる（241条1項3項）。第3に，支配株主（持株割合が2分の1超）の異動（出現）を伴う募集新株予約権の発行について，総株主の10分の1以上の議決権を有する株主が反対を申し出たときは，株主総会の普通決議を要する（244条の2。財産状況が著しく悪化・緊急の必要性がある場合を除く）。支配株主の異動とは，募集新株予約権の引受人に関し，引受人が引き受けた募集新株予約権に係る交付株式の株主となった場合に有する最も多い議決権の数が，総議決権の過半数となる事案である（同条1項1号）。第4に，種類株主に損害を与えるとき，または譲渡制限種類株式が対象の募集新株予約権を募集する場合，種類株主総会の特別決議が必要である（238条4項・239条4項・322条1項・324条2項。種類株主総会の決議不要の定款規定は可）。

(3)　第三者に対する有利発行

ア）発行手続　非公開会社・公開会社が新株予約権を第三者に有利発行する場合，株主総会においてそれが必要である理由を説明したうえで，特別決議を要する（238条2項3項・239条2項・240条1項）。

イ）有利性の判断　有利発行かどうかの判断は，発行時点における新株予約権の公正な価額を著しく下回るような条件および金額の場合とされる。単純に現在の株価で比較するのではなく，オプション評価モデル（ブラック・ショールズ・モデル等）による理論価格と比較して判断される。その際には，権利行使価額，行使期間，取得できる株式の時価，当該株式の価格変動率（ボラティリティー），金利という要素が問題となる（東京地決平18・6・30判タ1220号110頁，東京地決平19・11・12金判1281号52頁）。新株予約権を無償で発行する場合でも，直ちに有利発行となるのでは

なく，権利行使価額・権利行使期間等から，「特に有利な金額か」が判断される。

ウ）留意点　　新株予約権の無償発行であっても，①役職員にストック・オプションとして発行し，労務内容等の明示がある場合，②新株予約権付社債の利率を普通社債より低くしている場合，有利発行とならないことがある。

(4)　新株予約権の登記

新株予約権の登記事項は，原則として，①新株予約権の数，②新株予約権の内容のうち，一定事項（236条1項1号〜4号に掲げる事項），③インセンティブ報酬として取締役・執行役に付与したもので，無償で権利行使ができる旨（行使価額をゼロ円）の定めがある場合，その定めの内容，④これら以外の行使条件，⑤発行時に払込みを要しないで発行する場合，その旨，⑥発行時に払込みを要する場合，払込金額を原則とし，その算定方法を定めた場合においては，登記申請時までに募集新株予約権の払込金額が確定していないときに限り，算定方法の登記を要する（911条3項12号）。払込金額の算定方法（ブラック・ショールズ・モデル等）の登記は，例外となった。

4　関連する重要事項

(1)　新株予約権の譲渡

証券新株予約権は記名式および無記名式があり，その譲渡は新株予約権証券の交付による（255条1項・249条）。それ以外の新株予約権は，①振替制度の適用がある場合，振替口座への記載・記録（振替167条・174条・175条），②振替制度の適用がない場合，当事者間の意思表示（新株予約権原簿の要書換え）による（257条1項・260条・263条）。新株予約権の譲渡制限は可能であり，インセンティブ報酬・敵対的防衛策時の無償割当てがなされた場合が考えられる。譲渡制限がある新株予約権の譲渡には，会社の承認を要する（262条〜266条）。

(2)　新株予約権の買取請求権

新株予約権の買取請求が認められる事由は，①新株予約権の目的である株式を譲渡制限株式または全部取得条項付株式に変える定款変更（118条），②組織変更（777条），③吸収合併・吸収分割・株式交換（787条），④新設合併・新設分割・株式移転（808条），である。前記③・④については，新株予約権に基づく義務の承継がある場合，買取請求権が認められない。

新株予約権の買取請求権の趣旨として，新株予約権者には議決権がなく，債権者異議手続に近い。なお，具体的な買取請求の手続等は，株式買取請求の場合と同じである。

(3)　1株に満たない端数の処理

　新株予約権の行使により1株に満たない端数が生ずる場合，あらかじめ端数に相当する価額を償還しない（切り捨てるものとする）旨を定めているときは，その旨を新株予約権の内容とする（236条1項9号）。

　当該定めを設けていないのであれば，新株予約権の行使により1株に満たない端数が生ずる場合，次に掲げる区分に応じて，その定める額に端数を乗じて得た額に相当する金銭を交付する（283条）。①当該株式が市場価格のある株式である場合，当該株式1株の市場価格として法務省令で定める方法（施規58条）により算定される額，②当該株式が市場価格のない株式である場合，1株当たりの純資産額，である。

5　自己新株予約権の消却

(1)　消滅手続の意義

　会社は発行された新株予約権を取得することができる（自己新株予約権。255条）。例えば，役職員が退職する際に，行使価格等の条件に合致しないため行使されないまま保有している新株予約権を放棄させて会社が取得するのである。

　役職員が退職後も新株予約権を保有していると，持株比率の不測の変化等，会社・既存株主に好ましくないことが起こりうる。このような行使の権利主体が役員または従業員でありながら，役職員が新株予約権を行使せずに退職する場合，会社は新株予約権を強制取得して消滅手続を実施する。

(2)　退職役職員の新株予約権の扱い

　新株予約権の権利者である役職員が退職する場合，当該役職員に新株予約権の放棄書を提出させる。放棄書の提出以外に，次の方法がある。第1に，役員解任・従業員の懲戒解雇等により放棄書提出が困難であることに備えて，契約書（新株予約権割当契約等）または定款に，「役職員の退任・退職により直ちに新株予約権が確定的に消滅」，または「権利行使の地位（役員・従業員）を失った場合，会社が対象の新株予約権を取得」する旨を定める。登記はその都度行う。

　第2に，新株予約権の行使条件の作成に際し，「役職員が退職する場合，取締役会決議で確定的に新株予約権が消滅」する旨の条項を定める。退職により直ちに消滅させるのではなく，取締役会決議でまとめて消滅させれば日付が揃うため，登記を一括して行うことができる。

　第3に，役職員が退職する際に，新株予約権を放棄させて会社が取得する。取締役会で取得する新株予約権の範囲・取得日を決議して公示する（273条1項・274条1項～4項）。会社は取得日または公示から2週間が経過した日のいずれか遅い日に新株

予約権を取得する（275条1項）。手続は複雑であるが，登記手続は不要である。

(3) 自己新株予約権の消却

　会社は自己新株予約権を消却するためには，消却する自己新株予約権の内容および数を定める（276条1項）。役職員が有する新株予約権の消却は，株式消却と同様に，取得と自己新株予約権の消却を組み合わせて行う。取締役会設置会社では，当該決定は取締役会決議による（同条2項）。会社は自己新株予約権を消却できるが，行使できない（280条6項）。

6　ストック・オプションと課税

(1) 対象者の課税

　税制適格ストック・オプションとしての認定要件を充足した場合，新株予約権の発行時だけでなく，権利行使時（株式取得時）において課税が繰り延べられ，取得した株式の売却時に課税される（税特29条の2）。この場合，株式の売却価額と権利行使価額の差額が譲渡所得として課税される。税制適格ストック・オプション以外の場合，①権利行使時に，当該時点における株式の時価が権利行使価額を上回っている部分について給与所得等として課税される（所税36条1項，所税令84条1項），かつ，②取得した株式の売却時に，譲渡価額と権利行使時の時価との差額について譲渡所得として課税される（所税令109条1項3号）。

(2) 税制適格の要件

　①対象者の要件は，当該ストック・オプション付与決議のあった会社・子会社の取締役・使用人等の個人，取締役等の相続人（税特29条の2第1項柱書），②付与に係る契約の要件は，権利行使期間が付与決議の日後2年を経過した日から付与決議の日後10年を経過するまで，権利行使価額が1,200万円以下等（同項1号〜6号），③権利行使の際に提出する書面の記載事項は，権利者が付与決議の日において会社の大口株主・その特別関係者でないこと等（同条2項），である。

7　違法な新株予約権に対する措置

(1) 発行の瑕疵を争う手続

ア）発行差止事由　　新株予約権の法令・定款に違反し，または著しく不公正な方法であり，株主が損害を受けるおそれがある場合，新株予約権の発行の効力発生（割当日）までは，株主は会社に対し発行差止請求ができる（247条）。敵対的買収の防衛策として第三者に対する新株予約権では主要目的ルールが適用される（東京高決平

17・3・23判時1899号56頁等）。新株予約権の不公正発行は，募集株式の発行差止が参考になる。

　イ）無効・不存在の訴え　　新株予約権の発行の効力発生から6ヵ月以内（非公開会社では1年以内）では，新株予約権者，株主，取締役，監査役等は新株発行無効の訴えを提起できる（828条1項4号・2項4号）。また，新株予約権の発行の実体がない場合，新株発行不存在確認の訴えを提起できる（829条3号）。

(2) 引受人・取締役等の民事責任

　ア）仮装の払込みに係る責任　　①募集新株予約権につき金銭の払込みを仮装した者・仮装を知って譲り受けた者（286条の2第1項1号。責任額は仮装された払込金額の全額），②募集新株予約権の行使につき金銭の払込み・現物出資財産の給付を仮装した者（同項2号3号。責任額は仮装された払込金額の全額・金銭以外の財産給付），③仮装に関与した取締役・執行役（286条の3第1項。過失責任）は，会社に対し，各責任の額を支払う責任を負う。

　イ）不公正な払込金額に係る責任　　①募集新株予約権につき金銭の払込みが著しく不公正な条件であるとき（285条1項1号。責任額は新株予約権の公正な価額），②取締役と通じて著しく不公正な払込金額で新株予約権を引き受けたとき（同項2号。責任額は公正な払込金額と実際の払込金額との差額），③新株予約権の行使に給付した現物出資財産の価額が募集事項決定時の価額に著しく不足するとき（同項3号。責任額は当該不足額），会社に対し，各責任の額を支払う責任を負う。

　ウ）現物出資に係る責任　　引受人が給付した現物出資財産の価額が，募集事項決定時の価額に著しく不足する場合，引受人に加え，取締役・執行役，専門家証明の証明者は，募集株式の発行と同じく差額分のてん補責任を負う（286条1項1号～3号・284条1項，施規60条～62条）。当該責任は，①検査役の調査を受けていた場合，②取締役等が無過失を立証した場合，免責される（286条2項）。

第4節　社債の発行

1　社債の意義

(1) 社債の特徴

　社債とは，発行会社を債務者とする金銭債権であり，募集事項に定める利率・期限（償還期日）に基づき償還される（2条23号）。すなわち，社債は社債の購入者（社債権者）と発行会社間の金銭消費貸借契約に基づく債務であり，会社の借金である。株

式会社または持分会社を問わず社債を発行できるが，主に上場会社または非上場のうち大企業が発行している。

　社債は株式と同じく小口で多数の投資家から資金調達が可能であるが，株式と異なり社債権者には確定利息の支払いおよび償還がなされ，残余財産の分配では株主より優先順位にある。社債は税務処理上，損金算入され，議決権等の経営参加権は無いが，社債管理者等の保護制度がある。

(2) 社債の種類

ア）普通社債　新株予約権が付されていない無担保の社債である（straight bond：SB）。発行会社は，期限に元本の償還，定期的な確定利息の支払い（通常年2回）を行う。

イ）新株予約権付社債　新株予約権付社債には，①新株予約権の権利行使（要払込み）により株式が交付され，社債は満期まで存続するもの（社債存続型），②新株予約権の権利行使により社債の満期が繰り上がり，償還金を株式の払込みに充当するもの（転換社債型。②が多く発行）がある。新株予約権を付加することで，普通社債と比較して，低利の社債を発行できる。理論的には，社債を株式に転換しても株式に関し投資者からの相応の収益率が求められる。発行・募集に際しては，募集新株予約権の発行手続に従う。新株予約権付社債は原則として片方だけを切り離して譲渡することはできない。

ウ）担保付社債　会社がデフォルト（債務不履行）になった場合でも，確実に社債権利者に償還できるように，社債に物上担保を付けたものである。担保付社債の発行では，発行会社（委託者）と信託会社（委託者）の間で信託契約を締結し，信託会社は社債権者（受益者）のために担保権（社債発行前に設定）を保存・実行する義務を負う。会社法および担保付社債信託法の適用を受けるが，近年では担保付社債の発行は少ない。

2　社債の発行手続

(1) 募集事項と募集手続

ア）募集事項　募集による社債を発行する場合，その都度，募集社債について，総額，各社債の金額（券面額），利率，償還の方法・期限，利息支払いの方法，各社債の払込金額（発行価額）等の募集事項を定める（676条，施規162条）。

イ）募集手続　募集社債では，法定事項を通知して社債引受けの募集をする（677条1項）。申込みをした者に対し社債を割り当てる（678条）。割当てにより申込者は社債権者となり（680条1項），期日までに金額の払込みを要する（676条10号。他の

金融債と社債を受働債権とする相殺は有効〔最判平15・2・21金判1165号13頁〕）。分割の払込みは可能であり，株式と異なり，払込みが社債権者となるための要件ではない。

(2) 発行の決定

ア）決定機関　社債発行は業務執行として，取締役会の決議（取締役会非設置会社では取締役の過半数の同意）で決定する。取締役会では，①募集の総額の上限，②利率の上限（利率に関する事項の要綱），③発行価額の下限（発行価額に関する事項の要綱）という大枠を定めて，代表取締役に委任して状況に応じて具体的な総額・利率・発行価額を決定し，何回かに分けて社債の発行（シリーズ発行）ができる（362条4項5号，施規99条）。指名委員会等設置会社では執行役，監査等委員会設置会社では一定要件の下，代表取締役に募集の決定を委任できる（416条4項・399条の13第5項）。

イ）他の発行方法　第1に，打切発行として，予定の募集社債の総額に達しない場合，応募額のみで発行（10億円の社債募集で，実際の応募分6億円の社債成立可）ができる（676条11号）。第2に，銘柄統合として，異なる種類の株式について，社債権者集会の決議等により，当該内容を変更して，1つの銘柄にすることができる。

（社債の募集方法）

区　分	具体的内容
総額引受け	金融商品取引業者が発行会社から一括して社債を取得し，公衆（投資者）に分売（679条・680条2号）。総額引受けの契約成立により社債権利者が決定
公募引受け	①発行会社が直接に公衆に募集（直接募集），または，②受託会社が募集に必要な行為を実施（間接募集）があり，このうち②が多く，応募不足分が出れば引き取る（残額引受け）
売出発行	一定期間を定めて，公衆に個別に社債を売り出す方法

(3) 少人数私募債

ア）意義　社債の私募債とは，50名未満の投資家に対して募集（有価証券の取得を行う行為）して社債を発行するものをいう（金商2条3項2号イ。少人数私募債）。50名以上に対する勧誘が行われるのは公募債であり，金融商品取引法に基づく情報開示義務（有価証券届出書・報告書の提出等）が課される（金商5条）。

イ）特徴　少人数私募債は社債の利点（会社が償還期間・利息を自由に設定可能）を生かし，公募債より簡易・迅速に資金調達ができる（社債管理者の設置等は不要）。縁故者・役職員，取引先等に対し募集をして社債権者になってもらう。少人数

私募債の特徴は，次表である。

ウ）発行手続　①募集事項・事業計画（社債発行趣意書を含む）の作成，②取締役会で少人数私募債発行の決議，③勧誘対象者（50名未満）の候補，④申込者の勧誘（個別訪問・説明会開催），⑤社債申込証の作成・購入の受付（購入決定の事前段階），⑥発行総額の決定（打切発行は可能），⑦募集決定通知書の作成・送付（割当てによる引受対象者は社債権者），⑧申込金額の振込確認・社債振込金預り証交付，⑨社債原簿作成・保管である。最終的に，利息の支払い・元本の償還を行う。

（少人数私募債の特徴）

特　徴	具体的内容
勧誘人数が50名未満	実際の購入者だけでなく，勧誘しただけの者を含め50名未満
1人が複数の口数を申し込む場合，1口の金額の整数倍	例えば，1口60万円の発行では，60万円の整数倍である120万円，180万円等
社債発行総額を社債の最低額で割った数が50未満	例えば，社債発行総額（6,000万円）を社債の最低額（80万）で割った数が75であり認められない
6ヵ月ルール	過去6ヵ月以内に発行した少人数私募債X1とX2が同じ償還期間・利息である場合，X1とX2は同一のものとみなされる。X1とX2の勧誘人数は合わせて50名未満が要件
少人数私募債の譲渡制限	少人数私募債の譲渡に際し，取締役会の承認が必要

(4)　社債の違法発行

　社債の違法発行には，新株発行のような特別な規定はない。発行段階（社債の成立前）において手続の法令違反があれば，株主・監査役（監査等委員・監査委員）は発行の差止めを請求できるであろう（360条・385条・399条の6・407条・422条）。社債の発行後では，手続に法令違反があったとしても，代表取締役・代表執行役が会社を代表して発行したのであれば，当該社債は無効とはならない。仮に会社が損害を被った場合，取締役等に損害賠償請求をすることになる。

3　社債の流通

(1)　社債券と社債原簿

　ア）社債券発行の有無　社債の発行形態には，①社債券を発行しない（原則的形態），②社債券を発行し，記名式社債（社債原簿に社債権者の氏名・住所が記載）とする，③社債券を発行し，無記名式社債とする，がある。社債券の発行・不発行は，社債の種類毎に決めることができる（株券ではすべての種類で同じ方法を要選択）。

社債券を発行しない場合，社債原簿で管理または振替制度（振替66条2号）を利用する区分がある。他方，社債券を発行する旨を定めた場合，発行日後遅滞なく発行し，金額・種類等を記載する（696条・697条）。

　イ）社債原簿の作成　　社債を発行すれば，遅滞なく社債原簿を作成し，社債の種類その他の法定事項を記載する（681条，施規165条）。社債原簿の作成・備置等の事務は社債原簿管理人に委託できる（683条）。社債権者，社債発行会社の債権者・株主は社債原簿を閲覧謄写できる権利があり，発行会社の親会社の社員は裁判所の許可を得て閲覧・謄写ができる（684条。拒絶事由は同条規定）。

(2)　社債の譲渡

　社債の譲渡は，次のように区分される。第1に，社債券発行の場合，その交付を要する。第2に，社債券不発行の場合，社債の譲渡は意思表示のみで行われるが，社債原簿の名義書換え（社債権者と取得者の共同請求）が会社および第三者に対する対抗要件である（688条1項）。第3に，振替制度利用の社債（振替社債）の譲渡は，振替機関または口座管理機関が備える振替口座簿の記録により行う（振替73条）。会社および第三者に対する対抗要件も口座の記録による。

(3)　社債の利払いと償還

　ア）社債の利払い　　社債権者は社債の期限到来（満期）により償還（元本の返済）を受け，それまでの間は，所定の利息の支払い（発行時に定める）を受ける。利息の支払いは社債原簿に記載の住所で支払われるが，多く流通する「無記名社債」では，債券に複数枚の利札（クーポン）が付いており（697条2項），利札と引き換えに支払いを受ける。記名社債では，社債の募集事項に定めた方法で支払う（676条5号）。利息支払請求権の消滅時効は5年である（701条2項）。

　イ）社債の償還　　社債の償還は，いつ，どのような方法によるかを募集事項で定める（676条4号）。例えば，①一定期間の据え置き後，随時償還（民136条2項），②定期的に一定額ずつを抽選により償還し，一定の期日に全部の償還を完了させる。償還請求権の消滅時効は10年である（705条3項）。

4　社債の管理

(1)　社債管理者

　ア）意　義　　社債管理者とは，社債権者のために，社債の管理（利息の支払い・償還等）を行うことを委託された者（銀行・信託会社等の金融機関。証券会社は除く。金商36条の4第1項）である（702条・703条，施規170条）。多数の小口債権者が自身

の利益を守ることは容易ではなく，社債管理者に権利保全・債権回収をさせるのである。発行会社は社債管理者の設置義務がある（非設置は取締役に過料）。例外として，①社債の最低券面額が1億円以上（大口債権者は自衛能力があるため），②少人数私募債（社債権者が少なく，社債権者集会の開催が容易）の場合，設置は任意である（702条但書，施規169条）。

　イ）権　限　　社債管理者は，社債権者のため社債に係る債権の弁済を受ける権限がある。発行会社の債務不履行時に，①社債に係る債権の実現のために提訴・強制執行ができ（705条1項），②債権者集会決議により社債権の処分を伴う行為（社債全部の支払猶予，債務不履行責任の免除・和解）ができる（706条1項）。

　ウ）義務・責任　　社債管理者は，社債権者との間に契約関係を有しないが，公平誠実義務および善管注意義務が法定されている（704条1項2項）。社債管理者が発行会社の取引銀行である場合，経営悪化時における貸付金の優先回収等といった利益相反行為が禁止される。社債管理者は，①発行会社が社債の償還，利息の支払いを怠り，または，②発行会社について支払いの停止があった後またはその前3ヵ月以内に，発行会社から担保の供与を受け，債務の消滅に関する行為を受けた場合（発行会社の危機に乗じた抜け駆けになる），社債権者に対し損害賠償責任を負う（710条1項2項。名古屋高判平21・5・28判時2073号42頁）。

(2)　社債管理補助者

　ア）意　義　　社債発行会社が社債管理者の設置を要しない場合（702条但書。各社債の金額が1億円以上その他），社債管理補助者を定めて，社債権者のために，社債の管理の補助（倒産手続における債権届出・情報伝達等）を行うことを委託できる（714条の2。設置は任意）。社債管理補助者は，社債管理者の資格を有する者（金融機関）に加え，弁護士・弁護士法人等がなることができる（714条の3，施規171条の2）。社債管理者ほど高額コストではなく，厳格な資格要件はないため（社債管理者のなり手が現実に少ない），社債権者が自ら社債の管理を行うことが前提となる場合に設置される。

　イ）権　限　　社債管理補助者は，社債管理者のように社債の管理に必要な権限を包括的に有さず，限定された範囲の業務を行う。社債管理補助者には，①単独での行使権限（社債権者集会の決議不要），②委託契約の範囲内の権限がある。

　ウ）義務・責任　　社債管理補助者は，社債権者のために公平誠実義務および善管注意義務が法定されている（714条の7・704条。社債管理者に係る規定の準用）。また，社債管理補助者は発行会社と社債権者間または社債権者間において情報伝達の円滑化のために，社債の管理に関する事項を社債権者に報告またはこれを知ることがで

きるように措置を要する（714条の4第4項）。また，弁済を受けた場合，社債権者による社債管理補助者に対する請求が認められる（同条5項）。

（社債管理補助者の権限）

区　分		具体的内容
単独での権限		①破産手続等への参加 ②強制執行等の手続における配当要求 ③清算手続における債権の届出（499条） ④減資・組織再編等について発行会社から催告を受ける行為（714条の4第1項・740条3項）
委託契約の範囲内の権限	社債権者集会の決議不要	①社債に係る債権の弁済を受ける権限（714条の4第2項1号） ②社債に係る債権保全のための一切の裁判上・裁判外の行為をする権限（同項2号）
	社債権者集会の要決議	①債権保全のための裁判上・裁判外行為のうち，社債の全部についての支払請求・強制執行等 ②社債の全部の支払猶予，元利金の減免・責任の免除等 ③期限の利益喪失行為（714条の4第3項1号～4号）

（3）社債権者集会

ア）意　義　社債権者集会は，社債権者の利害に関する事項（社債契約の内容変更等）につき決議をなす臨時の合議体である（716条）。社債の同じ種類ごとに組織される（715条）。社債発行会社の業績悪化により社債償還が困難と考えられる場合，支払猶予・社債元本等の減免により発行会社は業績を回復させて，社債を償還することができるかもしれない。当該支払猶予等の判断に関し社債権者から個々に賛同を得ることは難しいため，社債権者集会は多数決によりそれらを可能とするのである。社債権者集会の決議は，支払いの猶予・債権の一部放棄等のように社債権者に譲歩を求める内容が多く，一部社債権者の利益のため多数決の濫用等が懸念される。決議の瑕疵だけでなく，決議の妥当性について審査が要請されるため，社債権者集会の決議は，「裁判所の認可」を受けて初めて効力が生じる（734条1項）。

イ）権　限　社債権者集会は，①支払いの猶予，社債に係る債務の全部・一部免除，訴訟行為，破産手続等に関する行為（706条1項1号2号・724条2項），②社債管理者・社債管理補助者の各辞任・解任請求の同意（711条・713条・714条の7），③社債の期限の利益（739条1項），などの法定決議事項に加え，社債権者の利害に関する事項について決議することができる（716条）。ただし，発行会社の減資・組織再編等に対し社債権者が異議を述べるには社債権者集会の決議を要する（社債管理者は単独で異議陳述が可。740条1項2項）。

　ウ）運　営　　社債権者集会は，必要がある場合には，いつでも招集することができるが（717条1項），招集権者（少数社債権者・社債管理者等）が当該集会の目的として定めた事項だけを決議する（724条3項）。社債権者集会の議決権は，その有する当該種類の社債の金額の合計額に応じて議決権を有する（723条1項）。社債権者集会の決議は，原則として普通決議（724条1項。定足数なし）によるが，社債権者の利害に重要な影響を与える一定の事項については，特別決議（同条2項）による。なお，発行会社等が提案した事項について社債権者の全員が書面・電磁的方法で同意の意思表示をしたときは，社債権者集会の決議があったものとみなす（735条の2第1項4項。裁判所の許可なく決議は有効）。

（社債権者集会の運営）

区　分		具体的内容
招集権者		社債発行会社，社債管理者・社債管理補助者，社債総額の10分の1以上に当たる社債権利者
費用負担		運営の費用負担は，原則，発行会社。招集者が負担することあり
議決権行使		①社債金額に応じた議決権，②代理行使・書面投票が可
決議要件	普通決議	出席した議決権者の議決権の過半数の賛成。定足数なし
	特別決議	総議決権の5分の1以上の議決権を有する議決権者が出席し，かつ，当該議決権者の議決権の3分の2以上の賛成
	決議省略	発行会社等が提案した事項について社債権者の全員が書面・電磁的方法で同意の意思表示をしたとき
特別決議の事項		①支払猶予，債務免除・和解，訴訟・破産手続，②代表社債権利者・決議執行者の選任・解任等
決議の認可と公告		①社債権者集会の決議は「裁判所の認可」を受けて初めて効力あり，②決議の認可・不認可に関する裁判所決定を遅滞なく公告（735条）
決議の執行		社債管理者，社債管理補助者，代表社債権利者，別途定めた者（737条）

第8章◆会社の計算

第1節　計算の目的

1　会社の計算・決算

　会社の計算とは，会社の利害関係者（株主・会社債権者等）に対し，対象会社の財政状態（財産・負債等の内容）および経営成績を算出・分析して，報告する一連の過程をいう。会社の計算のうち，決算とは，定款に定めた1事業年度（多くの会社は，4月1日〔期首〕から翌年3月31日〔期末〕までの1年）におけるこれら情報を明らかにすることである。3月31日が決算日である会社を「3月決算会社」という。

　成果としての計算書類等には，①取締役等（指名委員会等設置会社の執行役を含む）は適切な経営を行うための情報および剰余金の分配における基礎資料として，②株主は自社株の売買に加え，取締役等が出資財産をいかに運用しているのかを見て，株主総会で取締役・監査役を選解任するための判断材料として，③会社債権者は，自己の債権の引当てになる会社財産に関する書類として，重要な意義がある。

（3月決算会社の手続例）

時　期	決算手続の各種スケジュール
3月	決算日31日（配当基準日）
4月	①計算書類，事業報告書，各附属明細書の作成 ②監査役・会計監査人による計算書類等の監査 ③決算についての取締役会決議
5月	①会計監査人による会計監査報告の提出 ②監査役（会）による監査報告の作成 ③決算発表（非上場会社は不要）
6月	①取締役会で計算書類等の承認決議（決算取締役会） ②株主に計算書類の提供 ③定時総会で計算書類の承認決議（普通決議。会計監査人設置会社では報告） ④計算書類の公告等 ⑤剰余金配当の支払開始

2　計算書類等の概要

　1事業年度が終了すると，株式会社は当該事業年度に関する計算書類，事業報告およびこれらの各附属明細書（以下，計算書類等）を作成しなければならない（435条2項）。計算書類等は，監査役の監査を受け，これを取締役会で承認をしたうえで，定時株主総会に提出し，原則として計算書類はその承認を受ける。

　計算書類は，①貸借対照表，②損益計算書，③株主資本等変動計算書および個別注記表（計規59条1項）からなる。貸借対照表および損益計算書は，「一般に公正妥当と認められる企業会計の慣行」（431条）に従って作成されるが，会社計算規則に詳細が規定されている。

（計算書類等の作成）

計算書類	①貸借対照表，②損益計算書，③株主資本等変動計算書・個別注記表
事業報告	

＋ ①～③の各附属明細書，事業報告の附属明細書

第2節　計算書類等の作成

1　計算書類等の種類

(1)　貸借対照表

　貸借対照表（Balance Sheet：B/S）とは，事業年度の末日（例えば，決算日である3月31日）における会社の財政状態を示した書類である。貸借対照表の左側（借

〔貸借対照表〕

資産の部　A	負債の部　B
流動資産（現金及び預金，売掛金，貸倒引当金，商品等）	流動負債（買掛金，短期借入金等）
固定資産（有形固定資産〔土地・建物等〕，無形固定資産〔特許権等〕，投資その他の資産）	固定負債（長期借入金等）
	引当金
	純資産の部　C
繰延資産（研究費，開発費等）	株主資本（資本金，利益剰余金，自己株式等），評価・換算差額等，新株予約権
資産合計	負債および純資産の合計
（資金の使いみち）	（資金の調達方法・源泉）

方）に資産の部，右側（貸方）に負債の部および純資産の部がある（計規73条1項）。

　貸借対照表の右側は資金をどこから調達してきたのか（資金の調達源泉），左側は資金が何に使われているのか（資金の運用形態）を示している。「資産」の合計額と「負債＋純資産」の合計額が一致（前頁の図では，A=B+C）するように記載される。

(2)　損益計算書

　損益計算書（Profit and Loss Statement：P/L）とは，1事業年度における売上・損失とその費用を対比して，会社の経営成績を表す一覧表である。損益計算書は，経常損益の部および特別損益の部からなる（計規88条参照）。収益（商品売買益等）と費用（仕入・給料等）の差額は当期純利益・当期純損失となる。損益計算書の当期純利益の額は，貸借対照表の「純資産の部」における「その他利益剰余金」の当期増（減）額と一致する。

損益計算書（令和X年4月1日から令和（X＋1）年3月31日まで（3月決算会社））

| ①売上高，②売上原価▲，③販売費及び一般管理費▲　⇒営業利益（損失）A1（＝①－②－③） |
| ④営業外収益，⑤営業外費用▲　⇒経常利益（損失）A2（＝A1＋④－⑤） |
| ⑥特別利益，⑦特別損失▲　⇒税引前当期純利益（純損失）A3（＝A2＋⑥－⑦） |
| ⑧法人税等▲　⇒当期純利益（当期純損失）A4（＝A3－⑧） |

（表③は販売手数料・広告宣伝費等，④は受取利息・配当金等，⑤は支払利息・有価証券評価損等，⑥は固定資産売却益・投資有価証券売却益等，⑦は固定資産売却損・火災損失等）

(3)　株主資本等変動計算書・注記表

　株主資本等変動計算書は，（貸借対照表の）純資産の部が前期末から当期末にかけての1年間，どのような原因で，どれだけ増減したのかを項目別にまとめて説明した表である（計規96条）。他方，注記表（個別注記表および連結注記表）は，継続企業の前提に関する注記，重要な会計方針に係る事項に関する注記など，注記事項をまとめて記載した計算書類である（計規97条・98条）。対象会社の事業継続が疑わしい場合，「改善しても事業の継続に重要な不確実性がある」等が注記される。これらは利害関係者には重要な情報となる。

(4)　事業報告

　事業報告は，会社の状況（会計部分を除く）を文章で説明した書類である（施規118条1号）。事業報告には，会計監査人の監査対象ではないが（436条2項2号），利害関係者には重要な情報となる。①すべての株式会社を対象とする記載事項（会社状

況の重要事項，内部統制システム，会社支配，特定子会社，親会社との重要取引等。施規118条），②公開会社の特則として記載事項が法定されている（主要な事業内容・重要な資金調達，役員の報酬決定方針，議決権数上位10名の株主，ストック・オプション等。施規119条〜124条）。

(5) 附属明細書

附属明細書は，計算書類および事業報告の内訳明細を記載する書類である。計算書類の附属明細書には，固定資産・引当金・販売費及び一般管理費の各明細を記載することが求められる（計規117条）。他方，事業報告の附属明細書には，業務執行取締役等の兼職状況，子会社との取引明細等が記載される（施規128条）。

附属明細書のうち，会計に関する部分は会計監査人の監査対象となる。

(6) 関連する計算書類〜連結計算書類・臨時計算書類

ア）連結計算書類　大会社およびその支配下にある子会社および連結子会社からなる企業集団を1つの会社とみなして，財産状況および損益状況を示すものである。企業単体では黒字または赤字でも，企業集団では異なることがあり，利害関係者には重要な情報となる。連結計算書類には，連結貸借対照表，連結損益計算書，連結株主資本等変動計算書，連結注記表がある（計規61条）。会計監査人設置会社は，各事業年度に関する連結計算書類を作成することができる（444条1項）。他方，各事業年度の末日において大会社で，かつ金融商品取引法上の有価証券報告書の提出会社（上場会社等。金商24条1項）は連結計算書類の作成義務を負う（同条3項）。

イ）臨時計算書類　剰余金配当の時期に関する規制はなく，1事業年度に何回でも剰余金配当が可能である。その場合，配当までの期間損益を分配可能額に反映させるため，臨時計算書類を作成することができる。中間配当のための臨時決算日以外に，事業年度中の一定の日を臨時決算日として決算をすることも認められている（441条1項）。臨時計算書類は株主総会の承認を要する（同条2項）。

2　貸借対照表の区分と資産・負債の評価

(1) 貸借対照表の区分

ア）資産の部　流動資産・固定資産・繰延資産の各項目に区分される（計規74条1項）。流動資産は，決算期後1年以内に現金化等により使用予定の資産である（ワン・イヤー・ルール。同条3項1号参照）。固定資産は経済的価値が1年以上あり，かつ1年以上の使用を目的とする資産である。例えば，①X社所有のY土地が本社ビルとして利用されている場合，Y土地は固定資産となり，②X社の事業が不動産販売

であり，Y土地を短期転売目的で所有している場合，流動資産となろう。

　イ）負債の部　　外部からの資金調達（借入金等）を示している。流動負債・固定負債の各項目に区分される（計規75条1項）。流動負債は，営業取引による金銭債務（買掛金等），決算期後1年以内の履行期の債務（借入金等）である。これ以外が固定負債である（ワン・イヤー・ルール）。なお，負債額が資産額を超えた場合，「債務超過」と呼ばれる。会社の資産をすべて換価しても負債額をすべて弁済することができない状態である。債務超過の状態を1年以内に解消できない場合，金融商品取引所の上場維持基準に抵触する。

　ウ）純資産の部　　資本の部と負債の部の差額であり，①株主資本（株主の拠出した資本とそこから生じた利益），②評価・換算差額等（資産の時価評価等により増加した資産の部に対応する項目），③新株予約権（新株予約権の発行価額）に区分される（計規76条1項1号）。会社の事業が好転した結果，資産が増加すれば「資産の部」が増加し，会社が利益を得ると，純資産の部の「利益剰余金」に表示される。例えば，株主から払い込まれた金銭が1,000万円，事業活動で700万円を消費したが，利益が生じていない。当該事案の貸借対照表には，「資本金1,000万円，その他利益剰余金▲700万円」等の表記が考えられる。

（「純資産の部」の内容）

純資産の部			
株主資本	資本金		払込資本
	資本剰余金（資本準備金・その他資本剰余金）		
	利益剰余金（利益準備金・その他利益剰余金・別途積立金・退職給与積立金・繰越利益剰余金）		留保利益
	自己株式		（マイナス表記）
評価・換算差額等	その他有価証券評価・差額金		長期保有の有価証券の取得価額と現在の評価価額との差額
新株予約権			

(2)　資産の評価と負債の評価

　ア）資産の評価　　原則として「取得価額」を付す（原価主義。計規5条1項）。取得価額は客観性がある反面，資産には含み損（時価との差額）を伴うことがあり，含み損が巨額であると資産の実態を反映しない。そのため，決算日の時価が取得原価より著しく低下（回復が見込めない場合）した資産は「時価」を付す（同条3項1号）。市場価格がある資産（上場株式等）には時価を付すことを選択できるが（同条

6項2号。子会社・関連会社株式は長期保有のため取得価額を計上），原則として金融商品（金融資産・デリバティブ取引に係る契約等）は時価評価をして当期損益に反映させることを原則とする（「金融商品に関する会計基準」〔企業会計審議会平20・3・10企業会計基準委員会・企業会計基準10号〕Ⅱ.1.4）。金融商品の価格変動リスクは，投資情報として重要である。

イ）負債の評価 　負債の評価は原則として「債務額」を付す（計規6条1項）。引当金等（後述(4)）は時価または適正な価格を付すことができる（同条2項）。

(3) 特殊な資産計上～繰延資産・減価償却

ア）繰延資産 　繰延資産とは，特定年度に多額の費用の支出が生じるが，その効果が将来に利益をもたらすものをいう（試験研究費等）。例えば，製品Pを商品化するため当期2億円を要した。全額を当期費用として計上してもよいが，Pが収益をもたらす期間にならして2億円を配分することができる（任意計上）。本来「換価できない費用」を貸借対照表上の「資産」項目に計上するものであり，通常の資産とは性格が異なる。計上できる対象項目は企業会計原則が規定する。繰延資産は，特定の年度に支払った費用を，将来の複数年度に負担させる会計処理により，利益が平準化されて当期利益が増大する効果がある。

イ）減価償却 　減価償却とは，固定資産のなかでも，長期にわたり使用することにより価値が減少していくと考えられるもの（土地は除く）を，毎期その減少に応じて評価することである。機械・設備等は購入年度だけでなく，次年度以降も会社の売上等に貢献する。複数年度にわたり費用として配分することによって，費用と収益とを対応させるのである。減価償却の方法には，①定額法，②定率法，③生産高比例方式がある。企業の実態に即した方式が採用され，定額法は対象機械が毎年継続して収益を生じさせる事案に採用され，定率法は対象機械の使用に際して修繕費がかさむため，早期に多くの償却をする事案に採用する。例えば，機械Pの取得原価が2,000万円，耐用年数が5年である。5年後，Pの残存価額（スクラップ価額）が150万円である場合，定額法では，毎年370万円（＝（2,000万円－150万円）÷5年）を償却（当該年度の費用）する。3年後の貸借対照表には，890万円（＝（2,000万円〔取得価額〕－1,110万円（＝370万円×3年。減価償却累計））の形で資産の部に示す。

(4) 特殊な負債計上～引当金

引当金とは，将来，支出されることが確実に予想される費用・損失を，それ以前の年度に少しずつ貸借対照表上の負債の部に計上しておくことである。

例えば，X工場は3年後に大修理のため，多額の費用（修繕費）を要することが見

込まれる。修繕費を実際の支出年度だけに計上すると，支出年度の費用と収益の対応が大変不均衡になり，株主に剰余金配当ができなくなるおそれがある。しかし，その修繕費は将来の収益に貢献するため，実際の支出は3年後であるが，それ以前の事業年度に会計上3分の1ずつ負担させ，特別修繕引当金（将来における工場の修繕費）として計上するのである。このように，将来の支払いに関連する引当金を「負債性引当金」といい，他に退職給与引当金・損害補償損失引当金等がある。

第3節　会計帳簿

1　会計帳簿の作成と保存

(1)　会計帳簿とは

　会計帳簿とは，計算書類等を作成するうえで基礎となる書類であり，①すべての取引を記録した主要簿（総勘定元帳・仕訳帳），②特定種類の取引を記録した補助簿（現金出納帳等）がある。株式会社は会計帳簿の作成義務（432条1項）に加え，会計帳簿の閉鎖時から10年間，会計帳簿およびその事業に関する重要資料（受領書・親書等）の保存義務を負う（同条2項）。株主による閲覧謄写請求の対象となる（433条）。

(2)　公正妥当な企業会計の慣行

　株式会社の会計は，「一般に公正妥当と認められる企業会計の慣行」に従うものとする（431条）。会計帳簿の作成においては，当該原則に従う。一般に公正妥当と認められる企業会計の慣行とは，主として企業会計審議会が公表した企業会計原則，財団法人財務会計基準機構の企業会計基準委員会が公表した企業会計適用指針等がそれに当たるものとされている。企業会計には，①企業実体の公準，②貨幣的評価の公準，③継続企業の公準がある。

2　会計帳簿の閲覧謄写請求権

(1)　制度の趣旨

　株主は取締役に対する違法行為の差止請求権・代表訴訟提起権等を適切に行使することにより，経営者による会社の運営を監督是正することができる。また，株主は株式譲渡または株式買取請求等のため株式評価を行うことがある。しかし，共益権および自益権を行使する前提として，全株主に開示される計算書類および監査報告だけでは不十分である。そのため，株主は過去10年間の会計帳簿の閲覧謄写請求権を行使できる（433条）。

　なお，会計帳簿の記録材料となった会計資料（会計帳簿に含まれない伝票，受取証，契約書等）は，閲覧謄写請求の対象に加えることができる（横浜地判平3・4・19判時1397号114頁参照）。

(2)　行使要件

　会計帳簿の閲覧謄写請求権は少数株主権であり，その権利行使は，①総株主の議決権の100分の3以上の議決権を有する株主，または，②発行済株式（自己株式を除く）の100分の3以上の数の株式を有する株主（定款により要件緩和が可），に認められる（433条1項柱書前段）。株主1人が要件を満たすことができなくても，数人で要件を満たせば共同請求が認められる。また，会社の親会社社員（親会社の株主等）は，その権利を行使するため必要があるときは，裁判所の許可を得て，会計帳簿またはこれに関する資料の閲覧または謄写の請求をすることができる（同条3項）。裁判所の許可を必要とするが，権利行使において議決権数要件・持株数要件はない。

　なお，取締役は会計帳簿の閲覧謄写請求権を有しないと解されている（東京地判平23・10・18金判1421号60頁）。

(3)　請求理由の明示

　会計帳簿の閲覧謄写権の行使は請求理由を明らかにする必要がある（433条1項柱書後段）。請求理由は具体的記載（取締役が行ったグループ企業への無担保融資と会社に損害を与えるおそれの調査等）が求められるが，理由の立証・帳簿の特定までは不要である。判例によれば，「譲渡制限株式の適正価格を算定する目的で行った会計帳簿等の閲覧請求権は，特段の事情が存しない限り，株主の権利確保または行使に関し調査をするために行われたものであり，会計帳簿等の拒絶理由に該当しない」とされる（最判平16・7・1民集58巻5号1214頁）。

3　閲覧謄写請求の拒絶

　会計帳簿には会社の営業秘密が含まれ，開示により競合他社を優位にし，会社の社会的信用を低下させることがあり，閲覧謄写請求の拒絶は一定範囲で認められている。

　拒絶事由として，①権利確保等の調査以外の目的（拒絶の際に会社に対する利益を害する意図の立証は不要），②株主共同の利益を害する目的（客観的に会社業務の遂行・運営を害するか否か。株主による頻繁な帳簿閲覧請求を含む〔東京高判平28・3・28金判1491号16頁〕），③請求者が会社業務と実質的に競争関係（近い将来，対象会社と競業を行う高い蓋然性〔東京地決平6・3・4判時1495号139頁〕），子会社の帳簿閲覧請求をした親会社株主が子会社と競業者（〔最決平21・1・15民集63巻1号

１頁〕，危険性の具体的存在），④会計帳簿等で知り得た事実につき利益を得て第三者に通報する目的（秘密事項を他に売り込むための請求防止），または，⑤前記④を過去２年以内に実行したこと（客観的事実で拒絶可）がある（433条２項）。当該拒絶事由がなく，会社が帳簿閲覧請求を拒絶した場合，株主は閲覧請求の訴えを提起できる。

第４節　計算書類等の監査と開示

1　計算書類等の監査

(1)　監査役設置会社

　監査役設置会社（会計監査人設置会社を除く）では，計算書類，事業報告，各附属明細書等について，監査役の監査を受けなければならない（436条１項）。監査役は，監査報告を作成する（計規122条１項）。計算書類は，取締役会の承認を経て，定時株主総会の承認（普通決議）により確定する（438条２項）。

(2)　会計監査人設置会社

　会計監査人設置会社かつ監査役設置会社では，次の監査がなされる。第１に，計算書類および各附属明細書（事業報告・附属明細書を除く）は，会計監査人および監査役（指名委員会等設置会社では監査委員会，監査等委員会設置会社では監査等委員会）による監査を受け，会計監査人は会計監査報告（計規126条・130条）を作成する。
　第２に，事業報告および附属明細書は監査役等の監査を受ける（436条１項２項）。

（計算書類等の監査・承認）

種　類	監査の対象	監査の主体	承認・報告
監査役設置会社	①貸借対照表，②損益計算書，③株主資本等変動計算書・個別注記表，④計算書類の附属明細書，⑤事業報告，⑥事業報告の附属明細書	監査役（委員会型の会社では監査委員会または監査等委員会）	監査役の監査報告により，左記①～④は取締役会の承認を経て，定時総会の承認により確定。左記⑤・⑥は総会で報告
会計監査人設置会社	①貸借対照表，②損益計算書，③株主資本等変動計算書・個別注記表，④計算書類の附属明細書	会計監査人	会計監査人の会計監査報告（無限定適正意見あり）＋監査役の監査報告（不相当意見なし）により，左記①～④を取締役会の承認で確定。左記すべてを総会で報告
	①会計監査報告，②事業報告，③事業報告の附属明細書	監査役（前記と同じ）	

監査役は計算書類および会計監査報告を受領後，監査報告（計規127条）を作成する。会計監査人は会計監査を，監査役は業務監査を主とする。なお，会計監査人の監査方法または監査結果を不相当と認めた場合，監査役（会）が独自に監査する。

　会計監査人の無限定適正意見（計規126条1項2号イ）があり，これを不相当とする監査役の意見の付記がない場合（計規135条2号），計算書類は取締役会の承認で確定し，代表取締役は計算書類の内容を株主総会で報告するだけで足りる（439条。承認特則規定）。会計監査の専門家と監査役等が適正と判断した計算書類を，専門知識があるとは限らない株主の多数決で承認させる意義は見出せないからである。

2　総会の事前開示書類

　取締役会設置会社では，取締役会の承認を受けた計算書類等（附属明細書を除く）は，監査報告・会計監査報告とともに，定時株主総会の招集通知に添付され，株主に送付（電磁的方法による提供可能）される（437条）。これらは，定時株主総会の日の2週間前から5年間，本店に備え置き，支店があればその写しを支店に3年間備え置いて，株主・会社債権者等の閲覧に供する（442条）。

3　計算書類の公告

(1)　公告方法の分類

　すべての株式会社は，定時総会の終結後，遅滞なく貸借対照表（大会社は，損益計算書を含む）を公告する義務を負う（440条1項，計規137条以下）。計算書類の公告方法は，①電子公告，②官報または日刊新聞紙による公告，③計算書類のみ電磁的方法による公告，④EDINET（電子開示システム。上場会社の開示書類をウェブ上で閲覧可能）による開示，がある。公告方法は定款で定めるが（登記事項。911条3項27号），定款による定めがない会社の公告方法は，官報に記載する方法とされる（939条1項4号）。持分会社には，決算公告の義務はない。

(2)　会社の公告方法

　第1に，電子公告（939条1項3号）は定款の定めを要し，会社のホームページ等のアドレス（URL）を登記する（施規220条）。電子公告では貸借対照表（大会社は損益計算書を含む。以下，同じ）の全文を掲載するとともに，定時総会の終結の日後5年間，継続して電磁的方法により不特定多数の者が提供を受けることができる状態にする措置をとる（440条1項3項・940条1項2号）。

　第2に，官報または日刊新聞紙（時事に関する事項を掲載）による公告（939条1項1号2号）は，貸借対照表の要旨公告で足りる（440条2項）。費用の軽減である

（官報公告は約6万円）。定款に公告の定めがない場合，官報公告による（939条4項）。

　第3に，公告方法を定款で官報または日刊新聞紙としている場合であっても，貸借対照表の内容である情報を，定時総会の終結の日後5年を経過する日までの間，継続して電磁的方法（貸借対照表の全文掲載，会社ホームページ等のアドレスを登記）による情報提供により適法な決算公告となる（440条3項・940条1項2号）。

　第4に，金融商品取引法上の有価証券報告書の提出会社（上場会社等。金商24条1項）は，金融庁が運営管理するEDINET（前記(1)）を通じ詳細に開示するため，会社法上の決算公告を要しない（440条4項）。

（会社の公告類型）

定款の定め	公告方法	計算書類の開示対象
定款の定め無し	官　報	B/S（大会社はP/Lを含む。以下，B/S等）の要旨
定款の定め有り	電子公告	5年間継続してB/S等の全文を掲載
	官報または日刊新聞紙	B/S等の要旨。なお，決算公告についてのみ「電磁的方法」を採用する場合，5年間継続してB/S等の全文を掲載
（金商法規制）	（EDINET）	EDINETによる有価証券報告書の開示

第5節　資本金と準備金

1　資本金の意義と計上

　資本金の額は，原則として，株主となる者が行った株式の払込み（金銭出資）または給付（現物出資）をした財産の額である（445条1項）。株式会社では，株主は引受価額を限度とする有限責任であり，会社債権者にとり会社財産だけが自己の債権に対する支払いの担保となる。株式会社は会社債権者を保護するために，一定金額に相当する財産を会社に維持することが求められ，この一定金額が資本金の額であり，登記事項である（911条3項5号）。資本金は会社財産を維持する基準額（計算上の数字）であり，その額に相当する財産が会社に存在することを意味するものではない。

2　準備金の意義と計上

(1)　準備金の意義

　準備金は，資本金の額に相当するものが会社に留保されることを，より確実にするために積み立てられるものである。準備金は大別して，法定準備金および任意準備金がある。法定準備金は法律が積立てを強制する（445条3項・4項）。法が準備金とい

うときは，法定準備金を指す。

　法定準備金には，資本準備金および利益準備金がある。資本準備金は資本金と同じく株主の払込金等を原資とする。利益準備金は会社が得た利益の一部を留保するものであり，剰余金配当してもよいはずのものを政策的見地から流出させないようにしている。将来の損失に備えるためであり，両準備金の機能に現実的差異は大きくない。任意準備金（任意積立金）は会社が定款または総会決議により自主的に積み立てるもの（財源は利益等）であり，目的が特定されるものと特定されないものがある（計規76条6項）。総会決議等により取り崩し，剰余金として配当することができる。

(2)　準備金の積立て

　株主の払込み・給付額の2分の1を超えない額は，資本金に計上しないことができる。組み入れなかった額（払込剰余金）は，資本準備金としての計上を要する（445条2項3項）。例えば，1株5,000円で1万株の発行をした場合，原則，資本金の額として増加する額は5,000万円であるが，このうち，2,500万円までは資本金として計上しなくてもよく，未計上の額は資本準備金として計上する必要がある。

　剰余金を配当する場合，法務省令で定めるところにより，剰余金配当により減少する剰余金の額に，10分の1を乗じて得た額を「資本準備金又は利益準備金」として計上しなければならない（445条4項，計規22条2項）。ただし，計上が義務づけられるのは，資本準備金および利益準備金の合計額が資本金の4分の1になるまでである。

（資本金・準備金の内容）

区　分			留意点
資本金			登記事項
準備金	法定準備金	資本準備金	株主の払込金等の2分の1を超えない額は，資本金計上しない場合，資本準備金に計上
		利益準備金	会社の利益を原資
	任意準備金	目的の特定あり	退職給与積立金，事業拡張準備金等
		目的の特定なし	別途積立金等
（計上義務）	①剰余金配当により減少する剰余金の額の10分の1を資本準備金または利益準備金に計上義務 ②準備金の合計額が資本金の4分の1に達するまで計上義務		

3　資本金・準備金の減少

(1)　資本金の額の減少規制

　資本金の額の減少を行う主たる目的（目的に制限なし）として，資本の欠損（純資産の額が，資本金の額と法定準備金より少ない）のてん補等がある。欠損により分配可能額がマイナスである場合，資本金を取り崩し，その他資本剰余金に計上して，分配可能額をプラスにして，剰余金の配当または自己株式取得を可能とする。また，会社の業績等に照らし資本金の額が大きい場合，剰余金の配当に伴う利益準備金の積立てが必要以上に負担となる。配当原資がその分減少して，剰余金の配当または自己株式の取得が困難となる。そのため，資本金の額を減少させる。

　資本金の額の減少は，原則として，株主総会の特別決議による（447条1項・309条2項9号）。例外として，資本金の額の減少後も，「配当可能な剰余金が生じない」とき（負の分配可能額）は普通決議でよい（309条2項9号ロ，施規68条）。また，募集株式の発行と同時に資本金の額を減少する場合，合計で「従前の資本金の額を下回らない」（結果として資本金が増加）ときは取締役会の決議でよい（447条3項）。

(2)　準備金の額の減少規制〜意義と手続

　準備金の額を減少して，①その全部・一部を資本金に計上（448条1項2号），または，②その他資本剰余金（資本剰余金のうち，資本準備金以外の部分）またはその他利益剰余金（対外的な活動により得た利益）に計上することができる（446条4号）。通常，資本準備金の額の減少分はその他資本剰余金を，利益準備金の額の減少分はその他利益剰余金を増加させる。

　準備金の額の減少手続は，前記①の計上および前記②の計上では，株主総会の普通決議による（448条1項・309条1項）。しかし，募集株式の発行と同時に準備金の額を減少する場合，準備金の額の減少の効力が生ずる日後の準備金の額が，合計で「従

（資本金・準備金の減少内容と手続）

区　分	減少後の計上	減少手続
資本金	①その他資本剰余金に計上，②資本準備金に計上	特別決議。ただし，①配当可能な剰余金が生じないときは，普通決議，②募集株式の発行＋資本金の額の減少が資本金増加のときは，取締役会決議
準備金	①資本準備金・利益準備金の全部・一部を資本金に計上，②資本準備金を，その他資本剰余金に計上，③利益準備金を，その他利益剰余金に計上	普通決議。ただし，募集株式の発行＋資本金の額の減少が資本金増加のときは，取締役会決議

前の準備金の額を下回らない」（結果として準備金が増加）ときは取締役会の決議でよい（448条3項）。

(3) 債権者保護手続

　資本金・準備金（資本金等）の額を減少する場合，債権者保護手続を要する（449条1項本文）。資本金の額の減少手続に瑕疵があれば，資本金の額の減少無効の訴えにより対処することになる（828条2項5号）。

　ただし，欠損のてん補とするため，資本準備金の額を減少させ，その他資本剰余金を増加させる旨を定時株主総会で決議したが，それでも分配可能額がマイナスである場合等には，債権者保護手続は不要である（同項柱書）。

　例えば，X社は資本金5,000万円，資本準備金3,000万円，その他資本剰余金0円，その他利益剰余金▲3,500万円，自己株式0円である場合，分配可能額は▲3,500万円となる。そこで，株主総会で資本準備金3,000万円を取り崩し，その金額をその他資本剰余金に振り替えても，分配可能額は▲500万円であり，債権者保護手続は不要である。一方，さらに，資本金のうち1,500万円を取り崩し，その金額をその他資本剰余金に振り替えて分配可能額を1,000万円とするのであれば，債権者保護手続が必要になる。

第6節　剰余金の配当等

1　剰余金の分配とは

　会社の利益が株主に分配されると，会社債権者にとり弁済原資である会社財産が減少する。そのため，「剰余金の分配限度額」を前提として，会社債権者と株主の利益調整を図る。株主に対する金銭等の分配方法には，①剰余金の配当，②譲渡制限株式の買取り，③自己株式の取得・買取り（株主との合意・子会社から・市場取引，公開買付け，相続人等への売渡請求等，所在不明株主の株式買取り，端数処理手続），④全部取得条項付種類株式の取得がある。前記①は利益配当と呼ばれることが多いが，会社が配当できる金額には，会社が得た利益の額以外のものを含むため，正確には剰余金の配当である。

　会社法は，これら①〜④を「剰余金の分配」（剰余金の配当等）として統一的に財源規制を定めている（461条）。

2　株主への配当方法

(1)　手続規制

　株主に対する剰余金の配当の際には，株主総会の普通決議が必要である（454条1項）。株主総会（定時総会・臨時総会の両方可）では，①配当財産の種類（金銭・現物。当該会社の株式・社債・新株予約権を除く）および帳簿価額の総額，②株主に対する配当財産の割当てに関する事項，③剰余金の配当がその効力を生ずる日を定める。前記②は，原則として，配当財産の割当ては株主の株式数（種類株式では各種類の株式数）に応じたものであることを要する（株主平等の原則のため。同条3項）。

　会社は1事業年度の末日（決算期）から2ヵ月以内に決算をして，定時株主総会で配当額を決定する（期末配当）。配当支払請求権は株主名簿上の株主に帰属する。多くの会社は決算期を基準日（124条）として，配当は基準日現在の株主に帰属すると定款に定めている。通常，配当金は株主が会社に通知した金融機関の口座に交付（振込み）される（支払費用は会社負担）。配当金支払請求権は原則として，10年の時効で消滅する（民166条1項2号）。株主が一定期間（5年・3年等）内に配当金を受け取らないと，「会社は支払義務を免れる」旨を定款に定めていることが多い。

(2)　現物配当

　現物配当とは，金銭以外の財産（子会社の株式等）を配当することである。株主に現物配当のみとする場合，株主総会の特別決議を要する（309条2項10号）。しかし，現物配当においても，次のときは普通決議による（454条4項）。

　ア）金銭分配請求権の付与　　株主に対し金銭分配請求権（現物配当または金銭配当の選択）を与えるときは，その旨および行使期間を定める（454条4項1号）。

　イ）基準株式数未満の株式　　一定数（基準株式数）未満の株式保有の株主に対し，配当財産の割当てをしないこととするときは，その旨および数を定める。例えば，基準株式数を200株と定めた場合，900株を有する株主には，4口の現物（900株÷200株）および1口の50%（100株÷200株）相当の金銭を交付する（同項2号・456条）。少数株主が剰余金配当請求権を実質的に剥奪されることがないように，基準株式数を適正に定める趣旨である。

(3)　取締役会への委任〜分配特則規定・中間配当

　ア）分配特則規定　　剰余金の配当は，株主総会決議を前提とするが，次の要件を満たす場合，定款に定めることにより，剰余金の配当（現物配当のみを除く）は，取締役会決議とすることができる（分配特則規定。459条1項）。①会計監査人設置会社

であり，取締役の任期が1年を超えないこと，かつ，②監査役会設置会社，監査等委員会設置会社または指名委員会等設置会社のいずれかであること，である。取締役会への委任に関する定款の定めが効力を有するには，会計監査人の会計監査報告に無限定適正意見があり，かつ，監査役会等の監査報告の会計監査人の監査方法に不相当な意見がないことが前提となる（同条2項，計規155条）。剰余金の配当決議に関し，取締役会の権限とする定款規定を設けた場合，「剰余金の配当等に関する事項は，株主総会の決議によっては定めない」旨を，定款で定めることが可能となる（460条1項2項）。これは剰余金の配当に係る株主提案権を排除（株主の権利制限）する効果がある。

　イ）中間配当　　取締役会設置会社は，1事業年度の途中で1回に限り，定款の定めにより，取締役会の決議に基づき，中間配当をすることができる（454条5項）。中間配当は，金銭に限る。

（配当方法と機関決定）

金銭配当のみ		総会の普通決議
金銭配当または現物配当の選択（金銭分配請求権の付与）		
現物配当のみ		総会の特別決議
分配特則規定	［金銭配当または金銭分配請求権の付与］，かつ，［①会計監査人設置会社であり，取締役の任期が1年を超えないこと，かつ，②監査役会設置会社，監査等委員会設置会社または指名委員会等設置会社のいずれか］	取締役会決議（定款規定が前提）
中間配当	1事業年度の途中で1回限り	

3　剰余金の配当と分配可能額

(1)　配当の要件

　株式会社が剰余金の配当等をする場合，次の規制に服する。第1に，分配可能額という財源規制に服する。剰余金として株主に交付する金銭または現物（自己株式を除く）の帳簿価額の総額は，「効力発生日における分配可能額」を超えることはできない（461条1項）。第2に，純資産額規制に服し，剰余金の配当は純資産額が300万円を下回る場合にはできない（458条）。第3に，準備金規制に服し，配当により減少する剰余金の額の10分の1を乗じて得た額は，準備金の合計が資本金の4分の1になるまで，資本準備金または利益準備金として計上を要する（445条4項，計規22条）。

(2) 分配可能額の算定

分配可能額の概算は，次の計算方法による（446条，計規149条）。

[剰余金の額（＝その他資本剰余金の額＋その他利益剰余金の額）－自己株式の帳簿価額]

別の計算方法として，①剰余金の額は，（会社法446条1号＋2号＋3号＋4号）－（同条5号＋6号＋7号）として算定し，②そこから自己株式の帳簿価額を控除する。結果に変わりはない。なお，前期までに生じた剰余金のうち，配当として株主に分配されなかった部分は，その他利益剰余金として蓄積されている。

(3) 分配可能額の増減の反映

剰余金の配当はいつでも可能であり，分配可能額算定の基準時は，決算期ではなく分配時である。そのため，決算期に係る貸借対照表から算出される分配可能額に，決算期後から分配を行う時までの間の分配可能額の増減を反映させる必要がある。

なお，①最終事業年度の末日後に自己株式を処分した場合，当該自己株式の対価額（処分価額）を控除し，②純資産の部の「その他有価証券評価差額金」がマイナス計上の場合，分配可能額から差額金を控除する（計規158条2号）。

しかし，臨時決算をして期の途中の損益を反映させようとする，会社法461条2項2号および5号等の実例は多くないようである。また，分配可能額の操作がなされないように，期末後に自己株式を処分しても分配可能額に変化はない（461条2項参照）。

(4) 分配可能額の増減の事案

例えば，決算日（3月31日）の貸借対照表では，その他資本剰余金が4,000万円，その他利益剰余金が▲1,000万円，自己株式の帳簿価額が2,000万円であるとする。当該事実を前提に，設問1として，期末の分配可能額は，どのように算定されるのか。設問2として，同年5月15日に自己株式のうち4分の1（簿価500万円分）を800万円で処分した場合はどうか。設問1は，1,000万円（＝4,000万円－1,000万円－2,000万円）となる。設問2は，5月15日に自己株式のうち4分の1を800万円で処分すると，自己株式処分差益300万円がその他資本剰余金に加算され，自己株式から500万円が消去される。そのため，自己株式処分後の分配可能額は，1,000万円（＝（4,000万円－1,000万円）＋300万円－800万円－（2,000万円－500万円））となる。

4　違法な剰余金の配当

(1)　粉飾決算等

　粉飾決算等により分配可能額がないのに，または分配可能額の限度額を超えて，株主に剰余金の配当をすると違法配当（実務では「タコ配当」ともいう）となる。違法配当は無効とされる。粉飾決算とは，会社の業績が悪化し，収益が上がっていないのに上がっているかのように，計算書類に資産を過大表示する，または負債を過小表示することである。粉飾決算を行う理由として，①取引先・金融機関との関係維持，②公共事業の入札制限の回避，③取締役自身の利益（取締役の地位維持・解任回避，多額の報酬取得），④株価の下落回避等がある。

　なお，この反対は逆粉飾決算である。会社の業績が良いにもかかわらず，計算書類では収益が上がっていないように見せかける。会社に課される税金を逃れる，または納税額を低くしたいためである。

　違法な剰余金配当については，次の責任追及が可能である。

（違法な剰余金配当による責任）

462条：①違法配当額の支払請求，②分配可能額を限度に免責可

429条：取締役等の第三責任追及

463条1項：①違法配当額の求償，②悪意の株主を対象

462条，民703条：①違法配当額の返還請求，②善意・悪意の株主を含む

463条2項：①債権額を上限とする支払請求，②善意・悪意の株主を含む

取締役等／会社／会社債権者／株主

(2)　会社から株主への返還請求

　会社は，①分配可能額がないにもかかわらず剰余金を配当し，または，②分配可能額を超えて剰余金を配当した場合，違法な剰余金の配当を受け取った株主に対し，不当利得として返還請求ができる（民703条）。剰余金配当の違法性に関し，株主の善意または悪意を問わない。しかし，多数の株主から，受け取った配当金を返還させることはきわめて困難である。

(3)　会社から取締役等への支払請求

　会社は，違法な剰余金配当に関する職務を行った取締役等に対し，交付した金銭等の帳簿価額に相当する額の支払責任を追及できる（462条 1 項 6 号）。過失責任（職務を行うについて注意を怠らなかったことを証明したときは免責）であるが（同条 2 項），代表訴訟の対象となる（847条 1 項）。

　責任対象者は，①当該行為に関する職務を行った業務執行者（指名委員会等設置会社では執行役），②違法な剰余金の配当に係る株主総会の議案を提案した取締役，③違法な剰余金の配当に係る取締役会の議案を提案した取締役である（462条 1 項，計規159条〜161条）。

　会社法462条 1 項の責任を負う取締役等の義務は，原則として，免除ができない。ただし，総株主の同意がある場合，分配可能額を限度として当該義務の免除ができる（462条 3 項）。剰余金の分配規制は債権者保護の機能を有しているため，分配可能額を超えて配当した金銭等の帳簿価額に相当する額は免責の対象外である。なお，違法配当をした取締役は，刑事責任の対象となる（963条・976条）。

(4)　取締役等から悪意の株主への求償権

　会社に違法配当額を弁済した取締役等は，違法配当であることに悪意の株主に対してのみ求償することができる（463条 1 項）。悪意の株主に対してのみ求償権の行使を認めたのは，取締役自らが違法配当をしておきながら，善意の株主に対し不当利得返還請求をするのは，禁反言の法理に照らし許容されないからである。

(5)　会社債権者から株主への支払請求

　会社債権者は，違法な剰余金配当を受領した株主に対し，違法分配額（債権額を上限）を自らに直接支払わせることができる（463条 2 項）。会社債権者の返還請求は，会社の権利を代位行使するものではなく，債権者固有の権利行使である。会社債権者が株主に返還を求める場合，株主の善意・悪意を問わない。会社債権者は遠慮をする必要がない。しかし，多数の株主に支払請求をすることは困難といえる。

第9章◆組織再編・事業譲渡

第1節　組織再編とは

1　組織再編の類型

　組織再編には，一般に合併，会社分割，株式交換，株式移転および株式交付がある。経済環境の変化・効率的な経営のため，大企業だけでなく，中小企業においても組織再編は活発に利用されている。なお，事業譲渡は，厳密には組織再編ではないが，経済的にはそれに近い機能を有するため，本章で取り上げる。

（組織再編の区分）

区　分	既存会社に移転	新設会社に移転	移転の対象
合　併	吸収合併	新設合併（実務上，少ない）	既存会社の法人格の移転
会社分割	吸収分割	新設分割	既存会社の事業の移転
株式交換・株式移転	株式交換（既存持株会社の完全子会社化）	株式移転（新設持株会社の完全子会社化）	既存会社の全株式の移転
株式交付	株式交付	（利用の対象外）	既存株式会社間の親子会社化

2　組織再編手続の概要

　組織再編は，①会社内部における意思決定，②反対株主の保護，③債権者の保護等の手続が求められる。当該手続を経ることにより，会社はその形を柔軟に変えていく

（組織再編手続の概要）

会社内部における意思決定	組織再編に関する契約締結・計画策定，株主総会における承認等	
反対株主の保護	事前・事後の情報開示	通知・公告，買取請求権・差止請求権の行使等
債権者の保護		催告・官報公告，弁済・担保提供・財産の信託等
（合併・分割・株式交換・株式移転の登記）		

ことができ，既存の会社間または既存の会社と新設会社との間で，権利義務の包括承継という効果を生じさせる。

第2節　組織再編の区分

1　合併とは

　合併とは，合併契約に基づき，2つ以上の会社を合体させて1つの会社とする行為である。合併の経済的機能として，事業規模の拡大，新規事業への進出，地域的な弱点の補完（シナジーによる企業価値の向上）等による競争力の強化，業績不振の会社の救済等がある。合併には，吸収合併と新設合併の2種類がある。

(1)　吸収合併と新設合併

ア）吸収合併　　吸収合併は，会社が他の会社とする合併であり，存続会社（A社）が合併により消滅する会社（B社）の財産および権利義務のすべてを引き継ぐ（2条27号）。存続会社の法人格は合併後も同一性を保持し続ける。消滅会社の株主には，存続会社の株式または金銭等を交付する（合併対価。749条1項2号3号）。

（吸収合併）

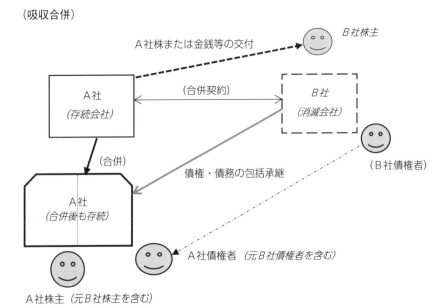

　イ）新設合併　　新設合併は，2つ以上の当事会社（消滅会社）のすべてが解散し，各消滅会社（X社・Y社）の財産および権利義務の全部を，設立会社（Z社）が承継取得する（2条28号）。新設合併の利用は少ない（総務省統計局「各年度事業所　企業統計調査」）。吸収合併と比較して新設合併では，①登録免許税が高額，②新たな株式発行手続が必要，③各種許認可の再申請等を要するからである。新設合併の対価は必ず株式の交付が求められる。

（新設合併）

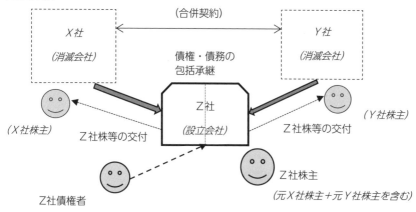

(2)　合併できる会社の種類

　合併できる当事会社として，①株式会社間の合併，②株式会社と持分会社間の合併，③持分会社間の合併がある（748条・751条・755条）。しかし，特例有限会社を存続会社とする吸収合併はできない（整備法37条）。前記②では，持分会社が合併の存続会社または設立会社であってもよい（合併自由の原則。748条）。市場における競争秩序を維持するため，独占禁止法による制限がある（独禁15条）。

(3)　特殊な合併

　ア）債務超過会社との合併　　債務超過会社を消滅会社とする吸収合併は，認められている（795条2項1号，施規195条）。子会社の救済合併，または業績向上が見込まれるベンチャー企業の救済合併などが想定される。存続会社の取締役は，株主総会では，当該合併の意義，対価，リスク等に関する説明を要する。

イ）対価を交付しない合併　無対価合併（合併比率 1 対 0。計規36条 2 項）は，①債務超過会社を消滅会社とする合併（債務超過会社の反対株主は株式買取請求権の行使可），②完全子会社同士の合併（完全親子会社は合併比率の設定自由），③完全親子会社間の合併（一人株主である親会社への対価交付は無意味。749条 1 項 3 号）等である。

(4)　キャッシュアウト・マージャーと三角合併

　吸収合併では，消滅会社の株主に金銭を交付すると，その株主を存続会社の株主にすることなく締め出すことができる（キャッシュアウト・マージャー）。

　また，合併対価として存続会社の親会社株式を交付し，消滅会社の株主を親会社に吸収することもできる（三角合併）。三角合併の特則として，消滅会社等の株主等に対して交付する金銭等が，存続株式会社等の親会社株式である場合，存続会社等は親会社株式を取得することができる（800条 1 項）。

（キャッシュアウト・マージャー）

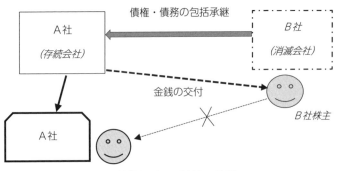

（三角合併）

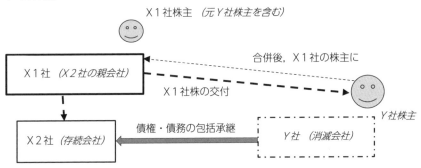

2　会社分割

　会社分割は，1つの会社を2つ以上の会社に分ける行為である。会社分割の経済的機能として，①会社を事業部門別・地域別に分割して経営効率の向上を図ること，②業績優良な事業部門だけを別会社に移し，収益向上を図ることなどがある。②の事案では，分割会社に残存する債権者の保護に注意を要する。

(1)　新設分割と吸収分割

　会社分割には，新設分割と吸収分割がある。新設分割は，分割計画に基づき，分割をする会社（新設分割会社。A社）がその事業に関し有する権利義務の全部・一部を，分割により設立する会社（新設分割設立会社。B社）に承継させる。他方，吸収分割は，分割契約に基づき，分割をする会社（吸収分割会社。P社）の事業の全部・一部を既存の他の会社（吸収分割承継会社。Q社）に承継させる。実体はQ社によるP社の事業買収に近い。実務上，新設分割が多い。

　会社分割は株式会社および合同会社に認められる。合名会社または合資会社は分割を要するほど複雑な事業規模になることは稀だからである。新設分割の設立会社，吸収分割の承継会社は，株式会社か持分会社かを問わない（758条・760条・765条）。

（新設分割）

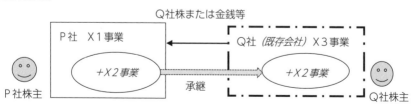

（吸収分割）

(2) 物的分割と人的分割

分割対価として設立会社または承継会社が発行する株式が，分割会社に割り当てられることを物的分割という。発行する株式が分割会社の株主に割り当てられることを人的分割という。人的分割は，物的分割を実施した後，分割会社が対価として得た株式（承継会社・設立会社の発行株式）を分割会社の株主に分配する「剰余金の配当」による（758条8号ロ・763条1項12号ロ）。この剰余金の配当は，債権者異議手続を要するが，財源規制が適用されない。分配可能限度額がない場合でも可能である。

（物的分割と人的分割）

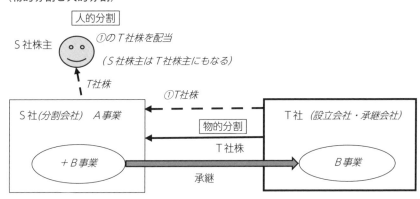

3 株式交換・株式移転

株式交換・株式移転（株式交換等）は，完全親子会社を円滑に創設するための制度である。株式交換は，株式交換契約に基づき，株式会社（B社）が既存の他の株式会社または合同会社（A社）に，その発行済株式の全部を取得させる行為である（2条31号）。他方，株式移転は，株式移転計画に基づき，株式会社（Q社）の上に持株会社（P社）を設立し，その発行済株式の全部を取得させる行為である（同条32号）。

既存会社の発行済株式すべてを株主から譲り受けることは，多数の株主がいる上場会社等では困難である。株式交換等を行えば，株主総会の特別決議をもって反対する株主の保有株式を含め，全株式を取得できるため，既存会社の完全子会社化を可能とする。株式交換等により創設された完全親会社は，企業グループの効率的な運営のため，グループ全体の経営戦略に専念する純粋持株会社となる事例が多い。

（株式交換）

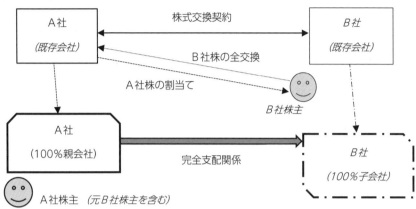

（株式移転）

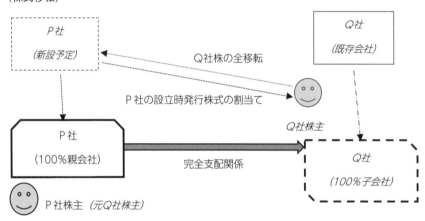

4　株式交付

(1)　制度の意義

　株式交付は，株式会社（A社）が他の株式会社（B社）を子会社とするために当該他の株式会社の株式（B社株）を譲り受け，株式の譲渡人（B社株主）に対価として当該株式会社の株式（A社株）を交付することをいう（2条32号の2）。新たな親子会社関係を創設する。株式交付をする株式会社（A社）が株式交付親会社，譲り受ける株式の発行会社（B社）が株式交付子会社となる。株式交換と異なり，B社を完全

子会社とすることを企図していない場合，A社は株式交付制度の利用が考えられる。

　自社株を買収対価とする場合，その実質において，買収会社（A社）は被買収会社（B社）の株主が有するB社株を現物出資財産として，A社株の募集（199条1項3号）を行うことになる。株式交付は組織再編と位置づけられており，現物出資規制の適用外（時間・費用の軽減）となる。また，買収会社が発行する株式を買収対価とすることにより，金銭を対価とするときと異なり，資金調達の負担が軽減される。

（株式交付）

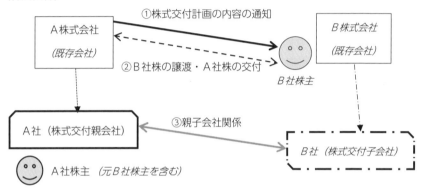

(2)　株式交付の手続

　ア）具体的手続　　株式交付計画の作成後，株式交付親会社から株式交付に係る通知を受けた株式交付子会社株主は株式交付親会社に株式譲渡の申込みを行う（774条の4第2項）。譲受対象は株式交付子会社の発行株式に加え，新株予約権・新株予約権付社債（新株予約権等の行使による支配権喪失の回避目的）である。株式交付親会社は，申込者から株式等を譲り受ける者および譲受株式数を定め（774条の5第1項前段），申込者に通知する（同条2項）。株式交付計画の「譲り受ける株式交付子会社の株式数の下限」を下回らない範囲（例，議決権総数の70%を下限）で，譲受株式の数を申込数（例，85%の申込み）より減少（例，80%に制限）させることは可能である。

　イ）関連規制　　株式交付子会社の株式が譲渡制限株式である場合には，株式交付子会社の譲渡承認を要する。また，株式交付子会社が金融商品取引法上の公開買付制度の適用会社であれば，金融商品取引法上の公開買付規制が適用される。

　ウ）株式交付の不成立　　申込期日までに申し込まれた株式交付子会社の株式の総数が下限（例，議決権総数の60%を下限）に満たない（例，55%）のであれば，株式

交付は不成立となる（774条の10前段）。株式交付が不成立の場合，株式交付親会社は，遅滞なく，「株式交付をしない」旨を通知し（同条後段），株式交付親会社は譲り受けていた株式（新株予約権等を含む）を譲渡人に返還する（774条の11第5項）。

(3) 株式交付の対象外

第1に，株式交付は対象会社を（新たに）子会社化する制度である。既存の子会社株式の追加取得は対象外（例，議決権総数の52％から70％に増加は利用不可）である。第2に，子会社化の基準は，議決権の過半数の取得（形式基準。施規3条3項1号）である。対象会社の財務・事業方針の決定する実質基準による子会社化は対象外である。第3に，対象会社である株式交付子会社は，持分会社は対象外である。

組織変更・種類変更　組織再編と異なり「組織変更」とは，持分会社が株式会社にまたは株式会社が持分会社に変わることである（2条26号）。株式会社から持分会社への変更は，出資者および債権者の利害に大きく関わり，総株主の同意および債権者保護手続を要する。合名会社・合資会社から株式会社への変更では無限責任社員が消え，債権者への各別の催告が常に必要である。他方，会社の「種類変更」とは，合名会社・合資会社・合同会社が他の持分会社に変更することであり，定款変更（総社員の同意）で済む（638条・639条。合同会社は640条に留意）。

第3節　組織再編の手続

1　組織再編の対価

(1) 合併の対価

吸収合併では，消滅会社の株主に対し，存続会社の株式，社債，新株予約権，新株予約権付社債，その他の財産（金銭・存続会社の親会社株式等）のいずれかを交付できる（749条1項）。

例えば，消滅会社の株主に金銭を交付すると，その株主を存続会社の株主（既存株主の持株比率に影響を与えない）にすることなく締め出すことができる（キャッシュアウト・マージャー）。また，合併対価として存続会社の親会社株式を交付し，消滅会社の株主を親会社に吸収することもできる（三角合併）。

他方，新設合併では，必ず株式の交付が求められ，社債または新株予約権の交付は

対価の一部に限られる（753条1項6号7号）。

(2) 会社分割の対価

承継会社または設立会社は，分割会社に対し対価（分割対価）を交付する。吸収分割では，分割契約で自由に決定できる（758条4号・759条8項）。対価として，承継会社の株式，承継会社の社債，承継会社の新株予約権，承継会社の新株予約権付社債，その他の財産（親会社の株式・金銭等）がある。

他方，新設分割では，設立会社の発行する株式または社債等に限定される（763条1項6号～9号・764条8項9項）。

(3) 株式交換等の対価

株式交換では，対価は柔軟である（768条1項2号イ～ホ）。親会社となる会社の株式，金銭等の交付でもよい。金銭交付の株式交換は，親会社となる会社との間に資本関係があれば，子会社少数株主を金銭で追い出すこと（スクイーズ・アウト）に近い。資本関係がなければ，株式譲渡による会社買収に近い。

他方，株式移転では，設立会社に財産がなく，株式移転完全子会社の株主に対価として金銭等を割り当てることはできない（773条1項5号～8号）。

(4) 株式交付の対価

株式交付の対価は，株式交付親会社の株式を必須として，株式交付親会社の社債，新株予約権，金銭等（株式交付親会社のさらに親会社の株式を含む）であり，これら金銭等の混合割合は自由である。株式交付（新株発行・自己株式給付の選択可）に係る新株発行に際し，株式交付親会社の資本金等が変動する場合，資本金等の額に関する事項を株式交付計画に記載する。

（組織再編の対価）

区　分	対価の内容	留意点
柔軟な対価	吸収合併，吸収分割，株式交換では，株式・社債・金銭等のいずれかを交付	キャッシュアウト・マージャー，三角合併が可能
制限的な対価	新設合併，新設分割，株式移転，株式交付では，新設会社の株式・持分，株式交付親会社の株式は必ず交付	①株式移転では金銭等の対価は不可，②株式交付では株式交付親会社株式は必須，当該社債・金銭等の交付可

2　合併契約等の作成・締結

(1)　契約の作成・締結

　組織再編に係る契約等の作成・締結は，吸収合併の内容が基準となる。吸収合併では，合併当事会社（存続会社・消滅会社）の各代表取締役が合併契約を締結する（748条）。合併契約の法定事項は，①当事会社の各商号・住所，②消滅会社の株主に交付する合併対価・合併比率等，③合併の効力発生日等である（749条1項）。新設合併契約の法定事項では，設立会社の定款および機関等に関する事項が別途，必要である（753条1項）。

　同様に，会社分割における分割契約（吸収分割）の作成・締結（757条・762条），株式交換における完全親会社になる会社（株式交換完全親会社）と完全子会社になる会社（株式交換完全子会社）との間で法定事項（768条）を定めた株式交換契約の締結（767条）が必要である。

(2)　計画の作成・締結

　会社分割の新設分割では「分割計画」，株式移転では「株式移転計画」，株式交付では「株式交付計画」を作成する。1社で作成するため，契約ではなく計画である。

　株式移転計画には，株式交換契約の記載内容に加え，新設する完全親会社（株式移転設立完全親会社）の定款に定める事項および取締役等の氏名等を記載する（773条1項1号～4号）。株式交付計画は株式交付親会社が作成し，株式交付子会社との協議は不要であり，株式交付子会社の商号・住所，譲り受ける株式数の下限と対価，申込期日，効力発生日等を定める（絶対的記載事項。774条の3第1項）。

3　事前・事後の情報開示

(1)　事前の情報開示

　合併契約の締結後，当該契約を承認する株主総会の会日の2週間前から効力発生後6ヵ月を経過する日まで，両当事会社は合併条件等に関する書類を本店に備え置き，各株主および各債権者（新株予約権者を含む）の閲覧等に供する（事前開示。782条・794条）。同様に，分割計画・分割契約，株式交換契約，株式移転計画および株式交付計画の各事前開示がなされる（782条・794条・803条・816条の2）。

　例えば，合併契約の開示事項（消滅会社の場合）は，①合併契約，②合併対価の相当性に関する事項，③合併対価について参考となるべき事項，④新株予約権の定めの相当性に関する事項，⑤計算書類等，⑥吸収合併存続会社の債務履行の見込みに関する事項，⑦備置開始日後の変更である（782条1項，施規182条1項）。

とりわけ，前記②により，株主は合併比率の公正性を検討できる。上場会社の場合には，「株価算定機関（監査法人・投資銀行等）の意見を徴して合併条件を決めた」旨の記載が多い。また，業績不振の会社を吸収合併すれば経営危機に陥ることがあるため，前記⑥により，債権者は異議を申し立てるべきか否かを検討できる。

(2) 事後の情報開示

①吸収合併の存続会社，吸収分割の分割会社および承継会社，株式交換・新設分割の設立会社，株式交付親会社は各効力発生日後，遅滞なく，②新設合併の設立会社，新設分割の設立会社，株式移転の完全親会社はその成立の日後遅滞なく，一定の事項を記載した書類を作成し，6ヵ月間，本店に備え置く（791条・801条・811条・815条・816条の10）。記載事項は，合併等効力発生日，消滅会社・存続会社における買取請求・債権者異議の手続の経過，承継した重要な権利義務等である（施規200条）。

存続会社または設立会社の株主・債権者は，会社の営業時間内はいつでも，その閲覧謄写ができる。これら情報は，合併等無効の提訴等の判断材料となる。

4　株主総会の承認

(1) 承認の決議

ア）**特別決議**　組織再編は全株主の利害に関わるため，各当事会社で，原則として総会の特別決議を要する（309条2項12号・783条・795条）。株主総会参考書類には，合併契約等の概要，対価の相当性を記載する（施規86条）。例えば，存続会社の総会では，取締役は次の説明を要する。①承継債務額が承継資産額を超える場合，②消滅会社の株主に交付する金銭等が消滅会社から承継する純資産額を超える場合，③消滅会社から承継する資産に存続会社株式が含まれる場合，それぞれの内容である。

イ）**特殊決議**　例えば，吸収合併において，合併の消滅会社が公開会社（非譲渡制限株式だけを発行）であり，かつ，消滅会社の株主への合併対価（の一部）が譲渡制限株式である場合，株主総会の特殊決議が必要（309条3項2号3号・783条1項・804条1項），②合併の消滅会社が種類株式発行会社であり，合併対価として譲渡制限株式を交付する場合，当該種類株主（譲渡制限株式を除く）を構成員とする種類株主総会の特殊決議が必要（324条3項2号・783条3項・804条3項），である。これらは，株式交換をする株式会社においても同様である。

ウ）**総株主・種類株主全員の同意**　例えば，①消滅会社の株主への合併対価として持分会社の持分を交付する場合，総株主の同意（持分会社の持分譲渡は著しく制限されるため）が必要（783条2項），②消滅会社が種類株式発行会社であり，合併対価として，種類株主に対し持分会社の持分を交付する場合，種類株主全員の同意が必要

（783条4項），である。株式交換をする株式交換完全子会社においても同様である。

(2) 簡易・略式組織再編

ア）簡易手続　組織再編に際し事業規模の大きい会社側の株主の利害に与える影響を少なく，機動的に進めるために，簡易手続がある。例えば，合併の存続会社が消滅会社の株主に交付する対価の額（簿価）が，存続会社の純資産額の20%以下（定款で引下げが可）である場合，当該存続会社における総会決議を要しない（796条2項，施規196条）。ただし，①存続会社等が非公開会社であり，当該株式を交付する場合，②存続会社等に合併差損が生ずる場合，③一定株式を有する株主が合併等に反対意思を通知した場合，④株式移転の完全子会社となる会社における場合（株主全員が地位を失うため），簡易手続を利用できない（795条2項但書・796条，施規197条）。

イ）略式手続　会社（特別支配会社。P社）がその議決権の90％以上を保有する相手方の会社（特別被支配会社。Q社）を合併等する場合，子会社（Q社）における総会決議を省略できる（784条・796条）。総会決議の結果がはっきりしており，総会を開催する意義が乏しいからである。特別被支配会社の少数株主は買取請求権を有する。ただし，組織再編の対価が譲渡制限株式になる場合（特別被支配会社が公開会社であり，株主に譲渡制限株式を交付）等では，略式手続を利用できない（784条1項但書・796条1項但書）。

（簡易・略式組織再編の利用概要）

組織再編の区分		簡易手続	略式手続
合併	吸収合併	存続会社のみ可	可
	新設合併	不可	不可
分割	吸収分割	分割会社および承継会社の方法で可	可
	新設分割	可	不可
株式交換		完全親会社のみ可	可
株式移転		不可	不可
株式交付		株式交付親会社のみ可	可

5　組織再編の登記と効力発生

(1) 効力発生日

組織再編の効力は，①吸収合併・吸収分割・株式交換・株式交付では，各契約・計画に定めた日（期日。750条・752条・758条），②新設合併・新設分割・株式移転では，設立会社の設立登記（754条・756条・764条・774条），によりそれぞれ発生する。

　消滅会社・完全子会社，株式交付子会社等の（元）株主は，効力発生日に，存続会社・新設会社・完全親会社（金銭等のみが交付される場合を除く），株式交付親会社の各株主になる。これらは債権者保護手続の終了を前提とするが，間に合わない場合，効力発生日の変更を要する。

(2) 関連手続

　吸収合併により消滅会社は解散しても清算を行わず，合併により解散した旨と日付けを登記する。財産承継のうち，不動産，商号，株式等については，別途に登記・名義書換等をしなければ第三者に対抗することはできない（750条2項）。

　例えば，登記前に，消滅会社（Y社）の代表取締役がY社の不動産を第三者（X）に譲渡した場合，P社は解散したことをXに対抗することはできず，存続会社はXに当該不動産を引き渡す義務を負う。それ以外の動産および債権については，包括承継の効果を，何らの手続をすることなく第三者に対抗できる。他方，新設合併では，設立会社の設立登記の日に権利義務の承継が生ずる。

　なお，組織再編において，消滅会社等の株主に金銭等のみが交付される場合を除き，当該株主は存続会社等の株主になる。

第4節　既存株主の保護

1　反対株主の株式買取請求

(1) 制度の趣旨

　組織再編に反対する株主は，原則として，その持株を「公正な価格」で買い取るように，発行会社に請求することができる（785条・787条・797条・806条・808条）。総会で議決権を行使できない株主（議決権制限株式の株主，基準日後の株主等）にも買取請求権が与えられる。組織再編という会社の基礎に本質的変更をもたらす行為を株主の多数決で行う場合，反対株主に，保有株式に係る公正な価格を受け取って会社から退出する機会を保障するためである（最決平23・4・19民集65巻3号1311頁）。

　なお，合併では消滅会社の新株予約権は消滅するため，同一条件で存続会社の新株予約権の交付を受ける場合を除き，新株予約権の買取請求権が付与される。会社分割，株式交換・株式移転では新株予約権は残存できるが，新たな新株予約権と交換する場合，従前の行使条件と合致しないことがあり，買取請求権が認められる。

(2) 株式買取請求権の否定

　株式買取請求権が認められない事案として，①組織再編に「総株主の同意」が必要な事案（783条2項・804条2項），②簡易組織再編の存続会社株主（797条1項但書・816条の4第1項但書），③略式組織再編の特別支配会社（785条2項2号・797条2項2号），④株式交付子会社の株主がある。

　このうち，前記①は各株主が否決をして組織再編成立を阻止できるため，②は株主の利益に与える影響が軽微なため，前記③は組織再編に反対であることを考えられないためである。なお，略式合併の「特別被支配会社」では組織再編承認の総会は省略されるが，組織再編に反対の株主は株式買取請求権が与えられる。

(3) 買取請求の手続

　組織再編に際し，各当事会社は効力発生日の20日前までに株主に，実施の内容を通知（公開会社かつ総会承認の場合，公告で可）しなければならない。議決権を行使できる株主は株式買取請求のためには，「組織再編に反対である」旨を会社に事前通知し，かつ，総会で反対の議決権行使をすることを要する（469条2項1号・785条2項1号・797条2項1号・806条2項1号）。議決権を行使することができない株主（略式合併で総会決議が省略，特別支配会社以外の株主を含む）は，事前通知なく買取請求ができる。株主の事前通知は買取請求権の行使可能性を予測するために重要である。

　株主は株式買取請求を，吸収合併等では，効力発生日の20日前から効力発生日の前日までに行う。買取請求をした株主は会社の承諾がなければ行使の撤回をすることはできず（投機行動の抑制），株券の提出義務，株主名簿の名義書換制限等がある。

(4) 公正な価格

　買取価格は「公正な価格」である。会社との価格協議により，効力発生日から60日以内に支払われる。協議が調わない場合，裁判所が価格を決定する（786条・798条）。会社による決定前の仮払いも可能である。

　公正な価格は，「株式買取請求がなされた日」を基準日として，①合併等がなければ株式が有していたであろう客観的価値（ナカリセバ価格。企業価値が増加しないことを前提），②合併によるシナジー（相乗）効果を適切に反映した株式の客観的価値（企業価値の変動。企業価値が増加することを前提）を基礎として算定される（最決平23・4・19民集65巻3号1311頁，最決平24・2・29民集66巻3号1784頁）。前記①では，一定のプレミアムを含める事例が多い。

2　組織再編の差止請求

　合併，会社分割，株式交換・株式移転，株式交付が法令または定款に違反し，株主が不利益を受けるおそれがあるときは，株主は会社に対し，合併等の差止めを請求できる（784条の2・796条の2・805条の2）。

　合併等が法令・定款に違反するとは，手続違反をいう。取締役が善管注意義務・忠実義務に違反した場合を含まないとされる。合併比率の不公正（対価の不当）は直ちに差止めの原因とならないが，合併等を承認する総会決議に瑕疵があることは，合併等の手続違反になる。

　略式合併において合併対価・分割比率・交換比率が当事会社の財産状況等に照らし著しく不当である場合，存続会社・消滅会社の株主は，合併等の差止めを請求できる（784条の2第2号・796条の2第2号）。略式合併では，原則として総会決議が省略されるため，合併対価が著しく不当な場合には，差止請求の対象となる。少数株主の保護のためである。

第5節　債権者保護の手続

　組織再編に際し株主等への対価として金銭流出，業績不振の会社との合併による財務状態の悪化等により存続会社等の債務不履行が懸念されるため，債権者保護手続（債権者異議手続）の規定がある。債権者保護手続は，合併が基準となる。

（債権者保護手続の対象となる債権者）

区　分		対象となる債権者
合　併		吸収合併・新設合併の各当事会社の全債権者
会社分割	新設分割	①設立会社に移転の債権者，②人的分割実施の分割会社の債権者
	吸収分割	①承継会社の債権者，②人的分割実施の分割会社の債権者
株式交換・株式移転	完全親会社の債権者（対完全親会社）	①完全子会社の株主に対し完全親会社の株式以外を交付する際の完全親会社の債権者，②完全親会社が完全子会社の新株予約権付社債を承継する際の当該社債権者等
	社債権者（対完全子会社）	完全子会社の新株予約権付社債を，株式交換・株式移転により，完全親会社に承継する際の当該社債権者
株式交付		株式交付子会社の株主等に対し，株式交付親会社の株式以外を交付する際の株式交付親会社の債権者

1　合併に係る債権者保護手続

(1)　存続会社における公告手続

　組織再編に際し，株主等に対価として多額の金銭が流出する等により存続会社等の債務不履行が懸念されるため，債権者保護手続（債権者異議手続）の規定がある。

　ア）官報公告＋個別催告　　組織再編の当事会社は，一定事項（組織再編の内容等）を官報（債権者は定款に拘束されないため）に公告し，かつ，知れている債権者に各別の催告（催告方法の制限なし）を要する（789条1項2項・799条1項2項・810条1項2項）。なお，債権者は，1ヵ月以上の範囲で定めた期間内に異議を述べることができる。

　イ）二重の公告　　前記ア）の公告を，官報に加え，定款規定の日刊新聞または電子公告によって行う場合（二重の公告），各別の催告は不要である。

(2)　異議の有無と対応

　債権者が期間内に異議を述べなかった場合，合併を承認したものとみなされる（789条4項・799条4項・810条4項）。債権者が異議を述べた場合，組織再編をしても当該債権者を害するおそれがないときを除き，①債権者に対する弁済，②相当の担保提供，または，③債権者への弁済目的として信託会社等に相当財産の信託を要する（789条5項・799条5項・810条5項）。社債権者が異議の申立てをするには，社債権者集会の決議を要する（716条）。債権者が異議を述べることは稀である。

2　会社分割の債権者保護手続

(1)　債権者の範囲

　会社分割に対し異議を述べることのできる債権者の範囲は，合併より狭く，株式交換・株式移転より広い。①分割会社の当該債務に連帯保証する債権者，②分割会社にとどまる債権者（残存債権者）は，異議を述べることができない（810条1項2号括弧書）。前記②では，両当事会社の財産状況に差が生じないと考えられるためである。

　ただし，新設分割と同時に剰余金の配当を行い，人的分割を実現する場合，残存債権者は異議を述べることができる。新設会社の株式は分割会社の株主に分配され，同社資産が減少するためである。

(2)　労働契約の特例～労働者の保護

　会社分割では，労働者と消滅会社間の労働契約は分割計画・分割契約に記載された場合，分割会社の労働者の同意なく，設立会社または承継会社に承継される（758条

2号・759条・763条1項・764条1項）。分割会社の規模は分割前より縮小するため，当該労働者は労働契約がどの会社に承継されるのかは重大な関心事である。しかし，当該労働者にとり会社分割に異議を述べることができる対象が，未払いの賃金債権に限られると十分な保護にならない。そのため，「会社分割に伴う労働契約の承継等に関する法律」（以下，労働契約承継法）は特別の規定を設けている。労働契約承継法は分割会社の労働者の保護を，主として承継事業への従事の有無により区分している。

　分割会社が労働者と協議を全く行わない，または分割会社の説明・協議の内容が著しく不十分であるために法が協議を求めた趣旨に反することが明らかなときは，労働者は会社分割無効の訴えによることなく，会社分割による労働契約承継の効力を争うことができる（最判平22・7・12民集64巻5号1333頁）。

　　ア）主として承継事業に従事　　分割会社の労働者が承継事業に主として従事している場合，分割計画・分割契約に承継される旨の定めがあれば，労働者の同意なく設立会社等に労働契約は承継される（労働承継3条）。当該承継される定めがない場合，労働者が書面で異議を申し出ることにより承継される（労働承継4条）。

　　イ）主として非承継事業に従事　　分割会社の労働者が承継事業に主として従事していない場合，分割計画等に承継される定めがあるときでも，労働者の異議申出があれば労働契約は承継されない（労働承継5条）。分割計画等に承継される定めがない場合，労働契約は承継されず，異議申出も認められない。

（労働関係の変化）

従事の事業	承継の対象となっている場合	承継の対象となっていない場合
主として承継事業	労働者の同意なく，当然に承継	労働者の異議申出があれば承継
従として承継事業	異議申出があれば承継されない	当然，承継されない

3　詐害分割と残存債権者保護

(1)　残存債権者の債務履行請求

　詐害分割（濫用的会社分割）とは，分割会社の優良事業・資産を設立会社または承継会社（設立会社等）に移転させて，分割会社の残存債権者のうち，設立会社等に債務の履行請求が「できる債権者」，または「できない債権者」を分割計画・分割契約の内容に従い恣意的に選別することである。

　吸収分割では，分割会社が承継会社に承継されない「（残存）債権者を害する」ことを知って会社分割をした場合，承継会社が善意であるときを除き（主観要件），債権者は，承継会社に対し，会社分割により「承継した財産の価額を限度」として債務

履行を請求できる（759条4項・764条4項）。新設分割では，設立会社の主観要件はなく，債務履行を請求できる。

　債務履行請求に関し，設立会社等が分割会社から財産および債務の両方を承継した場合，承継債務は考慮せず，承継財産の価額が対象となる。財産の価額から債務額を控除した残額を対象とすれば，残存債権者が保護されないからである。

（詐害分割の対応）

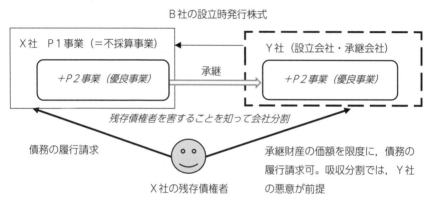

B社の設立時発行株式

X社　P1事業（＝不採算事業）　←　Y社（設立会社・承継会社）

＋P2事業（優良事業）　承継→　＋P2事業（優良事業）

残存債権者を害することを知って会社分割

債務の履行請求　　　　承継財産の価額を限度に，債務の履行請求可。吸収分割では，Y社の悪意が前提

X社の残存債権者

(2)　債務履行請求権の制限

　債務履行請求権を行使できない事案として，①吸収分割の承継会社が債権者を害する事実を知らなかった場合（759条4項但書・761条4項但書），②債権者が詐害分割と知って2年経過した場合（759条6項），③分割会社の倒産手続開始が決定した場合（759条7項・761条7項・764条7項・766条7項），④人的分割の場合，がある。承継会社の債権者との利害調整を図る趣旨である。

　前記①の「債権者を害する」とは，分割会社が分割により債務超過となること，残存債権者が受領を期待できる弁済可能額の減少が明白であることなどが想定される。前記②では，2年以内に債務履行の請求または請求の予告（請求等）をしない場合，消滅する。請求の予告を加えているのは，債権者の債権に条件・期限が付され，2年以内の権利行使ができないことがあるためである。

　前記③では，倒産手続開始後，管財人が否認権を行使して設立会社等に承継財産の返還等を求めることになるからである。前記④では，物的分割と異なり，すべての債権者が異議を述べることができるからである（789条1項2号・810条1項2号）。

(3) 詐害分割の対応策と課題

ア）対応策　残存債権者の債務履行請求に加え，詐害分割の対応策として，①詐害行為取消権の行使，②法人格否認の法理の適用，③会社法上の債権者異議手続，が考えられる。前記①に関し，判例上，新設分割に異議を述べることができない分割会社の残存債権者は，民法の詐害行為取消権（民424条）に基づく「分割取消しの主張」ができるものとされている（最判平24・10・12民集66巻10号3311頁）。

イ）課題　前記ア）①に関し，ⅰ）裁判所に請求が必要，ⅱ）残存債権者が承継資産を特定して返還させることの困難性等がある。分割会社の債権者が新設会社に請求できる額は新設会社に承継された資産等の価額に制限される（福岡高判平23・10・27金判1384号49頁）。前記ア）②に関し，設立会社等の債権者が不利益を被るおそれに加え，一般に法人格否認の法理の適用は認められにくい。前記ア）③に関し，債権者が一定期間内に異議申立てをしない場合，分割承認とみなされ，会社分割の無効の訴えができなくなる。金融機関のように長期貸付を行っている場合，貸付契約または約款で対応することが求められる。

4　株式交換・株式移転・株式交付の債権者保護手続

　株式交換・株式移転・株式交付では，原則として会社の財産関係に変動はなく，債権者保護手続は限定的である。しかし，債権者が害されることが想定される次の事案では，債権者保護手続を要する。

(1) 株式交換・株式移転

ア）新株予約権付社債の承継　完全子会社となる会社が発行している新株予約権付社債を株式交換・株式移転により完全親会社となる会社に承継させる場合における，当該社債権者がその対象となる（789条1項3号・810条1項3号）。

イ）完全親会社の株式以外の交付　株式交換において完全親会社となる会社が，完全子会社となる会社の株主に対し，完全親会社の株式その他これに準ずるものとして法務省令で定めるもの以外のものを交付する場合における，完全親会社となる会社の債権者がその対象となる（799条1項3号，施規198条）。ただし，株式交換比率に端数が生じる場合，端数についてのみ金銭を交付（端数調整金）するときは，債権者異議手続は不要である。

ウ）株式交換契約新株予約権付社債の承継　株式交換において完全親会社となる会社が，株式交換契約の定めにより，完全子会社となる会社が発行している新株予約権付社債を承継する場合における，完全親会社となる会社の債権者がその対象となる（768条1項4号ハ・799条1項3号）。

(2)　株式交付

　株式交付子会社の株式・新株予約権等の譲渡人に対し，金銭等（株式交付親会社の株式以外のもの）を対価として交付する場合，債権者異議手続が認められている（816条の8）。株式交付親会社の株式以外の財産が減少するためである。

（組織再編の手続：吸収合併手続の場合）

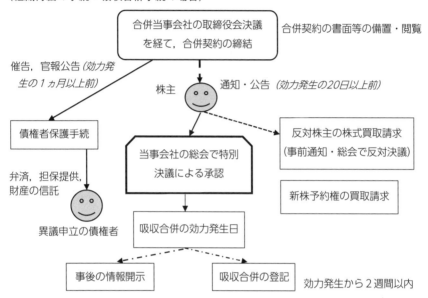

第6節　組織再編の無効の訴え

1　制度の趣旨

　違法な組織再編の成立後は，無効の訴えにより対応する（828条1項）。取引の安全を保護するため，提訴期間および原告適格を制限されている。提訴期間は登記の日から6ヵ月以内に制限され，原告適格は，各当事会社の株主（キャッシュ・アウトされた元株主を含む）・取締役等の会社関係者，合併を承認しなかった債権者（債権者異議手続で異議を述べた債権者）に限定される（同条2項）。被告は存続会社等である（834条7号以下）。無効判決の効力は，画一的処理のため第三者に対しても効力（対世的効力）を有し，遡及しない（838条・839条）。

　判決確定により，①存続会社は変更登記，消滅会社は回復登記がなされ（937条3項2号3号），②新設会社は解散，③合併後等の債務は当事会社が連帯して弁済責任を負う（843条）。

2　無効原因

　無効原因は法定されておらず，狭く解釈されている。例えば，①合併契約の錯誤無効（名古屋地判平19・11・21金判1294号60頁），②合併承認に係る総会決議の不存在，特別利害関係人の議決権行使による著しく不当な総会決議，③債権者保護手続の欠如（東京地判平27・1・26LEX・DB25524284），④開示書類の備置きの懈怠（神戸地尼崎支判平27・2・6金判1468号58頁）・不実記載等がある。合併承認決議の手続上の瑕疵を理由として，合併無効を主張するためには，前提として決議取消しの訴えを3ヵ月以内に提起する必要がある。合併無効とする判決は，関係者への混乱が大きい。合併が無効とされた例は，少なくとも上場会社では存在しないとされる。

　合併比率・株式交付条件の不公正は，合併の無効原因とならないとされる（東京高判平2・1・31資料版商事77号193頁）。判断が容易ではない合併比率の不公正が無効事由になるとすれば，法律関係の安定を害するからである。合併比率が不利な会社の株主は株式買取請求権の行使または損害賠償請求等により対応する。

第7節　事業譲渡

1　経済的機能

　事業譲渡とは，会社が営む事業の全部または重要な一部を他社に譲渡することで，取引法上は特定承継である。事業の全部譲渡をした会社でも当然には解散しない。解散するには解散決議を要し，定款を変更して別の事業を営むことが考えられる。

（事業の一部譲渡）

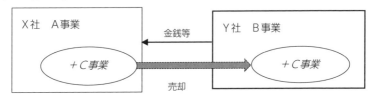

譲受会社による譲渡会社の債権取得・債務引受けは，原則として，事業譲渡契約による。商号の続用責任あり

　事業譲渡の判断基準は，判例上，①一定の営業目的のため組織化され，有機的一体として機能する財産，②その全部または重要な一部の譲渡，③譲渡会社が競業避止義務（21条）を負うものとされる（最大判昭40・9・22民集19巻6号1600頁）。

　事業譲渡の経済的機能は合併と共通する面が多いが，事業譲渡は合併と異なり財産だけを承継するものであり，従業員を引き継ぐかどうかなどは事業譲渡契約による。

2　事業譲渡等の手続

(1)　株主総会の特別決議

　ア）事業譲渡等　　譲渡会社では，①事業の全部譲渡，②重要な事業の一部譲渡，③重要な子会社の株式譲渡，④事業全部の賃貸等，⑤全部譲受けの対価が純資産の20％未満の事業譲渡（以下，事業譲渡等）では，譲渡会社では株主総会の特別決議を要する（467条1項・309条2項11号）。株主総会の承認を得ない事業の譲渡しは無効とされる（最判昭61・9・11判時1215号125頁）。譲受会社では，事業の全部譲受けであれば総会決議を要するが（467条1項3号），重要な一部譲受けは取締役会決議による。譲受人は会社に限定されない。なお，事業全部を譲渡しても当然に解散するものではなく，解散するためには解散の総会決議を要する（471条3号）。

　イ）重要な子会社の株式譲渡　　前記ア）③として，親会社が重要な子会社の株式・持分（株式等）を譲渡して支配権を失う場合，親会社では総会の特別決議による譲渡契約の承認を要する（467条1項2号の2）。規制適用は，①対象の子会社株式等の帳簿価額が親会社の総資産額の5分の1を超える場合（定款で引下げ可），②譲渡効力発生日に，親会社が子会社の議決権総数の過半数を有しなくなる場合，である。事業譲渡等と実質的に同様の重要な性質を有するためである。

　ウ）事業全部の賃貸等　　前記ア）④として，株式会社が，事業全部の賃貸，事業全部の経営委任，他人と事業上の損益全部を共通にする契約等をするときは，原則として，賃貸・委託側の各会社で総会の特別決議を要する（467条1項4号・309条2項11号）。株主の利益に重大な影響を与えるためである。なお，事業全部の賃貸とは，事業財産の全部の占有を他の者に移転し，賃借人がその名義および計算において事業の経営を行い，賃貸会社が対価として賃料を受け取る行為をいう。

(2)　簡易・略式事業譲渡

　合併等と同様に，事業譲渡においても簡易・略式手続がある。①総資産の5分の1（定款で引下げ可）を超えない資産を譲渡する場合（467条1項2号括弧書，施規134条），②譲渡する資産の額が総資産の5分の1を超えても実質的に見て重要でない場合，譲渡会社の総会決議は不要である（簡易事業譲渡。468条2項）。重要な一部の譲

渡に当たらないためである。また，事業全部の譲受けの対価が「純」資産の5分の1
を超えない場合，譲受会社の総会決議は不要である（同項）。

　なお，事業譲渡等（467条1項1号〜4号）をする会社（P社）が，相手方（Q社）
の特別支配会社（P社がQ社の総議決権の90％以上を保有）である場合，Q社におけ
る総会の決議は不要である（略式事業譲渡。468条1項）。その逆も，同様である。総
会開催の意義が乏しいからである。

(3) 関連する手続

　ア）取締役会決議　　①事業の譲渡または譲受けが重要な財産の処分または譲受け
に該当する場合，②経営委任契約等がその他の重要な業務執行に該当する場合，原則
として当事会社の取締役会の決議が必要である（362条4項）。

　イ）事業譲渡の対価　　事業譲渡の対価は通常は金銭である。譲受会社の株式を対
価とする場合，譲受会社にとり当該株式発行は現物出資となり，現物出資規制の適用
を受ける。

(4) 譲渡会社の競業避止義務

　事業の譲渡会社は，原則として，同一または隣接する市町村の区域内で，譲渡後20
年間，譲渡した事業と同一の事業（競業）を行ってはならない（21条1項）。譲受会
社に損失を与える可能性が大きいからである。特約により，競業規制の軽減・排除，
加重（30年超えは不可。競争制限となり消費者利益を毀損のため）が可能である。

3　反対株主の株式買取請求

　事業の譲渡・譲受けに反対する株主は，会社に株式買取請求ができる（469条）。そ
のため，会社は事業譲渡の効力発生日の20日前までに，株主に事業譲渡の旨の通知を
要する（同条3項）。ただし，①事業譲渡をする会社が公開会社である場合，②株主
総会の決議により事業譲渡等の契約が承認された場合，公告で足りる（同条4項）。

　反対株主の株式買取請求は，次の事案では認められない。第1に，事業の全部譲渡
において，譲渡の承認決議と同時に会社の解散を決議（株主は残余財産分配請求権が
ある）した場合である（469条1項1号・471条3号）。第2に，譲受会社において簡
易事業譲渡の要件を満たす場合（株主利益に与える影響が僅少）である（469条1項
2号）。

4　債権者保護手続

(1)　契約による債務移転

　事業譲渡では，譲受会社による譲渡会社の債権取得または債務引受けは，原則として，事業譲渡契約に基づく（債務移転には譲渡会社の債権者の承諾が必要）。例えば，譲渡会社の事業によって生じた債務に関し，譲受会社が，①その全部を引き受ける（札幌地判平24・12・18金判1424号56頁），②一部だけを引き受ける，③全く引き受けないとすることができる。

(2)　商号の続用責任

　譲受会社が譲渡会社の商号を引き続き使用（譲受会社が定款変更により，譲渡会社の従前の商号を使用）する場合，譲受会社は事業譲渡契約で債務引受けをしていないときでも，原則として譲渡会社の事業によって生じた債務弁済の責任を負う（22条1項。なお，事業譲渡後2年以内に弁済請求等がない場合，譲渡会社の責任は消滅）。

　商号の続用により，譲渡会社の債権者は事業譲渡を知ることが困難であり，①譲受会社を譲渡会社と同一主体であると認識する（混同），または，②譲受会社が譲渡会社の事業を債務も含めて承継したと信じる（誤信）可能性があり，外観を信頼した者の保護が求められる。なお，譲受会社が譲渡会社の商号を続用しない場合でも，「譲渡会社の事業によって生じた債務を引き受ける」旨の広告をしたときは，譲渡会社の債権者は譲受会社に対し弁済請求ができる（23条1項。譲渡会社の責任は，広告後2年以内に弁済請求等をしなければ消滅する〔同条2項〕）。

　他方，商号の続用責任が生じない事案として，①事業を譲り受けた後，遅滞なく，譲受会社が「譲渡会社の債務を弁済する責任を負わない」旨を登記した場合（22条2項前段，商登31条），②事業譲渡後，遅滞なく，譲受会社および譲渡会社が債権者に「譲受会社が責任を負わない」旨の通知をした場合（同項後段）である。

(3)　詐害的事業譲渡の対処

　譲渡会社の債務が譲受会社に承継されない場合，譲渡会社がその残存債権者を害することを知って事業譲渡をしたときは，残存債権者は原則として譲受会社に対し，承継した財産の価額を限度として，債務の履行を請求（詐害的事業譲渡を知った時から2年以内）ができる（23条の2第1項・24条1項2項）。ただし，譲受会社が詐害性に善意である場合，履行請求権を行使できない（譲受会社の元々の債権者と残存債権者の履行請求権との利害調整のため）。

5　違法な事業譲渡の対応

　判例上，必要な総会決議を欠く事業譲渡・譲受けは無効であり，その主張は譲受会社からも可能とされるが，取引の安全のため，契約後の一定期間後の無効主張は制限される（最判昭61・9・11判時1215号125頁）。また，詐欺行為を理由に事業譲渡契約が取り消されることがある（東京地判平29・3・9金判1522号46頁）。

第10章◆株式会社の設立，解散・清算

第1節　会社設立の意義

1　株式会社の設立

　株式会社の設立は，社員（出資者）になろうとする者が集まり，定款（会社運営の根本規定）を作成し，活動するための機関（取締役会・監査役等）を整え，社員の出資により会社財産が形成される。発起人（原始定款に署名・記名押印した者）は定款を作成し，設立の企画・設立事務を執行する。

　会社は設立登記によって法人格を取得して成立する。「設立中の会社」に形成された権利義務は成立した会社に帰属する。株式会社の設立方法は，①発起設立（発起人が全株式を引受け）および，②募集設立（発起人以外に，株式引受人を募集）がある。発起設立が圧倒的に多い。

2　設立手続と設立中の会社

(1)　設立手続の概要

　設立手続は，①定款の作成，②出資の受入れ，③機関の具備，④設立登記に区分できる。会社の成立により，出資を履行した発起人・設立時発行株式の引受人は株主となり，設立時取締役は取締役となる。会社の利害関係者（株主・会社債権者）への公正さを確保するため，株式会社の設立手続は複雑厳格であるが，法定の設立要件を満たせば当然に法人格を付与される（準則主義）。例外的に，個別の特別法に基づき設立される会社がある（特許主義。日本銀行，NTT，JT等）。

（株式会社の設立手続の概要）

区　分	設立手続の概要
発起設立	①定款作成・認証，②設立時発行株式に関する事項の決定，③発起人の株式引受け・出資の履行，④設立時取締役等の選任と設立事項の調査，⑤設立登記
募集設立	前記①～⑤に加え，⑥株主（発起人以外）の募集と設立時募集株式割当て（前記③と並行），⑦株式払込金額の払込み，⑧創立総会の開催（前記③と④の間）

(2) 設立中の会社〜同一性説

会社は設立登記（法人格の取得）前にも、「設立中の会社」としての実体が存在する。設立中の会社は、権利能力なき社団（法人格なし）と解される。会社の成立後、発起人が設立中の会社の機関として「権限の範囲内に属する行為」(**第5節**参照) をなすことにより生じた権利義務は、設立中の会社に帰属する。この権利義務は、債権譲渡、転貸借および債務引受など、特別な移転手続をする必要はなく、成立後の会社に引き継がれる（設立中の会社と成立後の会社の同一性説）。

第2節　定款の作成

1　定款の作成と認証

定款は会社の組織・活動の根本規則であり、発起人全員が作成（書面記載・電磁的記録。26条1項）する。会社設立時に作成された定款（原始定款）は公証人の認証を受ける必要がある（30条1項）。定款内容の明確化・後日の紛争防止等のためである。会社成立後、株主・会社債権者は定款を閲覧謄写できる。親会社社員（親会社の株主等）は裁判所の許可を得て閲覧等ができる（31条1項〜4項）。

定款の記載事項（電磁的記録では記録事項）は、①絶対的記載事項、②相対的記載事項、③任意的記載事項に大別される。定款の記載事項と登記事項は異なる。強行規定の違反・会社法の根本規範に反する事項（剰余金配当請求権の完全喪失等）の記載は無益的記載事項として効力を生じない。

（定款の記載事項の区分）

区　分	記載事項	
絶対的記載事項	記載しないと定款として無効。例えば、目的・商号、本店所在地、財産の価額、発起人の氏名等	
相対的記載事項	定款に記載がないと有効とならない事項。例えば、公告の方法等	
	変態設立事項	相対的記載事項のうち、株主利益に多大の影響があり、定款で定め、かつ検査役の調査が必要。例えば、現物出資、財産引受等
任意的記載事項	会社法に違反しない範囲で定款に定めを置くことができる事項。変更には定款変更の手続が必要。例えば、役員の員数・報酬、事業年度、基準日等	

(1)　絶対的記載事項

ア）内　容　　絶対的記載事項とは必須の記載事項であり、1つでも記載・記録を欠けば定款自体が無効となる。①目的（事業内容。営利性、適法性、具体性・明確性

が必要。法人発起人には設立会社との一部重複が求められる），②商号（不正目的による他社と誤認される商号使用の禁止。8条1項），③本店の所在地（訴訟事件・登記の管轄地），④設立に際して出資される財産の価額またはその最低額（金額の制限なし），⑤発起人（自然人・法人）の氏名・名称および住所（印鑑証明記載の住所），⑥発行可能株式総数（会社成立時までに規定），がある（27条・37条）。

　イ）留意点　前記ア）④・⑤以外は登記事項である（911条3項）。前記ア）⑥は公開会社では，設立時発行株式数は発行可能株式総数の「4分の1以上」でなければならない（37条3項）。例えば，発行可能株式総数が2,000株の場合，設立時発行株式数は500株以上を要する。公開会社は発行可能株式総数の範囲で取締役会が新株発行をできるため，その権限を過度に強大なものにしないためである。

(2)　相対的記載事項

　相対的記載事項とは，定款に定めなくても定款自体の効力には関係ないが，定款に記載・記録がないと当該事項の効力が認められないものである（29条）。例えば，①変態設立事項（28条。後述2），②公告の方法（電子公告・官報公告・日刊新聞による公告。939条），③株式・会社の機関・計算関連（株式の内容・種類〔107条・108条〕，基準日の設置〔124条〕，取締役会の設置〔326条2項〕等），がある。

(3)　任意的記載事項

　任意的記載事項とは，絶対的記載事項および相対的記載事項以外の事項で，会社法の規定に違反しないものを記載することができる（29条。強行法規および公序良俗に反する内容を除く）。例えば，①株式関連（株式名義書換手続等），②会社の機関（定時総会の招集時期，取締役の員数，取締役会の招集権者等），③計算関連（事業年度，剰余金配当等）等がある。

　定款にあえて定めて，当該事項の内容を明確にして，その変更には定款変更手続を要するため，会社の運営が厳格になる。しかし，実務上，定款の記載事項は縮小傾向にあり，株式の取扱い，取締役会の運営等の機関内部の事項は，株式取扱規則・取締役会規則等に委ねることが多い。

2　変態設立事項

(1)　具体的内容

　変態設立事項とは，①現物出資，②財産引受，③発起人の報酬・特別利益，④設立費用である（28条1号〜4号）。これらは発起人による対象財産の過大評価または過度な利得により，会社財産を危うくして会社債権者の保護に反するとともに，金銭出

資をした他の株主との間で不平等となる危険性がある。そのため，原始定款で定め，かつ原則として検査役（裁判所が選任）の調査を受けなければならない（33条）。定款の記載内容が不当と判断された場合，裁判所の変更決定を受けて，①発起人全員の同意（発起設立の場合），または，②創立総会の決議（募集設立の場合）により定款が変更される（73条）。

　ア）現物出資　　金銭以外の財産による出資（不動産，機械設備，有価証券，特許権等の無体財産権等）である（28条1号）。定款には，現物出資者の氏名・名称，出資財産，その価額，割り当てる設立時発行株式の種類・数を記載する。

　イ）財産引受　　発起人が会社の成立を条件として，会社の成立後に特定財産を譲り受ける旨を（成立前に）契約することである（同条2号）。現物出資と同じく，特定財産を過大評価する危険性があり規制される。定款には，特定財産，価額，譲渡人の氏名・名称を記載する。

　ウ）発起人の報酬　　発起人の設立中の会社の機関としての活動対価（報酬）その他の特別の利益であり（同条3号），会社成立後に支払われる。特別の利益とは，剰余金配当の優先権，会社施設の利用特権等がある。

　エ）設立費用　　発起人が会社設立のために支出した費用である（会社が負担。同条4号，施規5条）。会社に求償できる費用として，開設事務所の賃貸料，設立事務員の給与，現物出資・財産引受の評価証明費用等がある。発起人の濫用のおそれがない費用（定款の認証手数料，設立登記の登録免許税等）は定款記載を要しない。

(2)　検査役調査の省略

　現物出資および財産引受に係る検査役調査は，一定事由により省略できる（費用・時間の削減可能。33条10項）。①定款記載の目的物の「総額」が500万円を超えないとき（少額特例），②市場価格のある有価証券（上場株式等）であり，時価以下で評価しているとき，③目的物の価額評価について相当である旨の専門家証明があるときである（専門家とは弁護士，公認会計士・監査法人，税理士と各法人。不動産は不動産鑑定士。利害関係を有する専門家は証明不可）。

　前記③の専門家証明を行った証明者は，会社の成立時における現物出資等の対象財産の価額（実際の価格）が，定款に記載された価額に著しく不足するときは，発起人および設立時取締役と連帯して，会社に対して，当該不足額を支払う義務を負う（52条3項）。過失責任である。

(3)　事後設立の規制

　事後設立とは，会社の成立前から存在する財産で，事業のために継続使用するもの

（精密機械・施設等）を，会社の成立後2年以内に，純資産額の20%（定款で厳格化は可）超に当たる対価で取得することである。成立後の会社は，当該譲受契約の締結に際し総会の特別決議を要する（467条1項5号）。事後設立は変態設立事項ではないが，財産引受等と同様に対象目的物の過大評価により会社財産を損なう危険性がある。財産引受規制を回避する手段とされる可能性があり，対価の適切性を株主の判断（総会の特別決議）に求めるのである。検査役の調査は不要である。

（財産評価が課題となる契約事由）

区　分	当事者	具体的内容	要　件
現物出資	発起人と設立中の会社	金銭以外の財産を出資して，設立時発行株式を交付	定款記載，（原則）検査役の調査
財産引受	譲渡人と設立中の会社	会社成立前の財産引受契約により，成立後の会社に特定財産を有償で譲渡	定款記載，（原則）検査役の調査
事後設立	譲渡人と成立後2年以内の会社	純資産額の20%を超える対価により，成立前からの事業用資産の譲受契約	株主総会の特別決議

(4)　定款記載なき財産引受の効力

定款に記載を欠く財産引受は，判例上，会社が株主総会で特別決議をしても有効とはならないとして，追認が否定される（最判昭28・12・3民集7巻12号1299頁）。また，財産引受後，9年を経て，履行遅滞となった財産引受の譲渡人が「債務を逃れるために」という特段の事情がある場合，無効を主張できないとする判例がある（最判昭61・9・11判時1215号125頁）。財産引受の内容に照らし，会社に効果が帰属するほうが都合のよい事案（原材料・不動産価格の高騰対処等）がある。会社が財産引受を追認した場合，無効の主張はできないといえよう（追認肯定が多数説）。

(5)　未払いの設立費用の請求先

発起人が設立費用を取引先に支払っていない場合，債権者は会社設立後に誰に対し請求することができるのか。判例上，原始定款に記載され，検査役調査を受けた金額は会社に債務が帰属し，それ以外は発起人の債務となるとする（大判昭2・7・4民集6巻428頁）。しかし，本判決は学説上，債権者保護の観点から批判が多い。学説では，①債権者は両方に請求できるとする見解，②発起人の債務にとどまり，検査役調査等の手続を経た金額に関し，発起人は支出後に会社に求償できるとする見解，③会社の全債務となり，会社は前記②の手続を超える額について発起人に求償できるとする見解（有力説）がある。

3 原始定款の変更

公証人の認証を受けた原始定款は，①裁判所の変更決定，②創立総会の決議（73条・96条・98条），③発行可能株式総数に関する定めなどを除き（再度の定款認証は不要），設立登記までは変更できない（30条2項）。

（設立登記前の定款変更）

変更できる内容	要　件
検査役が変態設立事項を不当と認め，裁判所の変更決定がある場合，対象事項の廃止	①発起人全員の同意，②変更決定の確定後1週間以内（33条7項9項）
発行可能株式総数を定めていない場合，その定め 発行可能株式総数を定めている場合，その変更	①発起人全員の同意，②会社成立の時まで（37条1項2項）
募集設立で，①全株式に譲渡制限・取得条項付規定，②発行可能株式総数，③変態設立事項の不当	①創立総会の決議，②会社成立の時まで，③追加的・拡張的変更の不可

第3節　発起設立と募集設立

1 発起設立

(1) 出資の履行までの手続

ア）発起人の決定　定款に定めがある場合を除き，①発起人全員の同意により，設立時発行株式に関する事項（割当てを受ける設立時発行株式の数等）を定め（32条1項），②全発起人が設立時発行株式を引き受け（株式引受証の作成），③発起人の多数決により，出資の履行場所である払込取扱機関を定める（発起人の不正防止のため。34条2項，施規7条）。発起人による株式引受けおよび出資履行の時期は，定款認証日後であってもよい。

イ）権利株の譲渡制限　株式引受人（会社成立前）の地位である「権利株」は，会社成立時に株式となり，会社成立まで当該譲渡は制限される。権利株の自由な譲渡を認めると，迅速な会社設立を阻害するからである。譲渡自体は当事者間では有効ながら，権利株の譲受人は会社に対抗できない（35条・63条2項）。

（出資に関する発起人の決定）

決定方法	決定内容
発起人全員の同意	①割り当てる設立時発行株式の数，②設立時発行株式に係る払込みの額，③資本金・資本準備金の額，④種類株式会社では株式の内容
	現物出資に係る登記，登録等の権利設定または移転を第三者に対抗するための行為を，会社成立後に実施する場合
発起人が多数決	出資の履行場所である払込取扱機関

(2) 設立時役員等の選任等

ア）選任時期　発起人は出資の履行後，設立時役員等（設立時取締役・設立時監査役・設立時会計監査人等）を選任する（38条。欠格事由の適用あり〔39条4項〕）。選任方法は発起人の議決権（原則，1株1議決権）の過半数をもって決定するが（40条1項），原始定款で設立時役員等を定めている場合，出資の履行完了時に選任されたものとみなされる（38条4項）。取締役会設置会社（指名委員会等設置会社を除く）を設立する場合，設立時取締役の中から設立時代表取締役を選定する。その選定または解職は，設立時取締役の過半数による（47条1項3項）。

イ）設立時委員等　指名委員会等設置会社では，設立時取締役は，設立時委員および設立時執行役の各選任，設立時代表執行役の選定をする（48条1項）。

(3) 設立時取締役等による調査

設立時取締役（監査役設置会社では設立時監査役も）は選任後遅滞なく，次の事項を調査して，設立調査報告書等（設立登記申請書に添付）の作成を要する（46条1項・93条1項・94条）。①現物出資・財産引受の財産および市場価格のある有価証券に係る定款記載価額の相当性，②現物出資等の専門家証明の相当性，③出資の完了確認，④設立手続の法令・定款違反の有無である。

設立手続に法令・定款違反または不当な事項がある場合，各発起人（設立時代表執行役を含む）に通知する（46条2項3項・93条2項。創立総会への報告）。設立調査の瑕疵により会社・第三者に損害が生じた場合，設立時取締役は民事責任を負う（53条）。

(4) 設立登記

設立の登記には，目的，商号，本店・支店の所在地等の法定事項（911条3項）を備えて，次に掲げる日のいずれか遅い日から2週間以内に手続を要する（同条1項）。①設立時取締役・設立時監査役による設立事項の調査が終了した日，②発起人が定め

た日，である。定款の認証後，設立登記までの期間制限はない。

しかし，設立時の登記事項に，会社成立後，変更があった場合（取締役の氏名等），2週間以内に変更登記が求められる。登記申請（49条・911条，商登47条）には，定款および払込みを証する書面（出資金口座の預金通帳の写し等），等を要する。

2　募集設立

(1)　募集設立の意義

募集設立の採用（発起人全員の同意）は，①発起人だけでは当初の資本金額を確保できないような場合，②発起人として原始定款に顕名し，責任を負うことを避けたい場合等に行われる（実務上，募集設立は少ない）。手続が煩雑であるが，払込取扱機関による払込金証明書を要するため，一定の信用力がある。設立時発行株式に関する事項に関し，発起人は設立時発行株式の一部だけを引き受け，残余の株式は他から引受人を募集する（57条・58条）。発起人はどのように株式を割り当てるのか（どの株式申込人に何株引き受けさせるか）は，自由に決定できる。

(2)　創立総会

創立総会とは，設立時株主（株式引受人）を構成員とする設立中の会社の議決機関である。設立時募集株式の払込期日または払込期間の末日のうち最も遅い日以後，遅滞なく，発起人は創立総会の招集を要する（65条）。創立総会の機能は，①発起人による設立の経過報告（87条1項），②設立時役員等の選任（88条），③設立時役員による設立事項の調査と報告（93条2項3項・94条2項），④変態設立事項に係る定款変更（96条。追加的・拡張的な定款変更は不可），等がある。

(3)　登記申請

募集設立では，設立登記は，次に掲げる日のいずれか遅い日から2週間以内に要する（911条2項）。①創立総会の終結の日，②種類株主総会の決議（84条）をしたときは当該決議の日，③設立時発行株式の引受けの取消しに係る創立総会の決議（97条）をしたときは，当該決議の日から2週間を経過した日，④定款変更をして種類株式の一定内容の事項を設ける創立総会の決議（100条1項）をしたときは，当該決議の日から2週間を経過した日，である。設立の登記申請では，株式払込金保管証明書が申請書類に必要である（商登47条2項5号）。

第4節　出資の履行

1　出資履行の実行

(1)　発起人および他の引受人

　発起人は，設立時発行株式引受け後，遅滞なく出資の履行を要する（34条1項）。出資の履行時期は，発起人が定めた払込（給付）期日または期間内に，払込取扱機関（銀行等）において引き受けた株式の全額を払い込む（同2項・63条1項）。発起人は出資金を保管する義務を負う。募集設立では，発起人以外に割当てを受けた株式申込人は株式引受人となり払込義務を負う。払込取扱機関は会社成立まで払込金を保管する義務を負い（最判昭37・3・2民集16巻3号423頁），発起人は引受人が出資した財産の保管状況を明らかにするため「株式払込金保管証明書」の交付を請求することができる（64条1項）。払込取扱機関は，会社成立前に発起人・設立時取締役等に払込金を返還したため保管証明書の記載が事実と異なる場合，成立後の会社に対し払込金を返還したことを対抗できない。

(2)　株主となる権利の喪失

　ア）失権予告　　発起人のうち出資履行をしていないものがある場合，払込期日の2週間前までに失権予告をする（失権予告制度。36条2項）。期日までに出資の履行がないときは，株主となる権利を喪失する（失権。同条3項）。失権の結果，発起人が設立時発行株式を1株も取得しない場合，発起人の要件を欠き（25条2項），会社設立の無効事由となる。当該事態を回避するためには，発起人の記載（27条5号）を変更した定款に関し，再度公証人の認証を受ける等を要する。

　イ）打切発行　　募集設立において，引受人（発起人を除く）が設立時募集株式の払込金額の全額の払込みをしない場合，当然に失権する（63条3項）。再募集はできず打切発行となる（失権回避のため，株式申込みの際に申込証拠金を払込取扱機関に入金）。会社設立に際し出資される財産の価額またはその最低額（27条4号）を満たしているならば，会社の設立は可能である（32条1項）。

(3)　資本金の額

　設立時の資本金の額は，設立時株主が払込み（給付）をした財産の額とされ，そのうち2分の1を超えない額は資本金準備金として計上できる（445条1項2項）。設立時株主が払込み（給付）をした財産の額とは，①当該者が払込みまたは給付をした財

産の合計額（計規43条１項１号２号）から，②設立に要した一定の費用（定款に定め
た費用，定款認証費用，金融機関の手数料等，設立登記の登録免許税等。施規５条）
を減じた額（32条１項３号，計規43条１項３号），である。

2 現物出資に係る責任

(1) 財産価額の不足てん補責任

現物出資・財産引受の対象財産の価額（会社成立時）が，定款記載の価額に著しく
不足するときは，発起人および設立時取締役は会社に連帯して不足額の支払義務を負
う（52条１項。定款記載の１億円の不動産価値が会社成立時に実際は4,000万円の場合，
6,000万円のてん補）。現物出資等に係る専門家証明を行った者は同様の不足額支払義
務を負う（過失責任）。募集設立の場合，発起人・設立時取締役が負う現物出資等の
てん補責任は無過失責任である（発起人以外の株主保護。103条１項）。

(2) 詐害行為取消権の適用

ア）現物出資による債務逃れ　債務者が自己保有資産への債権者の権利行使を逃
れるため，自己の資産を他に譲渡する行為は散見される。裁判例によれば，債務者が
自己保有資産に対する債権者の権利行使を逃れるため，会社設立に際し現物出資をし
た場合，詐害行為取消し（民424条）を請求できるとされる（東京地判平15・10・10
金判1178号２頁）。

イ）詐欺性　現物出資行為が詐欺行為として取り消されるかは，①当該行為の客
観的性質（詐害性），②主観的性質，③手段の相当性から総合的に判断される。債務
者の財産隠匿行為に対し現物出資行為の取消しが認められ，会社の存続は困難となる
ことは，債務者である発起人が負うリスクであろう。

(3) 営業の現物出資と商号続用による債務負担

営業の現物出資を受けて設立された会社が，現物出資者の商号を続用する場合，判
例によれば，商法17条が類推適用され，営業譲渡に際しての商号続用に係る債務を承
継するとされる（最判昭47・３・２民集26巻２号183頁）。

3 仮装払込みの責任

(1) 見せ金と預合い〜仮装払込みの種類

ア）見せ金　見せ金とは，発起人が払込取扱機関以外の金融機関等から借り入れ
た金員を株式の払込みに充て，会社成立後，直ちに会社（現実に払込取扱機関）から
払込金を引き出して借入金を返済することである。見せ金の認定は，①会社成立後，

借入金を返済するまでの期間の長短，②払込金が会社資金として運用された事実の有無，③借入金の返済が会社の資金関係に及ぼす影響等から判断される（最判昭38・12・6民集17巻12号1633頁）。見せ金は，会社に対し金銭が払い込まれ，払込金を借り入れること自体は違法ではないが，会社財産が確保されず，株式引受人間の公平性が損なわれる。

　イ）預合い　　預合いとは，発起人が払込取扱機関（銀行等）から借り入れた金員を株式の払込みとして当該金融機関に入金する。借入金の弁済までは入金した金員を引き出さない旨を，払込取扱機関（の役職員）と通謀（払込取扱機関が事情を認識）することである。通謀が預合いの要素となる。預合いは，借り入れた金融機関と払込取扱機関が同一であり，現実に金銭移動がなく（銀行帳簿上の操作），会社は資産形成されない。現実に機能しえない資本金額の公示は，債権者の信頼を害する。

(2)　設立の効力

　仮装払込みは無効であり，①他に有効とされる出資財産が定款記載の最低額（27条4号）を満たさない場合，②各発起人が1株の株主にもならない（引き受けない）場合（25条2項），設立無効原因（828条1項1号）となる。発起人が支払いに応じ，現実に同額の支払いが履行されれば，瑕疵は治癒される。

(3)　仮装払込規制

　発起人が設立時発行株式の払込みを仮装した場合，支払金額の全額を支払う義務を負う（52条の2第1項。現物出資財産の給付仮装も同じ）。募集設立では，引受人（発起人以外）が設立時募集株式の払込みを仮装した場合，引受人は支払義務を負う（102条の2第1項）。これらは無過失責任であり，払込期間・期日経過後も，当該義務を負う。他方，出資履行に係る仮装払込みに関与した発起人・設立時取締役は，連帯して会社に支払義務を負う（52条の2第2項・103条2項）。これは過失責任である。

　前記の支払義務は，総株主の同意によらなければ免除できない（55条・102条の2第2項・103条3項）。責任当事者の馴れ合いによる免責を排除するためである。

(4)　払込取扱機関の責任

　払込取扱機関が見せ金による払込みであることに悪意・重過失であり，代表取締役と通謀して引き出しに応じた場合，不法行為責任を負う可能性がある。なお，代表取締役に就任した発起人総代が，取締役として見せ金による株式払込みの仮装に協力した場合，取締役としての任務違背があり，会社に対して損害賠償責任を負う。

　募集設立において払込取扱機関が払込金の保管証明をなした場合，払込取扱機関が

見せ金につき悪意・重過失であれば，払込金を会社に払い戻す責任を負うであろう（64条2項）。

(5) 発起人の刑事責任

預合いは「預合い罪」があり，刑事責任を明確にしている（965条）。現実に機能しえない資本金の額を登記等により広く公示したことに対する罪である。他方，見せ金による設立登記の完了は，判例上，公正証書原本不実記載・行使罪（刑157条）に当たると解される（最決昭40・6・24刑集19巻4号469頁，最決平3・2・28刑集45巻2号77頁）。発起人が創立総会で見せ金による払込みの事実を隠蔽した場合，会社財産を危うくする罪（963条1項）が成立する可能性がある。

(6) 株主等の権利行使

設立時発行株式を引き受けた発起人または引受人が出資の履行を仮装した場合，自らまたは関与取締役等は払込みを履行するまでは，設立時発行株式について，設立時株主および株主の権利が行使できない（52条の2第4項・102条3項）。他方，譲受人は，払込みが仮装されたことに関し，悪意または重過失のない限り，株主権の行使ができる（52条の2第5項・102条4項）。

第5節　発起人の権限と責任

1　発起人の権限

(1) 法的に必要な行為

法的に必要な行為とは，定款の作成，株式の引受け・払込みに関する行為，創立総会の招集等である。会社設立のため法的に必要な行為は，株式会社という社団法人を形成させるものであり，発起人の権限と解される。これら行為に係る未払債務がある場合，当該債務は成立後の会社に帰属する。

(2) 経済的に必要な行為

会社設立のために経済的に必要な行為とは，設立行為をなすための事務所の賃借，株主募集のための必要書類（申込書等）の印刷委託等である。判例上，定款で定めた設立費用（28条4号）の範囲内で，発起人の権限に属し，成立後は会社の債務となる（大判昭2・7・4民集6巻428頁）。経済的に必要な行為をすべて認めると成立時の会社の財産的価値を危うくしかねない。設立費用に属する取引の相手の効果は発起人

に帰属するとして，発起人がその債務を弁済すれば，定款記載の金額の限度で成立後の会社に求償すべきと解される（有力説）。

(3) 開業準備行為

開業準備行為とは，会社が成立後にすぐ事業を行えるようにする営業開始の準備行為である。営業用の事務所の賃借，原材料の仕入れ，機械の買入れ等がある。判例上，開業準備行為は発起人の権限外と解され，成立後の会社は当該行為の債務を負うためには，追認または債務引受けを要するとする（最判昭33・10・24民集12巻14号3228頁）。学説は，①定款記載・検査役調査を前提に，発起人の権限内とする（広義説），②発起人は，会社の設立を直接の目的とする行為および法定の要件を満たした財産引受だけに限定する（狭義説），がある。

(4) 営業行為

営業行為とは，定款記載の目的（事業内容）に関する行為である。発起人は当該行為の権限を有さない（979条1項参照）。発起人組合が一定の営業行為を目的としている場合，発起人総代などの代理権を有する者がなした行為の効果は発起人組合に帰属する。営業行為により生じた損害は発起人全員が責任を負う（最判昭35・12・9民集14巻13号2994頁）。営業行為が発起人組合の行為とみられない場合，当該行為をした発起人が無権代理人として責任を負う（民117条）。

（発起人の行為と権限）

種　類	具体的内容	権　限
法的に必要な行為	会社設立のため法律的に必要な行為。定款作成，株式の引受け・払込みに関する行為等	権限あり
経済的に必要な行為	会社設立のために事実上・経済上必要な行為。設立行為の事務所賃借，株主募集の印刷委託等	判例上，定款規定の設立費用内で権限あり
開業準備行為	会社成立後にすぐ事業を行うための準備行為。営業用事務所の賃貸，原材料仕入れ等	判例上，権限外。追認・債務引受けが必要
営業行為	定款記載の目的に関する行為の実施	権限なし

2　発起人等の責任と免除

発起人等は，会社設立に際し財産価額の不足てん補責任および仮装出資の支払義務（第4節2・3）に加え，次の責任を負う。

244

(1) 任務懈怠等の責任

ア）対会社　会社設立に係る任務懈怠（出資金の管理不備等）により会社に損害が生じた場合，発起人，設立時取締役および設立時監査役（発起人等）は，連帯して賠償責任を負う（53条1項・54条）。例えば，発起人Aは設立事務を発起人Bに一任し，Bは他の発起人による出資金を盗み，会社に損害を被らせた事案では，Aは対会社責任を負う（大判昭6・5・29民集10巻447頁参照）。

イ）対第三者　会社設立に係る職務を行うについて，悪意・重過失があり，第三者に損害が生じた場合，連帯して賠償責任を負う（53条2項。過失責任）。発起人が設立事務を他の発起人に一任し，株式の引受けおよび払込みの欠缺が著しく，または出資履行の欠缺が著しく，設立無効となった場合等，任務懈怠が認められる（大判大5・10・25民録22輯1967頁）。

(2) 会社不成立の賠償責任

ア）発起人　会社の不成立とは，設立手続が設立登記にまで至らず途中で挫折することである（創立総会の設立廃止決議を含む。大判大4・12・25民録21輯2199頁）。会社の不成立に際し，発起人は設立費用の負担義務を負う（56条。連帯責任）。責任範囲は会社設立に必要な行為とされる（大判昭14・4・19民集18巻472頁）。例えば，①株式引受人に対する原状回復責任（払込金額等の返還），②第三者（株式引受人以外）に対する損害賠償責任（設立事務所の賃貸費の支払等）がある。

イ）擬似発起人　擬似発起人は，定款に発起人として署名した者ではない。募集設立に際し，株式募集文書（目論見書・株式募集の広告等）に，賛助人・創立委員等として自己の氏名および会社設立を賛助する旨の記載を承諾した者を，発起人とみなすのである。擬似発起人は実質的に設立事務を執行しないため，任務懈怠による対会社・対第三者責任（53条1項2項）を負わないが，会社の不成立では株式引受人に対し払込金額の返還義務等を負う（103条2項）。他人に虚偽の表示をした者は，それを信頼した者に対し，表示の内容が虚偽であったとして後で改めて真実を主張することは許されないためである（禁反言の原則）。

(3) 発起人等の責任免除

発起人等の財産価額の不足てん補責任（52条1項），出資の履行の仮装または仮装に関与したことの支払義務（52条の2第1項2項・103条2項），任務懈怠の対会社責任（53条1項）は，総株主の同意がなければ免除されない（55条・103条3項）。

（発起人等の責任区分）

区　分	具体的内容	対象者
財産価額の不足てん補責任	現物出資・財産引受の対象財産の定款記載価額との著しい不足額の支払義務	発起人，設立時取締役，専門家
仮装出資の支払義務	①仮装出資を実行，②仮装払込みに関与の発起人・設立時取締役は，全額の払込・給付義務	発起人，設立時取締役
対会社・対第三者責任	①設立に係る任務懈怠による対会社責任，②設立に係る職務の悪意・重過失による対第三者責任	発起人，設立時役員
会社不成立の賠償責任	①株式引受人に対する原状回復責任，②第三者に対する損害賠償責任，③擬似発起人による返還義務等	発起人，擬似発起人

第6節　違法な設立

1　設立無効の訴え

　株主会社の設立無効は，成立の日から2年以内に，株主等（取締役・監査役・清算人を含む。指名委員会等設置会社は執行役）が訴えを提起することによってしか主張できない（828条。判決の対世的効力）。設立手続に瑕疵があり，誰でも，いつでも，いかなる方法でも，設立無効を主張できるとすると，多数の関係者の利益を害するからである（無効主張・原告適格・出訴期限の制限）。判決確定前に形成された法律関係は有効であり，事実上の会社として清算手続をとる（475条）。

　設立の無効原因は，設立が法の要求する準則に合致しないことである（客観的無効原因）。例えば，定款の認証・絶対的記載事項の欠缺（実務上，皆無に近い），仮装の払込み等による出資履行の著しい欠缺，発起人の株式の未取得等が考えられる。なお，会社成立後に払込みの無効が判明した場合，その瑕疵が自発的に治癒されたのであれば，設立無効の原因とはならないと解される（有力説）。

2　会社の不存在

　会社の不存在とは，法律上・事実上も会社が存在していないことである。例えば，①設立登記がなく，会社という名称を使用して事業活動をする，②設立登記をしているが，設立手続が仮装・正当な手続ではないこと，③会社設立の手続を全く欠き，会社の事業活動自体がないことである。会社の不存在は，誰でもいつでも，いかなる方法でも主張できる（大判昭10・11・16全集1輯24号19頁）。

第7節　株式会社の解散・清算

　会社の経営状況が悪化して支払不能・債務超過に陥り，事業を継続する力がないと判断されると（事実上の倒産），残余の財産を処分して，会社債権者に対し，債権額に応じて比例配分をする。このような非再建型の倒産手続として，解散・清算手続，破産手続（債権者または債務者の申立て），非再建の私的整理がある。

　他方，会社債権者は，ごく一部だけの弁済よりも，取引の継続，債務の一部免除，出資等の支援をして，弁済額を増やすほうが得策と考えるかもしれない。そのため，会社関係者は再建（企業再生）の可能性を探る。企業再生の方法には，民事再生（債権者集会での民事再生決議），会社更生（裁判所選任の更生管財人による経営），再建型の私的整理等がある。

（倒産処理の概要）

区　　分		具体的な倒産処理
法律に依拠	再建型	①民事再生，②会社更生
	非再建型 （清算型）	株式会社 ①通常清算，②特別清算，③破産
		持分会社 ①通常清算，②任意清算（合名・合資），③破産
任意の処理		非再建の私的整理

1　株式会社の解散

(1)　解散事由と登記

　解散とは，会社の法人格の消滅をきたすべき原因となる事実であり，会社が事業活動を停止し，法人格を消滅させる手続に入ることである。会社の法人格は，解散後に行われる清算・破産手続の終了時に消滅する。株式会社の解散事由（471条各号）は，①定款で定めた存続期間の満了（登記事項），②定款で定めた解散事由の発生（登記事項），③総会の特別決議，④合併による会社消滅，⑤破産手続開始の決定（破257条），⑥裁判所の解散命令（824条），⑦解散判決（833条），である。なお，特定業種では事業免許の取消しが解散事由となる（銀行40条，保険業152条3項等）。

　合併（消滅会社の財産・権利義務は存続会社に承継）および破産（破産手続に移行）以外の事由による解散の場合，清算手続の結了により会社は消滅する。解散すれば，2週間以内に本店所在地において解散・清算人就任の登記をする（926条，商登71条）。解散の効力は解散事由があったときに発生する。

(2)　解散決議

株式会社は総会の特別決議により，いつでも解散することができる（471条3号・309条2項11号）。総会決議で解散前の状況に復帰し，会社を継続することもできる（473条）。解散の動機・目的がどこにあろうとも，総会決議が虚偽仮装でない限り有効である（手続上の瑕疵等は決議取消しの訴えによる）。解散決議により，会社は事業を営まなくなり，取締役会は無用となる。しかし，解散後も株式は原則として自由に譲渡ができる。定款の株式譲渡制限の定めは，効力を停止するという考えがある（最判昭36・12・14民集15巻11号2813頁）。

(3)　会社の解散命令

会社（持分会社を含む）の存在が公益維持のため許されない場合，法務大臣・株主・債権者その他利害関係人の申立てにより，裁判所が当該会社の解散を命じることである（824条1項。準則主義の是正）。解散命令の事由は，①会社が不法目的のために設立，②正当な理由なく，成立後1年以内に事業を開始せず，または引き続き1年以上事業を休止，③業務執行取締役・執行役が会社の権限を逸脱・濫用する行為，刑罰法令に触れる行為を継続反復したときである。不法目的のための設立，事業休止等の認定は困難であり，本制度はあまり利用されていない（休眠会社制度の利用）。

(4)　解散の訴え

ア）要　件　10％（定款で軽減可）以上の議決権・株式を有する株主は，一定の事由があり，かつ，やむを得ない事由があるときは，裁判所に会社の解散を請求することができる（833条1項。少数株主権）。

イ）一定の事由　一定の事由とは，①業務執行において著しく困難な状況に至り，会社に回復できない損害が生じるおそれがある場合，②財産の管理・処分が著しく失当で，会社の存立が危うい場合である。例えば，共同経営者の持分割合が50％ずつであり，他方当事者により会社資産が相当多額に流用され，会社が支払不能の状態等（東京地判平元・7・18判時1349号148頁），または不当経営が他の方法では是正できない状況等である。

ウ）デッド・ロック　株主間または取締役間に激しい対立があり，取締役の選解任・解散決議もできず（デッド・ロック），解散が唯一最後の手段である場合である（最判昭61・3・13民集40巻2号229頁，東京高判平3・10・31金判899号8頁等）。非公開会社が休眠状態に陥り，会社名義の悪用等による不測の損害を被るおそれがある事案も考えられる（大阪地判昭57・5・12判時1058号122頁）。デッド・ロックにより重要事項の決定ができない状態にあることが，会社に回復すべからざる損害を生じさ

せるおそれに当たると認定する裁判例が多い。株主請求による会社解散の判決は，事業の継続自体が株主の共同利益を害する事案に限定されよう。持株割合からデッド・ロックが予想される場合，株主間契約等で予防手段の構築が要請される。

(5) 休眠会社のみなし解散制度

会社が12年間全く登記変更をしていない場合，休眠状態にあるとされ，法務大臣が事業を廃止していないことの届出（書面による。施規139条）をするように官報で公告し，登記所から当該会社に通知をする（472条）。12年間の期間は，非公開会社の取締役任期が定款規定でも10年を上限（332条2項）とするためである。

事業を廃止していないことの届出，または何らかの登記を「公告の日から2ヵ月以内」にしないで放置をすると，2ヵ月が経過した日に会社は解散をしたとみなされる（472条1項。特例有限会社には不適用）。登記官の職権により解散登記がなされる（商登72条）。なお，解散したとみなされた会社であっても，その後3年間に限り，総会の特別決議により会社を継続させることができる（473条）。

2 株式会社の清算

(1) 清算株式会社

清算とは，会社の事業を終了し，債権の取立て・債務の弁済をして（権利義務の処理），残余財産があれば株主に分配するなどの手続である（481条）。清算する株式会社（清算株式会社）の権利能力は，清算目的の範囲内に限定される（476条）。清算株式会社には株主総会および清算人が必置である（477条）。

清算段階に入ると，取締役はその地位を失い，清算人がとってかわり清算事務を行う。公開会社または大会社であった場合，監査役（任期の定めなし）の設置が義務である。委員会制度の監査委員・監査等委員であった取締役は監査役になる。清算には通常の清算手続（475条～509条），裁判所の指揮下で進められる特別清算（510条～574条）がある。

（通常の清算手続概要）

区 分	具体的内容
清算手続の流れ	①解散総会・清算人の選任，②解散・清算人の登記，③解散時の会社財産の調査・財産目録等の作成，④財産目録等の総会承認，⑤決算報告の作成と総会承認，⑥清算結了の登記，⑦清算人による帳簿資料保存
対債権者・対株主対応	解散・清算人の登記～決算報告の間に，①会社債権者への官報公告・知れたる債権者への催告，②負債総額把握，③債務弁済・残余財産の分配

(2)　清算人

ア）選任等　解散時の取締役（代表取締役）が，原則として清算人となる（478条1項1号。法定清算人）。しかし，清算手続を専門家に委ねたい要請から，定款・総会決議により，取締役以外の者（弁護士等）を清算人に選任できる。裁判所が清算人を選任することもある（同条2項。利害関係人の申立て）。清算人は1名でもよく，2名以上の場合，原則として過半数で清算業務を決定する（482条2項・477条2項。清算人会の設置可能）。清算人には任期の定めはなく，各自代表でもよいが（483条1項2項），代表清算人を選定（定款・清算人の互選等）できる。解任は総会の普通決議による（479条1項）。裁判所選任の清算人は総会決議では解任できないが，重大事由があれば，少数株主は裁判所に清算人の解任を請求できる（同条2項3項）。

イ）権　限　清算人の地位は取締役とほぼ同じであるが（491条・485条），職務権限は清算事務に限定される。現務の結了（業務の後始末）・換価（会社財産の現金化），債権の取立て，債務の弁済，残余財産の分配である（481条）。清算手続の過程で，会社に債務超過の疑いが生じた場合，清算人は特別清算開始の申立て（511条2項），または破産手続開始の申立て（破19条2項）をする。

(3)　通常の清算手続

ア）清算時財産目録等　清算人は就任後遅滞なく，清算株式会社の財産目録，貸借対照表，事業報告，附属明細書の作成を要する（492条・494条，施規144条・145条）。財産目録等は株主総会の承認を受ける（決算公告の義務なし）。

イ）債権者保護手続　清算株式会社は，遅滞なく，債権者に対し，一定の期間内（債権申出期間。2ヵ月以上）にその債権を申し出るべき旨を官報に公告し，かつ，知れたる債権者には各別にこれを催告しなければならない（499条1項。公告は1回）。負債総額を把握するためである。債権申出期間内に申出をしない債権者は清算から除斥される（503条。知れている債権者を除く）。債権申出期間中の弁済は原則として禁止であるが，少額債権等につき清算株式会社の申立てにより（清算人2名以上の場合，全員の同意），裁判所の許可を得て弁済はできる（500条）。

ウ）残余財産の分配　残余財産の額は，支払税額がある場合には，その税額および当該税額を控除した後の財産の額となる（施規150条1項3号）。未払いの税金が残っていた場合，残余財産の原資によるため清算結了手続は可能である。残余財産が金銭以外の財産である場合，各株主は分配を受けることのできる当該残余財産に代えて，その価額に相当する額の金銭交付の請求ができる（505条1項）。

エ）清算結了の登記　清算株式会社は債務弁済等の終了後，株主総会で決算報告（債権の取立収入の額，債務の弁済等）の承認決議を受ける（507条。施規150条）。当

該総会の日から2週間以内に清算結了の登記をする（929条1号。会社の消滅）。決算報告で債務超過の事実が判明した場合，清算人は破産手続開始の申立てをする（484条1項・976条27号）。清算人は結了登記時から10年間，清算株式会社の帳簿，事業・清算に関する重要資料の保存義務を負う（508条。帳簿書類保存者の選任可）。

3 特別清算

(1) 特別清算の意義

ア）開始原因　株式会社の特別清算は，通常の清算と異なり，裁判所の監督下で清算人により進められる（510条・511条）。特別清算は，解散後に清算株式会社に関し，①清算の遂行に著しい支障をきたすべき事情があり，または，②債務超過の疑いがある場合，債権者・清算人・監査役または株主の申立てにより，裁判所の命令により開始される。清算人が申し立てることが一般的であり，債務超過の疑いがある場合，清算人は申立義務を負う（511条2項）。

イ）対象案件　特別清算には，①協定型，②税務対策型がある。前記①は，裁判所が指揮をする債権者集会の多数決で「協定」を決議して配分を定め，裁判所の認可を受ける手続である。前記②は，子会社を清算する際に，税務上のメリット（債権者である親会社における損金処理等。法税52条，法税令96条等）を得るために行われ，原則として債権者集会が開催されず，個別和解で結了する。

ウ）清算人の権限　裁判所の監督下にあるため，清算人の権限は制約され，①100万円超えの財産処分，②借財，③訴えの提起等には，裁判所の許可または裁判所が選任した監督委員の同意を要する（535条，会非訟規33条）。

(2) 特別清算手続

ア）手続内容　裁判所は職権または清算人等の申立てにより，特別清算開始決定があるまでの間，清算株式会社等に対し他の手続の中止命令・保全処分ができる（515条・516条）。特別清算開始の命令後，①債権者保護手続（499条），②清算事務（481条。現務結了・債務弁済等），③債権者集会（562条。裁判所の指揮）・協定決議（568条），または個別和解（535条1項4号），④特別清算手続の終結決定（573条），⑤公示（902条1項・938条1項）という手続を経る。清算株式会社は債権者に対し，債権申出期間を除き，債権額の割合に応じて弁済をする（537条1項。比例分配方式）。

イ）特別清算の結了　特別清算は，①申立てによる特別清算結結の決定，または，②職権による破産手続の開始により終了する（573条・574条）。前記②は破産手続開始の原因（協定の見込みなし，協定の否決等）がある場合に妥当する。

第11章◆持分会社・外国会社，会社法総則等

第1節　持分会社

1　持分会社の意義

(1)　人的会社

　持分会社（合名会社・合資会社・合同会社。575条1項）は株式会社以外の形態であり，少数の社員（持分の出資者）による小規模経営，迅速な意思決定が求められる組織体の利用が想定される。その内部関係（社員と会社間，社員間）の規律は定款自治が広く認められ，機関設計は会社法による規律がない。社員は原則，業務執行権を有し（所有と経営の一致），退社による持分払戻しが緩やかに認められている。持分会社は会社と社員関係が密接であり，「人的会社」と称される。

（持分会社と株式会社の比較）

区　分	合名会社	合資会社	合同会社	株式会社
構成員	無限責任社員	無限責任社員＋有限責任社員	有限責任社員	株主（有限責任）
出資の目的	無限責任社員は財産・労務・信用出資が可，有限責任社員は財産出資のみ		財産出資のみ	
出資の履行	出資に係る厳格規定なし（会社の事業・財務状況に対応）		定款の作成後，設立登記まで	株式引受後，遅滞なく払込み
人的・物的会社	①機関設計・社員関係は原則自由，②社員は原則，業務執行権あり，③持分払戻しの緩和			株主平等原則，所有と経営分離

(2)　持分会社の種類

　持分会社の種類は，会社債権者に対する責任のあり方による区分がある。①合名会社は無限責任社員のみ，②合資会社は無限責任社員および有限責任社員の両方，③合同会社は有限責任社員のみからなる（576条2項〜4項）。会社財産をもって債務の完済ができない場合，または会社に対する強制執行が効を奏しない場合，無限責任社員は会社債権者に対し連帯して弁済責任を限度額なく（無限責任）負う（580条1項）。

　他方，有限責任社員は出資価額のうち未出資の価額を限度（有限責任）として，会社債務の弁済責任を負うにとどまる（同条2項）。例えば，定款に定めた出資価額が300万円であり，有限責任社員が，そのうち200万円をすでに出資していた場合，100万円の限度で会社債権者に直接責任を負う。

(3) 持分会社の設立

ア）定款の認証不要　定款の絶対的記載事項は，①目的，②商号，③本店の所在地，④社員の氏名・名称および住所，⑤有限責任社員・無限責任社員の別，⑥出資の目的（財産出資・労務出資・信用出資）および価額・評価額である（576条1項・後述7(1)参照）。会社設立時に，公証人による定款認証は不要であり，登録免許税が株式会社より少額であり，設立費用は低廉である（個人事業主が法人成りに利用）。金銭出資以外の出資は，定款で評価額を定める。これは利益配当のため必要である。

イ）出資の目的　社員は出資義務を負うが，無限責任社員と有限責任社員では出資の目的（内容）が異なる。無限責任社員は，財産出資（金銭・現物），労務出資，信用出資が認められる。労務出資は社員が会社に対する労務提供を出資として評価する。信用出資は「会社の借入に際し担保提供を約する」等，自己の信用を利用させて出資として評価する。他方，有限責任社員は，財産出資に限定される（576条1項6号括弧書）。しかし，出資割合と利益配当の額は連動せず，出資者の労務貢献度に応じた高額配当が可能であり，実質的に労務出資の側面がある。

ウ）出資の履行　合同会社の有限責任社員は，定款の作成後，設立登記までに，金銭その他の財産を全額出資しなければならない（578条）。会社債権者のために会社財産の維持を要する。しかし，合資会社の有限責任社員をはじめ，合名会社の無限責任社員には出資履行の厳格な規定はない（580条2項参照）。定款で出資履行期の定めがない場合，会社からの請求時に残りの出資をする（会社の事業・財務状況に対応）。

エ）登記事項　設立登記（法人格の取得。579条）に係る事項のうち，会社の目的・商号，代表社員の氏名・名称および住所等の共通事項に加え，①合名会社では各社員の氏名等，②合資会社では各社員の氏名等，有限責任・無限責任社員の別，有限責任社員の出資目的・価額等，③合同会社では業務執行社員の氏名等（有限責任社員の氏名等は不要），資本金の額を登記する（912条～914条）。

2　持分会社の業務執行と規制

(1) 社員の業務執行権・代表権

ア）業務執行権　原則として各社員が業務執行権を有し，業務執行の決定は社員の過半数による（590条。日常業務は各社員が単独で可）。定款で一部の社員だけを業

務執行社員と定めた場合，業務執行社員の過半数で業務執行を決定し，各業務執行社員が執行する（591条1項）。業務執行社員以外の社員は業務・財産調査権等により業務執行社員を監視する（592条1項）。

イ）代表権　　各社員が代表権を有するが，持分会社を代表する社員または代表する者を定めることができる（599条1項）。例えば，X社員は業務執行権および会社代表権を有し，Y社員はこれら経営権を有しないとすることができる。

ウ）法人業務執行社員　　法人業務執行社員が認められ，業務執行社員である法人に代わり，自然人である職務執行者の選任・登記を要する（598条・912条～914条）。例えば，子会社を合同会社にして，親会社は子会社の業務執行社員（親会社役員を職務執行者等）となり，子会社を直接かつ迅速に支配運営することが考えられる。

(2)　業務執行社員の対会社・対第三者責任

ア）対会社　　業務執行社員（定款で定めない場合，各社員）は，持分会社に善管注意義務および忠実義務を負い（593条1項2項），任務懈怠により会社に損害を与えた場合，連帯して損害賠償責任を負う（596条）。業務執行社員に対し，他の社員は代表訴訟手続に基づき訴えを提起することができる（602条）。

イ）対第三者　　業務を執行する有限責任社員は，職務を行うにつき悪意・重過失があれば，対第三者責任を負う（597条）。業務執行社員が有限責任である場合，悪意・重過失による任務懈怠の結果，第三者の損害が回復されない事態を防ぐことができる。無限責任社員は，第三者の直接損害・間接損害の責任を当然に負う。

(3)　競業・利益相反取引規制

業務執行社員は競業避止義務を負い（会社機密に通じるため），競業には他の社員の全員の承認を要する（594条1項）。業務執行社員は無限責任・有限責任の区別なく，利益相反取引に他の社員の過半数の承認を要する（595条1項。定款による要件の変更可）。当該社員は競業・利益相反取引に関する事後報告義務を負う（593条3項）。法人業務執行社員の職務執行者には競業・利益相反取引規制（594条1項・595条1項1号）が準用される（598条2項）。

業務執行社員は競業・利益相反取引規制に違反して，会社に損害が生じたときは，損害賠償責任を負う（596条。競業違反は会社損害の推定規定あり〔594条2項〕）。取引を承認した業務執行社員は監視義務違反がある場合，連帯責任を負う。

3　社員の変動

(1)　社員の加入

　社員の加入とは新たな社員になることであり，入社契約または持分の譲受けによる。社員の加入には「総社員の同意」（604条・576条1項），および定款変更を要する。定款には社員の氏名等が記載事項のためである。定款変更により，社員加入の効力を生じる（604条2項。合同会社では出資履行完了が前提）。加入した社員は加入前に生じた債務について弁済義務を負う（605条）。

　総社員の同意を必要とする趣旨は，原則として社員が経営に関与し，合名会社・合資会社では他の無限責任社員の資力が無限責任社員のリスク負担の範囲となるからである。社員間の人的信頼関係が重視される。

(2)　社員の退社

　ア）任意退社　　社員の退社とは，社員が持分の払戻し（611条）を受けて社員でなくなることである。社員は6ヵ月前（定款で別段の定めが可）までに会社に予告して事業年度の終了時に退社ができる（606条1項）。ただし，やむを得ない事情があるときは，いつでも退社することができる（同条3項）。社員は持分譲渡が厳格に規制（他の社員全員の承諾）されているため，退社の自由が認められている。

　イ）法定退社　　定款で定めた事由の発生，総社員の同意，死亡（定款で相続人による持分承継が可。608条），合併（法人社員が消滅会社），破産手続開始決定，後見開始の審判，除名により当然に退社する（607条1項各号）。「除名」は特定社員を強制的に脱退させる制度であり，社員の過半数（頭数）の決議に基づき，訴えを提起して除名の請求ができる（859条）。対象事由として，出資義務の不履行，競合避止義務違反，不正な業務執行等，社員相互の信頼関係を損なう行為である。

　ウ）弁済責任　　退社した社員は，退社登記の前に生じた持分会社の債務について，従前の責任の範囲内で弁済責任を負う（612条。登記後2年で消滅）。社員の債権者は持分を差し押さえ，6ヵ月の予告期間後，社員を退社させて持分の払戻しを受けることができる（社員の債権者の債権回収制度。609条）。

(3)　持分の払戻し

　退社した社員は，原則として持分の払戻しを受けることができる（退社による持分払戻し。611条1項）。退社しないまま出資の払戻しを請求することもできる（社員に対する持分払戻し。624条）。合同会社では持分払戻額が剰余金を超えない場合を除き，債権者保護手続を要する（635条1項）。持分払戻額が帳簿純資産額を超えるときは，

清算の場合に準じた債権者保護手続になる（同条3項）。

(4) 持分の譲渡

　無限責任社員の持分譲渡は，原則として他の社員全員の承諾を必要とする（585条1項）。業務を執行しない有限責任社員の持分譲渡は，業務執行社員の全員の承諾で足りる（同条2項）。当該有限責任社員の変動は，原則として，無限責任社員が負うべき責任の範囲に影響を与えないからである。定款により別段の定めを設けることは可能であり（同条4項），譲渡要件の軽重（軽減には他の社員の承諾不要等，加重には持分譲渡の禁止等）ができる。社員の氏名・持分価額は定款の必要的記載事項（576条1項4号6号）であり，持分譲渡には定款変更を要する。

4　持分会社の計算と利益配当

(1) 計算書類と資本金

　ア）計算書類　　持分会社は各事業年度に係る計算書類（計規70条・71条1項）を作成しなければならない（617条。10年間の保存義務）。決算公告をする必要はないが，持分会社の社員および合同会社の債権者は計算書類の閲覧謄写請求ができる（618条1項・625条）。合同会社は有限責任社員のみからなり，債権者にとっては会社の財務状況の把握が重要だからである。

　イ）資本金　　持分会社の資本金は，設立時の社員になろうとする者が出資した財産から，設立費用を減じた額の範囲内で定めた額であり，残りが資本剰余金である（計規44条1項2項）。合名・合資会社は無限責任社員が存在し，会社債権者のために会社に一定財産の維持が求められない。他方，合同会社では会社に一定財産の維持が求められ（減資には債権者保護手続が必要。627条），設立時の出資額全額の払込みとともに，資本金の額は登記事項である（914条5号）。

(2) 損益分配・利益配当

　事業活動から生じた持分会社の経済的価値の変動を各社員の持分に反映させるため，定款の定めがないときは，各社員の出資価額に応じて定める（622条1項）。また，持分会社の社員は，事業活動から生じた利益の配当を会社に請求することができる（621条1項）。配当方法・時期等は定款に定めることができる（同条2項）。利益配当に関し，有限責任社員は，①利益剰余金の範囲内，②利益額の範囲内である（623条1項）。無限責任社員は会社債権者との関係から配当規制が適用されない。

(3) 違法配当等の責任

ア）有限責任社員　利益額を超える配当を受け取った有限責任社員は，会社に対し配当額の支払義務を負う（623条1項）。会社に支払義務を履行しない部分があれば債権者に対して直接に責任を負う（同条2項・580条2項）。合同会社では，違法な利益配当に関する業務を執行した社員は，会社に対し利益配当を受けた社員と連帯して，当該配当額に相当する金銭を支払う義務を負う（629条1項。過失責任）。会社債権者は違法な配当額を受領した社員に対し，配当額に相当する金銭を支払わせることができる（630条2項）。前述したように，無限責任社員は配当規制がない（623項1項・629条1項。会社債権者に無限責任を負うため）。

イ）期末欠損　合同会社が配当をした時点では利益を超えていなくても，当該事業年度の末日に欠損額が生じた場合，利益配当に関する業務を執行した社員は欠損額を支払う義務を負う（631条1項。過失責任）。

5　定款変更・組織変更等

(1) 定款変更・種類変更

定款の変更は，総社員の同意が必要である（637条）。定款で定めれば，定款の変更を多数決にしてもよい。持分会社間での会社の種類変更は，社員の加入または社員責任の変更をする旨について，総社員の同意を経た定款変更により行う（638条）。なお，合資会社では，有限責任社員が退社して無限責任社員だけになったときは合名会社に，無限責任社員が退社して有限責任社員だけになったときは合同会社に，定款変更をしたものとみなされる（639条）。

(2) 組織変更

持分会社から株式会社への組織変更の手続は，①組織変更計画の作成（743条），②総社員の同意（781条），③債権者に対する異議申述の公告・催告（同条2項），④代表取締役の選定・本店所在地の決定，⑤組織変更の登記（公示。920条），である。効力発生日に持分会社は株式会社になる。株式会社から持分会社への組織変更では，組織変更計画の作成，総社員の同意（776条1項）等が必要であるため，反対株主の買取請求権はない（新株予約権の買取請求権あり。777条）。

6　有限責任事業組合との比較

(1) LLPの意義

有限責任事業組合（Limited Liability Partnership：LLP）は，「有限責任事業組合契約に関する法律」（LLP法）に基づく組合制度である。LLPの組合員（個人・法人）

は組合債務に対し出資価額（財産出資に限定）を責任の限度として，営利目的の事業を営む（LLP法3条）。

ア）特　徴　　第1に，構成員課税（パススルー課税）である。LLPの収益には課税せず，組合員が受け取る配当等に対し直接課税される。LLPの事業に損失が発生した場合，組合員は他の所得とLLPの事業の損失とを通算できる。第2に，内部自治の柔軟性である。運営ルールは組合員が自由に決め，組合員の貢献に応じた権限・損益の分配ができる（LLP法33条）。第3に，業務執行の決定は総組合員の同意によるが（LLP法12条），機動的運営のため，組合員契約書で要件を緩和できる（重要財産の処分譲受け，多額の借財を除く）。第4に，設立には有限責任事業組合契約の登記，出資金全額払込みを要する。

イ）利　用　　LLPは法人格を有さないための制約を受けるが，機動的かつ簡易な運営が可能である。LLPは組合員の事業リスクを一定限度で抑制できるため，事業者が単独で受注困難な事業を複数の個人または企業が共同で受注するジョイントベンチャー，ITまたはサービスなどの人材集約型事業，専門的能力を必要とする研究開発型事業に適した人的組織である。

(2)　債権者保護に関する規制

債権者保護に関する規制として，第1に，有限責任事業組合契約の登記（LLP法57条〜74条），有限責任事業組合の名称表示義務（LLP法9条），債権者に対する財務内容の開示義務（LLP法31条6項）がある（開示規制）。第2に，設立時の出資金の全額払込規制（LLP法3条1項），財産出資の義務（LLP法11条），組合財産の分別管理義務（LLP法20条），組合財産の分配規制（LLP法34条〜36条）がある（組合財産の保全）。第3に，組合員は，債権者に不当な損害を与えるおそれがある業務として政令で定めるものを禁止する（LLP法7条1項2号。競馬の勝馬投票券・競輪の車券購入等〔LLP令2条〕）。

(3)　合同会社との比較

合同会社と比較して，出資者が有限責任，内部自治の柔軟性，法人による業務執行が認められる（自然人の職務執行者の要選任），等の類似点がある。しかし，相違点として，①LLPには法人格がなく，②権利義務の主体がLLPでは組合員にあり，③合同会社では法人税・法人住民税，LLPでは構成員課税が課され，④業務執行者に関し，合同会社では非業務執行社員（出資のみ可）が認められるが，LLPでは原則として非業務執行組合員が認められないなどがある。

7 設立，解散・清算

(1) 持分会社の設立

ア) 合名会社　　合名会社では，社員となる者1名以上が定款を作成すれば，会社の実体は完成する（576条2項。会社成立は登記をもって認められる）。会社設立時の社員が会社の設立行為者（発起人は不要）であり，原則として社員が会社の執行機関となる。社員全員が会社債権者に連帯無限責任を負うため，株式会社と異なり，設立段階で出資を現実に履行する必要はない。定款の絶対的記載事項（同条。前述1(3)ア））①全社員が無限責任社員である旨，②社員の出資の目的およびその価額または評価の標準，等は注意を要する。設立の登記事項は定款の絶対的記載事項とは同一ではない（912条）。支店の所在場所，代表社員の氏名・名称は登記事項であるが定款の絶対的記載事項ではない。また，前記②および③の事項は定款の絶対的記載事項であるが，登記事項ではない。

イ) 合資会社　　無限責任社員になる者，有限責任社員になる者各1人以上が合意して，定款を作成すれば会社の実体は完成する（576条3項）。定款の絶対的記載事項のうち，①社員が無限責任社員または有限責任社員のいずれであるかの別，②社員の出資の目的（有限責任社員は金銭等に限定）およびその価額または評価の標準等は注意を要する。設立の登記事項は，①社員が無限責任社員または有限責任社員のいずれであるかの別，②有限責任社員の出資の目的およびその価額ならびにすでに履行した出資の価額，③代表社員の氏名または名称（代表社員がある場合に限る），等がある。

ウ) 合同会社　　有限責任社員となる者1人以上が定款を作成すれば会社の実体は完成する（576条4項）。定款の絶対的記載事項のうち，①全社員が無限責任社員である旨，②社員の出資の目的（金銭等に限定），等は注意を要する。全員が有限責任社員であり，出資の履行は会社成立前に要する（578条）。社員が業務執行者として会社の機関となる（590条）。

(2) 持分会社の解散・清算

ア) 解　散　　法定の解散事由（641条各号）は，①定款で定めた存続期間の満了，②定款で定めた解散事由の発生，③総社員の同意，④社員が欠けたこと，⑤合併において消滅会社になったこと，⑥破産手続開始の決定，⑦裁判所の解散命令・解散判決，である。株式会社と異なり，前記③・④も解散事由となる。社員は死亡により退社となり，欠けることがある。社員が死亡した場合，当該社員の相続人その他一般承継人が当該社員の持分を承継する旨を定款で定めることができるため（608条1項），解散回避にはその対応が求められる。なお，合資会社では，有限責任社員が退社して無限

責任社員だけになったときは合名会社に，無限責任社員が退社して有限責任社員だけになったときは合同会社に，定款変更をしたものとみなされる（639条）。持分会社が解散した場合，清算結了までは社員の同意（全部または一部）により持分会社の継続ができる（642条）。会社継続に同意しなかった社員は，継続することとなった日に退社する。

　イ）清　算　　持分会社の清算は，原則として法定清算（644条以下。解散した場合等）によるが，合資・合名会社は定款の定めまたは総社員の同意により，任意清算が認められる（668条以下。合同会社は債権者保護のため不可）。清算手続において仮に残余財産がある場合，その分配は各社員の出資の価額に応じて定める（666条。定款で定めが可）。持分会社の債権者は，社員に対する責任については登記後5年以内に弁済請求を要するが（673条1項），社員に分配していない残余財産がある場合，当該経過後であっても清算持分会社に弁済請求ができる（同条2項）。

第2節　外国会社

1　外国会社の扱い

　外国の企業が日本国内で事業活動を継続的に行う場合，①外国会社として登記（818条1項）する，②日本法に依拠して子会社を設立（内国会社）するなどがある。このうち，外国会社とは，外国の法令に準拠して設立された法人その他の外国の団体であり，会社と同様のものまたは会社に類似するものである（2条2号。設立準拠法主義）。会社法の条文に「会社」と規定されている場合，外国会社は含まれない（内国会社のみ）。会社一般に適用する規定は，「会社（外国会社を含む）」という文言になる（2条33号・5条・10条等）。外国会社の機関，社員（株主等）と会社の関係等は本国会社法の定めに従うが，外国会社と日本国内で取引を行う利害関係者を保護するため，外国会社は日本法における一定の規制を受ける。

2　継続的取引を行う外国会社規制

(1)　外国会社の活動要件

　ア）代表者の設置　　日本における代表者を定めなければならない。当該代表者の1人以上は日本に住所を有する者である（817条1項）。

　イ）登　記　　外国会社はその登記をするまでは，日本国内で取引を継続してすることができない（818条1項）。これに違反した場合，外国会社名義で取引をした個人（代表者）が債務弁済の責任を負う（同条2項。外国会社との連帯責任）。登記事項は，

①日本における同種の会社・最も類似する会社の種類（合名・合資・合同・株式会社）の登記事項，②会社の設立準拠法，③日本における代表者の氏名と住所，④公告方法等，⑤営業所，である（933条～936条）。

(2) 擬似外国会社に対する規制

日本に（事実上の）本店を置き，または日本で事業を行うことを主たる目的とする外国会社は，日本国内で取引を継続してすることはできない（821条1項。擬似外国会社）。これに違反した場合，擬似外国会社名義で取引をした個人（代表者）が債務弁済の責任を負う（同条2項。擬似外国会社との連帯責任）。日本で専ら事業を行うことを目的としながら，厳格な日本法の適用を回避するため外国で設立された会社を規制する。反復・継続する取引等が基準となる。

(3) 関連する規制

外国会社が日本で証券の募集・売出しをするときは，日本の金融商品取引法の適用を受ける。他方，①日本の株式会社と同種・類似の外国会社は貸借対照表の開示義務（819条），②代表者の退任に係る債権者保護手続（820条），③利害関係人の申立てによる取引継続の停止命令（827条）等の規制を受ける。

第3節　会社法総則等

1　会社の商号

(1) 商号の意義

商号とは，会社の名称であり（6条1項），商人がその営業上の活動において自己を表章する（大判大5・3・1民録22輯439頁）。商号は文字によって表示され，かつ発音できることを要する。会社の商号は登記事項である（911条～914条。商号の変更・廃止を含む）。

会社がその商号について有する権利（商号権）には，①商号使用権および，②商号専用権がある。商号使用権とは，商人がその商号を他人から妨げられることなく使用することができる権利である。商号使用権侵害は営業・事業妨害による不法行為（民709条）が成立する。他方，商号専用権とは，他人が同一または類似の商号を不正に使用することを排斥することができる権利である（8条，商12条）。営業と関係のない他の活動でもよく，営業上商品の同一性でもよい。

(2)　商号自由・単一の原則と例外

ア）商号規制　商号自由の原則とは，商号の選定について，原則として商人の氏名，営業の内容，営業の地名等に拘束されずに自由に選定できることである（商11条1項）。ただし，次の例外がある。第1に，会社は商号中に会社のその種類（株式会社，合名会社，合資会社または合同会社）を明示しなければならない（6条2項）。第2に，個人商人は，商号中に会社であると誤認されるおそれのある文字を用いることが禁止されている（7条）。第3に，業法規制として，銀行・信託・保険・証券等の各業法による規制（銀行6条，信託業14条，保険業7条等）を受けている会社は商号中に当該業種を示す文字を使用し，これら業種でない者が商号中に当該業種を示す文字（銀行でない会社が○○バンク等）を使用することは禁止されている。

イ）商号単一の原則　商人は1つの営業について，1つの商号しか使用できないことである。1つの営業に複数の商号の使用を認めると，取引相手方の誤認を招くからである。個人商人の場合，複数の営業をしているときは，営業ごとに別の商号を使用することができる（商登43条1項3号参照）。会社の商号は会社の同一性を表示する名称であり（6条1項），自然人の氏名と同じ性質である。数種の事業を営む場合であっても，1つの商号しか使用できない。

(3)　商号使用に係る規制

ア）不正目的での商号使用　不正の目的をもって，他の商人・会社と誤認されるおそれのある商号を使用することは制限される（8条1項）。誤認の商号に関し，会社法は商号の類似性・周知性・著名性（不正競争2条1項）を要件としていない。しかし，類似がない商号は誤認のおそれを生ずるとは考えにくく，類似性は問題となろう。当該規制違反は，商号使用の差止請求（8条2項），および損害発生による賠償請求（民709条，不正競争4条）が可能である。

イ）商号使用の許諾責任　自己の商号を使用して事業を行うことを他人（Y2社）に許諾した会社（Y1社）は，当該会社（Y1社）がその事業を行うものと誤認して当該他人（Y2社）と取引した者（X社）に対し，当該他人（Y2社）と連帯して，その取引により生じた債務の弁済責任を負う（9条）。

2　支配人

支配人は個人商人・会社に代わり，その事業に関する包括的代理権を有する商業使用人である（11条1項，商21条1項）。会社を代理して行った行為はあくまで支配人の行為であるが，法律効果は個人商人・会社に帰属する。取締役と支配人の兼任は認められるが，代表取締役と支配人の兼任は認められない。

支配人が第三者に損害を与えた場合，個人商人・会社は使用者責任を負う（民715条）。営業の主任者としての代理権が付与されていないにもかかわらず支配人らしい名称を使用した場合，表見支配人の問題となる（13条，商24条）。

支配人の選任（取締役会決議）および代理権の消滅は，登記事項である（918条，商登44条2項・29条）。具体的には，本店の所在地において，①支配人の氏名および住所，②支配人を置いた営業所を登記する。登記をしない限り，善意の第三者に支配人の選任または代理権の消滅を対抗できない（908条1項，商9条1項）。

3 定款の変更

定款の変更手続は，総会の特別決議，総会の特殊決議，株主全員の同意，取締役会の決議に大別できる。定款変更の効力は総会決議（一定の例外では，取締役会決議）により発生する。定款変更の効力発生に停止条件を付けている場合，条件成就のときに効力が発生する（みなし変更について，112条）。

　ア）総会の特別決議　　商号・目的・公告方法の変更，株式の譲渡制限規定の廃止，株券発行等が対象である（466条・309条2項11号）。なお，種類株式発行会社では，種類株主に損害を及ぼすおそれのある定款変更等（111条2項・322条1項1号）は，総会決議に加え種類株主総会の特別決議を要する。

　イ）総会の特殊決議　　①譲渡制限株式の規定新設（309条3項），②株主毎に異なる取扱いを行う旨の定款規定の新設・変更（同条4項）が対象である。前記①では，株式買取請求権の行使（116条・118条）のための手続を要する。

　ウ）株主全員の同意　　①全部の株式を取得条項付株式とする定款規定の新設・変更（110条），②売主追加請求権の排除に係る定款規定の新設・変更（164条2項）は，株主全員の同意を要する。なお，種類株式発行会社では，全部の株式を取得条項付株式とする定款規定の新設・変更等は，総会の特別決議に加え，種類株主全員の同意を要する（111条1項・164条2項・322条4項）。

　エ）取締役会の決議　　①株式分割における発行可能株式総数を株式分割の割合に応じて増加させる定款変更（184条2），②株式分割に際して会社法191条各号の要件に該当する単元株式数の増加に係る定款変更（191条），③単元株制度における1単元の株式数の減少，④単元株制度の廃止に関する定款変更（195条1項）が対象である。

4 罰　則

刑事罰に抵触する企業不祥事が発覚すると，その対処方法によっては，会社の存続自体が危うくなり，株主・投資者・会社債権者・消費者の財産的利益を毀損する。とりわけ，重要な企業犯罪に係る刑事罰を概観する。

ア）仮装払込み　　見せ金による仮装払込みを行った設立登記および新株発行の変更登記は，公正証書原本不実記載罪（刑157条１項）を構成する（最決平３・２・28刑集45巻２号77頁）。取締役が見せ金となる払込資金を会社から引き出し，自己の借財返済に充てた場合，特別背任罪（960条１項）に該当することがある。

イ）利益供与罪　　株主の権利行使を不正に行わせ，または不正に権利行使をやめるよう依頼することである。役員が経営上の不正・失策の追及を免れるため，総会における公正な発言または公正な議決権の行使を妨げることを株主に依頼してこれに財産上の利益を供与することは，不正の請託（968条）に該当する。不正の請託の立証は困難であるが，会社法は不正の請託にかかわりなく株主の権利行使に関する利益供与を禁止し，違反に対する罰則を設けている（970条）。

ウ）会社財産を危うくする罪　　会社財産を危うくする罪（963条）は，役員が主導した投資取引により多額の損失が生じた事案，および不正に自己株式を取得した事案（最決昭33・４・25刑集12巻６号1221頁）等において問題となる。自己株式不正取得の罪は，自己株式取得の私法上の効力が無効となっても成立する。

エ）特別背任罪　　特別背任（960条・961条）が問われる事案では，例えば，不正融資に係る貸し手側の責任および借り手側の共同正犯，利害が相反する対向関係にある法人間の役員同士による共謀に係る特別背任罪の共同正犯，本人図利目的と自己・第三者図利目的の概念，行為主体となる事務処理権限を有する者の基準等が問題となる（最決平20・５・19刑集62巻６号1623頁，最決平17・10・７刑集59巻８号779頁）。

事項索引

さ行

判例索引

272

地方裁判所

《著者紹介》

今川　嘉文（いまがわ　よしふみ）

1962年　大阪府生まれ
龍谷大学法学部教授
博士（法学）神戸大学
公認会計士試験委員

[主要著書]
『中小企業オーナーのための財産・株式管理と承継の法律実務』（弘文堂・2020年）
『中小企業の戦略的会社法務と登記』（中央経済社・2016年）
『投資取引訴訟の理論と実務〔第2版〕』（中央経済社・2014年）
『企業法務ガイド〜判例活用編』（日本加除出版・2014年）
『保険法Map〜解説編』（編著，民事法研究会・2013年）
『保険法Map〜判例編』（編著，民事法研究会・2013年）
『会社法にみる法人役員の責任』（日本加除出版・2012年）
『誰でも使える民事信託〔第2版〕』（編著，日本加除出版・2012年）
『事業承継法の理論と実際』（信山社・2009年）
『実務家の疑問にこたえる新会社法の基本Q&A100〔第2版〕』（中央経済社・2006年）
『過当取引の民事責任』（信山社・2003年）
『相場操縦規制の法理』（信山社・2001年）

会社法の制度と機能

2022年4月30日　第1版第1刷発行

著　者　今　川　嘉　文
発行者　山　本　　　継
発行所　㈱中央経済社
発売元　㈱中央経済グループ
　　　　パブリッシング

〒101-0051　東京都千代田区神田神保町1-31-2
電話　03（3293）3371（編集代表）
　　　03（3293）3381（営業代表）
https://www.chuokeizai.co.jp

© 2022
Printed in Japan

印刷／三英印刷㈱
製本／誠　製　本㈱

＊頁の「欠落」や「順序違い」などがありましたらお取り替えいた
しますので発売元までご送付ください。（送料小社負担）
ISBN978-4-502-42481-6　C3032

令和3年3月施行の改正会社法・法務省令がわかる！

「会社法」法令集〈第十三版〉

中央経済社 編　ISBN：978-4-502-38661-9
A5判・748頁　定価 3,520円（税込）

◆重要条文ミニ解説
◆会社法─省令対応表　　付き
◆改正箇所表示

　令和元年法律第70号による5年ぶりの大きな会社法改正をはじめ，令和2年法務省令第52号による会社法施行規則および会社計算規則の改正を収録した，令和3年3月1日現在の最新内容。改正による条文の変更箇所に色づけをしており，どの条文がどう変わったか，追加や削除された条文は何かなど，一目でわかります！
　好評の「ミニ解説」も，法令改正を踏まえ加筆・見直しを行いました。

本書の特徴

◆**会社法関連法規を完全収録**
　平成17年7月に公布された「会社法」から同18年2月に公布された3本の法務省令等，会社法に関連するすべての重要な法令を完全収録したものです。

◆**好評の「ミニ解説」さらに充実！**
　重要条文のポイントを簡潔にまとめたミニ解説を大幅に加筆。改正内容を端的に理解することができます！

◆**改正箇所が一目瞭然！**
　令和3年3月1日施行の改正箇所とそれ以降に施行される改正箇所で表記方法に変化をつけ，どの条文が，いつ，どう変わった（変わる）のかわかります！

◆**引用条文の見出しを表示**
　会社法条文中，引用されている条文番号の下に，その条文の見出し（ない場合は適宜工夫）を色刷りで明記しました。条文の相互関係がすぐわかり，理解を助けます。

◆**政省令探しは簡単！ 条文中に番号を明記**
　法律条文の該当箇所に，政省令（略称＝目次参照）の条文番号を色刷りで表示しました。意外に手間取る政省令探しも素早く行えます。

中央経済社